깔람부르
(Каламбур)

깔람부르(Каламбур)

발행일	2018년 7월 25일

지은이	Benjamin		
펴낸이	손 형 국		
펴낸곳	(주)북랩		
편집인	선일영	편집	권혁신, 오경진, 최승헌, 최예은, 김경무
디자인	이현수, 허지혜, 김민하, 한수희, 김윤주	제작	박기성, 황동현, 구성우, 정성배
마케팅	김회란, 박진관, 조하라		
출판등록	2004. 12. 1(제2012-000051호)		
주소	서울시 금천구 가산디지털 1로 168, 우림라이온스밸리 B동 B113, 114호		
홈페이지	www.book.co.kr		
전화번호	(02)2026-5777	팩스	(02)2026-5747

ISBN	979-11-6299-231-9 03790(종이책) 979-11-6299-232-6 05790(전자책)

이 도서의 국립중앙도서관 출판예정도서목록(CIP)은 서지정보유통지원시스템 홈페이지(http://seoji.nl.go.kr)와 국가자료공동목록시스템(http://www.nl.go.kr/kolisnet)에서 이용하실 수 있습니다.
(CIP제어번호: CIP2018021524)

가볍고 야한 말장난으로
외국어 단어를 외우는 기발한 방법

깔람부르

КАЛАМБУР

Benjamin 지음

你好　こんにちは　ΓΕΙα δOU　HEI HEI　Bonjour　Ahoi　ЗДРАВО

깔람부르 러시아어로 '말장난'이라는 뜻입니다

북랩 book Lab

『깔람부르(Каламбур)』는 일반적으로 다음과 같이 구성되어 있다. '발음+뜻' 혹은 '뜻+발음'.

주어진 단어를 발음하는 방법은 본문에서 밑줄 친 부분을 연결해서 읽는 것이다. 예를 들면 다음과 같다.

12포인트 활자는 프랑스어로 cicéro이고 이에 대한 본문은 '씨암탉의 sex에 호의적인 12포인트 활자?!'이다. 본문의 밑줄 친 부분들 즉 '씨+se+호'를 연결해서 읽으면 프랑스어 단어 cicéro의 발음 [씨쎄호]가 된다.

회초리는 러시아어로 розга이고 이에 대한 본문은 '로즈(rose)가 가장 에로틱한 회초리?!'이다. 본문의 밑줄 친 부분 '로즈+가'를 연결해서 읽으면 러시아어 단어 розга의 발음 [로즈가]가 된다.

휴대폰은 중국어로 手机[shǒujī]이고 이에 대한 본문은 '휴대폰이 주인공인 show지?!'이다. 본문의 밑줄 친 부분 'show지'를 연결해서 읽으면 중국어 단어 手机의 발음 [쇼우지]가 된다.

참고로 각 단어의 발음을 위해 주어진 본문 속에는 보기에 따라서 가벼울 수도 있고 다소 야할 수도 있는 유머와 풍자가 숨어 있다. 짧은 본문을 읽다 보면 때론 웃기고 때론 '이게 뭐야' 할 수도 있겠지만 오히려 그래서 주어진 단어가 더 오래 기억될 것이다. 말하자면 이 책은 장난 아니게 웃긴 말장난인 셈이다.

☐ 12포인트 활자(long primer)

씨암탉의 **se**x에 **호**의적인 12포인트 활자?!
{'12포인트 활자'는 프랑스어로 cicéro이다.}

☐ 가감승제(addition, subtraction, multiplication, and division)

자지엔 **청**춘이 **추**운 겨울에도 있다고 말하는 가감승제?!
{'가감승제'는 중국어로 加減乘除[jiājiǎnchéngchú]이다.}

가겐 조조가 인수했다고 말하는 가감승제?!
{'가감승제'는 일본어로 加減乘除[かげんじょうじょ]이다.}

☐ 가구(furniture)

라스푸틴의 **희**극적인 **팀**에 합류한 가구?!
{'가구'는 히브리어로 רהיטים[rahitim]이다.}

☐ 가까스로(barely)

이드(id)를 **바**보가 이해했다. 그것도 가까스로?!
{'가까스로'는 러시아어로 едва이다.}

나체로 **씰**룩거리던 **루**시퍼는 빛의 옷을 입었다. 그것도 가까스로?!
{'가까스로'는 러시아어로 насилу이다.}

☐ 가난한 체하다(pretend to be poor)

Prison에 **비**극적으로 **드**나드는 **니**체는 **짜**고 치는 고스톱처럼 가난한 체하는가?!
{'가난한 체하다'는 러시아어로 прибедниться(완료체)이다.}

☐ 가난해지다(become impoverished)

아스피린을 **꾸지**도 **받지**도 않는 자는 열과 통증에 시달리다가 결국 가난해지는가?!
{'가난해지다'는 러시아어로 оскудевать(불완료체)이다.}

□ 가능성(possibility)

F가 샤먼에게 루트를 물을 가능성?!
{'가능성'은 히브리어로 אפשרות[efsharut]이다.}

□ 가라앉다(sink)

빠구리 group의 지저분하게 짜고 치는 고스톱에 의해
배가 가라앉는가?!
{'가라앉다'는 러시아어로 погрузиться(완료체)이다.}

빠구리 group의 자기기만적으로 짜고 치는 고스톱에 의해 배가
가라앉는가?!
{'가라앉다'는 러시아어로 погружаться(불완료체)이다.}

천한 시대는 결국 가라앉는가?!
{'가라앉다'는 중국어로 沉[chén]이다.}

□ 가려움(itchiness)

주야로 트집을 잡고 싶어서 입이 가려움?!
{'가려움'은 러시아어로 зуд이다.}

가운데가 유난히 미칠 듯이 가려움?!
{'가려움'은 일본어로 痒み[かゆみ]이다.}

□ 가렵다(itch)

유난히 큰 것은 가렵다?!
{'가렵다'는 독일어로 jucken이다.}

주제에 찌찌가 가렵다?!
{'가렵다'는 러시아어로 зудеть(불완료체)이다.}

치킨이 싸자 짜고 치는 고스톱처럼 가렵다?!
{'가렵다'는 러시아어로 чесаться(불완료체)이다.}

가렵다고 하자 입양한 아이를 파양?!
{'가렵다'는 중국어로 发痒[fāyǎng]이다.}

가운데가 유난히 이렇게 가렵다?!
{'가렵다'는 일본어로 痒い[かゆい]이다.}

□ 가르치다**(teach)**

나불거리면서 **우**매한 **치**킨은 **찌**질하게 누구를 가르치는가?!
{'가르치다'는 러시아어로 **научить**(완료체)이다.}

우매한 **치**킨은 **찌**질하게 누구를 가르치는가?!
{'가르치다'는 러시아어로 **учить**(불완료체)이다.}

아부로써 **치**킨이 **찌**찌를 드러내게 가르치는가?!
{'가르치다'는 러시아어로 **обучить**(완료체)이다.}

아부를 **찾지** 않도록 가르치는가?!
{'가르치다'는 러시아어로 **обучать**(불완료체)이다.}

□ 가뭄**(drought)**

새끼들이 **아**주 좋아하는 진실의 가뭄?!
{'가뭄'은 스페인어로 sequía이다.}

□ 가발**(wig)**

찌질한 **아**줌마가 **fa**ther에게 선물한 가발?!
{'가발'은 중국어로 **假发**[jiǎfà]이다.}

□ 가벼운**(light)**

칭송받는 자는 가벼운가?!
{'가벼운'은 중국어로 **轻松**[qīngsōng]이다.}

가루는 **이**렇게 가벼운가?!
{'가벼운'은 일본어로 **軽い**[かるい]이다.}

□ 가서 생각해**(go and think)**

이 지저분한 **두 마**녀를 **이**대로 살려 두어도 될지 가서 생각해?!
{'가서 생각해'는 러시아어로 **иди думай**이다.}

□ 가설(hypothesis)

기둥서방의 **뽀**뽀에 **찌**찌는 **자**주 설렌다는 가설?!
{'가설'은 러시아어로 гипотеза이다.}

□ 가슴이 아픈(sorry)

대줄인데 **레**몬과 귤을 구별 못 하는 것을 보니 가슴이 아픈가?!
{'가슴이 아픈'은 프랑스어로 désolé이다.}

□ 가슴이 찢어지는(heartrending)

Sin sways, which is heartrending?!
{'가슴이 찢어지는'은 중국어로 心碎[xīnsuì]이다.}

□ 가슴이 풍만한(buxom)

벅차오르는 **some**body는 가슴이 풍만한가?!
{'가슴이 풍만한'은 영어로 buxom이다.}

□ 가시(thorn)

돈은 탐욕에 눈먼 자들을 찌르는 가시?!
{'가시'는 독일어로 Dorn이다.}

Sheep을 위해 선한 목자가 찔린 가시?!
{'가시'는 러시아어로 шип이다.}

독에 빠진 가시?!
{'가시'는 일본어로 とげ이다.}

□ 가장 위대한(the greatest)

Billy는 **차이**를 **쉬이** 만들기 때문에 가장 위대한가?!
{'가장 위대한'은 러시아어로 величайший이다.}

□ 가정하다(suppose)

빨라는 **쥐**의 **찌**찌가 빨 수 없는 찌찌라고 가정하자?!
{'가정하다'는 러시아어로 положить(완료체)이다.}

빨라는 **가**짜 **찌**찌가 알고 보니 진짜 찌찌라고 가정하자?!
{'가정하다'는 러시아어로 полагать(불완료체)이다.}

□ 가족(family)

찌질하기가 **아주** 상상을 초월하는 가족?!
{'가족'은 중국어로 家族[jiāzú]이다.}

□ 가증스러운(confounded)

가증스러운 자가 똥을 **쌌다네**?!
{'가증스러운'은 프랑스어로 satané이다.}

□ 가지다(have)

아부와 흐려진 양심으로 가득한 세상에서 무슨 희망을 가지는가?!
{'가지다'는 프랑스어로 avoir이다.}

□ 가짜(fake)

가짜는 얼마 못 **가리**?!
{'가짜'는 일본어로 仮[かり]이다.}

□ 가치(value)

쇼걸이 **비**열하게 파괴한 인간의 가치?!
{'가치'는 히브리어로 שׁוִֹי[shovi]이다.}

□ 가혹한 정치는 호랑이보다 사납다
(harsh politics is more ferocious than a tiger)

"Cursed Jungle mungers, whips whom?"

And the master said, "Harsh politics is more ferocious than a tiger."

{'가혹한 정치는 호랑이보다 사납다'는 중국어로 苛政猛于虎[kēzhèngměngyúhǔ]이다.}

□ 각하(dismissal)

대법원이 **부**패한 **떼**도둑의 상고에 대해 내린 결정은 참으로 행복한 각하?!

{'각하(却下)'는 프랑스어로 débouté이다.}

□ 각하하다(dismiss)

대법원은 **부**패한 **떼**도둑의 상고를 각하하는가?!

{'각하하다'는 프랑스어로 débouter이다.}

□ 간결한(succinct)

Successful **sink**hole's **t**remendously succinct?!

{'간결한'은 영어로 succinct이다.}

□ 간곡하게(urgently)

앵무새가 **스**스럼없이 **따**라다니자 **망**나니에게 해결하라고 부탁했다? 그것도 아주 간곡하게?!

{'간곡하게'는 프랑스어로 instamment이다.}

□ 간청하다(entreat)

우리를 **말리**는 **찌**찌에게 말리지 말라고 간청하는가?!

{'간청하다'는 러시아어로 умолить(완료체)이다.}

우리는 **말**로만 **야**한 **찌**찌를 보여 달라고 간청하는가?!

{'간청하다'는 러시아어로 умолять(불완료체)이다.}

[EGR]
[CKJ]
[HGL]
[I S F]

□ 간통(**adultery**)

에어쇼에서 **브루**투스가 **흐뭇**하게 저지른 간통?!
{'간통'은 독일어로 Ehebruch이다.}

□ 간호사(**nurse**)

밑에서 **sis**ter에게 **뜨라**고 말한 간호사?!
{'간호사'는 러시아어로 медсестра이다.}

Q: **Who's she** that has been burned alive?
A: That poor nurse?!
{'간호사'는 중국어로 护士[hùshi]이다.}

간악한 **고문**에다 **후**안무치하게 아주 산 채로 태움으로써 동료를
죽인 그야말로 죽음의 천사를 **쏙** 빼닮은 잔인한 간호사?!
{'간호사'는 일본어로 看護婦[かんごふ]이다.}

□ 갈다(**grind**)

뭐 갈고 있니?!
{'갈다'는 중국어로 磨[mó]이다.}

□ 갈다(**plow, plough**)

Prostitute는 **빠**구리를 **하**면서 **찌**찌를 흔들며 고랑을 가는가?!
{'(고랑을) 갈다'는 러시아어로 пропахать(완료체)이다.}

□ 갈등(**conflict**)

갓도 원인이 된 갈등?!
{'갈등'은 일본어로 葛藤[かっとう]이다.}

씨암탉의 **흐뭇**한 **쏘**심과 **흐**느낌 사이에서 발생한 정신분열적인
갈등?!
{'갈등'은 히브리어로 סכסוך[sikhsukh]이다.}

마아초와 **박**의 갈등?!
{'갈등'은 히브리어로 מאבק[maavaq]이다.}

□ 갈라지다(crack)

Prostitute와의 **three**some에서 **샤**먼의 **찌**찌는 갈라지는가?!
{'갈라지다'는 러시아어로 протрещать(완료체)이다.}

Threesome에서 **샤**먼의 **찌**찌는 갈라지는가?!
{'갈라지다'는 러시아어로 трещать(불완료체)이다.}

□ 갈망하는(longing)

알랑거리면서 **추**한 **쉬**리는 더러운 돈을 갈망하는가?!
{'갈망하는'은 러시아어로 алчущий이다.}

□ 갈망하다(long for)

스트리퍼를 **믿자**면서 모두 다 보기를 갈망하는가?!
{'갈망하다'는 러시아어로 стремиться(불완료체)이다.}

□ 갈취하다(blackmail)

Shunner를 **따**라서 **쥐라**기의 **바**보에게서 **찌**찌를 갈취하는가?!
{'갈취하다'는 러시아어로 шантажировать(불완료체)이다.}

내시들은 **다**니면서 **루**머처럼 백성들의 재산을 갈취하는가?!
{'갈취하다'는 일본어로 ねだる이다.}

□ 감(persimmon)

퍼런 **씨**암탉은 **먼** 곳으로 곧 감?!
{'감'은 영어로 persimmon이다.}

□ 감각이 없는(numb)

Number two is numb?!
{'감각이 없는'은 영어로 numb이다.}

□ 감금(**confinement**)

Cunt **fin**ds **mun**dane techniques of self confinement?!
{'감금'은 영어로 confinement이다.}

□ 감금하다(**lock up**)

자기기만적인 **싸**움닭은 **지**저분하고도 **찌**질하게 스스로를 감금하는가?!
{'감금하다'는 러시아어로 **засадить**(완료체)이다.}

□ 감기(**cold**)

Prostitute와 **뚜**쟁이가 **다** 함께 걸린 감기?!
{'감기'는 러시아어로 **простуда**이다.}

깐깐한 **마오**리족도 걸린 감기?!
{'감기'는 중국어로 感冒[gǎnmào]이다.}

가재가 걸린 감기?!
{'감기'는 일본어로 風邪[かぜ]이다.}

감기에 걸리면 뭔가가 **휨**?!
{'감기'는 프랑스어로 rhume이다.}

□ 감기에 걸리다(**catch cold**)

Prostitute와 **뚜**쟁이는 **지**나치게 **짜**고 치는 고스톱처럼 감기에 걸리는가?!
{'감기에 걸리다'는 러시아어로 **простудиться**(완료체)이다.}

Prostitute와 **뚜**쟁이는 **자주 짜**고 치는 고스톱처럼 감기에 걸리는가?!
{'감기에 걸리다'는 러시아어로 **простужаться**(불완료체)이다.}

깐깐한 **마오**리족도 감기에 걸리는가?!
{'감기에 걸리다'는 중국어로 感冒[gǎnmào]이다.}

가재는 오늘 **희**극적인 **꾸**러기처럼 감기에 걸리는가?!
{'감기에 걸리다'는 일본어로 風邪[かぜ]をひく이다.}

☐ 감동적인(moving)

애무를 **방**에서 하는 것은 감동적인가?!
{'감동적인'은 프랑스어로 émouvant이다.}

☐ 감동하다(be touched)

우수한 **밀**크를 **리**무진에서 **짜**내자 누가 감동하는가?!
{'감동하다'는 러시아어로 умилиться(완료체)이다.}

우수한 **밀**크를 **야**하게 **짜**내자 누가 감동하는가?!
{'감동하다'는 러시아어로 умиляться(불완료체)이다.}

☐ 감사하다(thank)

당년(當年)의 **큰** 문제를 해결하기 위해 의로운 분노로 일어선 여러 분 감사합니다?!
{'감사하다'는 독일어로 danken이다.}

☐ 감상성(sentimentality)

Sinner들이 **찌**질하게 **민 딸**의 **나**체와 **스**스럼없는 **찌**찌에서 발견되는 감상성?!
{'감상성'은 러시아어로 сентимента́льность이다.}

☐ 감시하다(watch)

개떼처럼 사람들을 감시하는가?!
{'감시하다'는 프랑스어로 guetter이다.}

☐ 감싸다(wrap)

아저씨가 **바라**보자 **찌찌**를 감싸는가?!
{'감싸다'는 러시아어로 оборо́тить(완료체)이다.}

아저씨가 **바라**보자 **치**킨은 **바**보처럼 **찌**찌를 감싸는가?!
{'감싸다'는 러시아어로 обора́чивать(불완료체)이다.}

☐ 감염시키다(infect)

In fact, anything can infect?!
{'감염시키다'는 영어로 infect이다.}

자라는 **지**저분하게도 **찌**찌를 감염시키는가?!
{'감염시키다'는 러시아어로 **зараз**ить(완료체)이다.}

자라는 자주 **찌**찌를 감염시키는가?!
{'감염시키다'는 러시아어로 **зараж**ать(불완료체)이다.}

☐ 감옥(prison)

거북이와 **펭**귄이 **니스**를 칠하고 있는 감옥?!
{'감옥'은 독일어로 Gefängnis이다.}

쭈그러진 **리**어카가 **마**침내 가게 된 감옥?!
{'감옥'은 러시아어로 тюрьма이다.}

꾸물거리던 **뚜**쟁이가 **스**스럼없이 **까**무러친 감옥?!
{'감옥'은 러시아어로 кутузка라고도 한다.}

강도가 **고꾸**라진 감옥?!
{'감옥'은 일본어로 監獄[かんごく]이다.}

That's so creative a prison?!
{'감옥'은 일본어로 鉄窓[てっそう]라고도 한다.}

Free한 **종**들이 갇힌 감옥?!
{'감옥'은 프랑스어로 prison이다.}

☐ 감자(potato)

Two does eat potato?!
{'감자'는 중국어로 土豆[tǔdòu]이다.}

작아서 **이모**에게 버림받은 감자?!
{'감자'는 일본어로 じゃが芋[じゃがいも]이다.}

☐ 감탄하다(marvel)

지저분하고도 **비**열하게 **짜**고 치는 고스톱에 사람들은 감탄하는가?!
{'감탄하다'는 러시아어로 **диви**ться(불완료체)이다.}

□ 갑질(gapjil)

갑갑하게 **질** 떨어지는 것들의 갑질?!
{'갑질'은 수직관계에서 강자가 약자에게 필요 이상으로 가혹하게 대하는 것,
간단히 말하면 꼴값 떠는 것을 의미한다.}

□ 값이 오르다(go up in price)

치킨이 **지**나치게 **아**름다우면 값이 오르는가?!
{'값이 오르다'는 중국어로 起价[qǐjià]이다.}

□ 강간(rape)

나체로 **silly 예**술가에게 당한 강간?!
{'강간'은 러시아어로 насилие이다.}

고래가 **깡**패에게 당한 강간?!
{'강간'은 일본어로 強姦[ごうかん]이다.}

비 올 때 발생한 강간?
{'강간'은 프랑스어로 viol이다.}

□ 강간하다(rape)

잊으라면서 **나**불대는 **silver**는 **라**스베이거스에서 **바**보의 **찌**찌를
만지면서 강간하는가?!
{'강간하다'는 러시아어로 изнасиловать(완료체)이다.}

나불대는 **silver**는 **라**스베이거스에서 **바**보의 **찌**찌를 만지면서 강
간하는가?!
{'강간하다'는 러시아어로 насиловать(불완료체)이다.}

치킨은 **앙**칼지게 **지엔**피를 강간하는가?!
{'강간하다'는 중국어로 强奸[qiángjiān]이다.}

비는 **올레**산을 강간하는가?!
{'강간하다'는 프랑스어로 violer이다.}

17

[EGR]
[CKJ]
[HGL]
[ISF]

□ 강남(Gangnam)

장난 아닌 강남?!
{'강남'은 중국어로 江南[Jiāngnán]이다.}

□ 강도(robber, bandit, heist, mugger)

먹어도 계속 배가 고픈 강도?!
{'강도'는 영어로 mugger이다.}

High st**r**eet saw a heist?!
{'강도'는 영어로 heist이다.}

라즈니쉬와 **boy**에게 **니크**롬선을 요구한 강도?!
{'강도'는 러시아어로 разбойник이다.}

반지가 뜨거운 강도?!
{'강도'는 러시아어로 бандит이다.}

치킨은 **앙**칼지게 **따**로 오르가슴을 느끼는 강도?!
{'강도'는 중국어로 强盗[qiángdào]이다.}

고릴라와 **또** 싸우는 강도?!
{'강도'는 일본어로 强盗[こうとう]이다.}

쇼걸은 **대드**는 자들을 거지로 만드는 강도?!
{'강도'는 히브리어로 שודד[shoded]이다.}

푸르른 강도?!
{'강도'는 라틴어로 fur이다.}

□ 강도질(robbery)

Rodent's **o**rgy **b**eloved **b**y **e**very **r**otten **y**es - man?!
{'강도질'은 영어로 robbery이다.}

□ 강박관념(obsession)

교육과 **학구**열과 **간**통과 **냉**전에 대한 강박관념?!
{'강박관념'은 일본어로 强迫観念[きょうはくかんねん]이다.}

☐ 강아지**(puppy)**

고인이 **우**리에게 남긴 강아지?!
{'강아지'는 일본어로 小犬[こいぬ]이다.}

☐ 강요하다**(compel)**

창녀가 **poor** people에게 빈곤한 삶을 강요하는가?!
{'강요하다'는 중국어로 强迫[qiǎngpò]이다.}

새 마루에서 자라고 강요하는가?!
{'강요하다'는 일본어로 迫る[せまる]이다.}

일단 "**Let's** go!" 하라고 강요하는가?!
{'강요하다'는 히브리어로 **אלץ**[illets]이다.}

아저씨가 **낭**자에게 **까**던 **조**를 마저 까라고 강요하는가?!
{'강요하다'는 그리스어로 αναγκαζω이다.}

☐ 강좌**(lecture)**

고자에 대한 강좌?!
{'강좌'는 일본어로 講座[こうざ]이다.}

☐ 강철**(steel)**

스스럼없는 **딸**의 얼굴에 깔린 강철?!
{'강철'은 러시아어로 сталь이다.}

☐ 강탈**(extortion)**

Extreme **tor**turers **shun** anything but extortion?!
{'강탈'은 영어로 extortion이다.}

☐ 같은**(same)**

오늘 **낮이** 어제 밤과 같은가?!
{'같은'은 일본어로 おなじ이다.}

□ 개(dog)

Huhn(hen)의 **트**러블을 해결해 주는 개들?!
{'개'는 독일어로 Hund이다.}

싸움닭과 **바**보처럼 **까**불거리는 늙은 개들?!
{'개'는 러시아어로 собака이다.}

싸움닭처럼 **바**보를 **촌까**지 쫓아가서 물어뜯어 죽인 개들?!
{'개'는 러시아어로 собачонка이다.}

의것들은 **누**구를 물어 죽인 한심한 개들인가?!
{'개'는 일본어로 犬[いぬ]이다.}

□ 개&돼지(dog&pig)

도그네 **피그**네 해도 사람들의 피를 빨아먹는 기생충들에 비하면
차라리 눈물겹도록 아름답기까지 한 개와 돼지?!
{'개&돼지'는 영어로 dog&pig이다.}

□ 개 짖는 소리(barking)

Liars'barking?!
{'개 짖는 소리'는 러시아어로 лай이다.}

아부와 망할 놈의 개 짖는 소리?!
{'개 짖는 소리'는 프랑스어로 aboiement이다.}

□ 개고기(dog meat)

싸움닭과 **바**보들과 **치킨**의 **나**라에서 사람들의 삶은 다음과 같
다. 살아서는 개고생, 죽어서는 개죽음, 그리고 남는 것은 돼지고
기와 개고기?!
{'개고기'는 러시아어로 собачина이다.}

□ 개미(ant)

아마 이제 부자가 됐을 개미?!
{'개미'는 독일어로 Ameise이다.}

My ant?!

{'개미'는 중국어로 蚂蚁[mǎyǐ]이다.}

아리따운 개미?!

{'개미'는 일본어로 蟻[あり]이다.}

□ 개봉하다(unseal)

라스푸틴은 **Pi**erre의 **차**에서 **따**뜻한 **찌**찌를 만지면서 무엇을 개봉하는가?!

{'개봉하다'는 러시아어로 распечатать(완료체)이다.}

□ 개새끼(son of bitch)

스스럼없는 **까**만 **찌**찌를 **나**에게 보여준 개새끼?!

{'개새끼'는 러시아어로 скотина라고도 한다.}

□ 개선하다(amend)

아줌마가 **망**친 **대**단한 국을 정의로운 칼을 입에 문 요리사가 기적적으로 개선하는가?!

{'개선하다'는 프랑스어로 amender이다.}

□ 개연성 있는(probable)

Prostitute가 **법을** 어기고 구름보다 높은 정상에 오른 후 실시한 수많은 비행에 양순한 승냥이를 태우고 다니면서 온갖 악행을 저질렀음은 개연성 있는가?!

{'개연성 있는'은 영어로 probable이다.}

□ 개인(individual)

인디언적인 **visual**을 가진 개인?!

{'개인'은 영어로 individual이다.}

고진감래를 실천적으로 보여준 개인?!

{'개인'은 일본어로 個人[こじん]이다.}

□ 개인적으로(personally)

Leech들이 **나**라에서 사람들의 피를 빨고 있는가? 그것도 개인적
으로?!

{'개인적으로'는 러시아어로 ЛИЧНО이다.}

□ 개인적인 일로(on a personal matter)

Q: **빨리 치**킨을 **나무**에 매달라고? 무슨 일로?
A: 개인적인 일로?!

{'개인적인 일로'는 러시아어로 ПО ЛИЧНОМУ이다.}

□ 개인주의(individualism)

꺼벙한 **run**ner가 **ju**ice를 **이**렇게 홀로 마시는 것이 개인주의?!
{'개인주의'는 중국어로 个人主义[gèrénzhǔyì]이다.}

고진감래처럼 **슈**크림을 **기**쁘게 홀로 먹는 것이 개인주의?!
{'개인주의'는 일본어로 個人主義[こじんしゅぎ]이다.}

□ 개자식(bastard)

훈련에서 **딴**소리나 하는 개자식?!
{'개자식'은 중국어로 混蛋[húndàn]이다.}

쌀로 자기 배만 채우는 개자식?!
{'개자식'은 프랑스어로 salaud이다.}

□ 개혁자(reformer)

"**Guy, 꺼져!**"라고 소리치는 개혁자?!
{'개혁자'는 중국어로 改革者[gǎigézhě]이다.}

□ 거기에(there)

딸이 난다고? 거기에?!
{'거기에'는 러시아어로 там이다.}

□ 거드름 피우다(put on airs)

라스베이거스에서 **마**녀는 **짜**고 치는 고스톱처럼 거드름 피우는가?!
{'거드름 피우다'는 러시아어로 ломаться(불완료체)이다.}

□ 거룩한 믿음(holy faith)

산타클로스를 **패**는 자의 거룩한 믿음?!
{'거룩한 믿음'은 스페인어로 santa fe이다.}

□ 거름(manure)

나태한 **보스**는 큰일이 터지면 언제나 거름?!
{거름은 러시아어로 навоз이다.}

□ 거름을 주다(manure)

우스꽝스럽게도 **나**는 **보지**와 **찌**찌에 거름을 주는가?!
{'거름을 주다'는 러시아어로 унавозить(완료체)이다.}

나는 **보지**와 **찌**찌에 거름을 주는가?!
{'거름을 주다'는 러시아어로 навозить(불완료체)이다.}

□ 거리(street)

울리고 **짜**증나는 거리?!
{'거리'는 러시아어로 улица이다.}

□ 거리낌 없음(lack of consideration)

쌍년 **잰** 항상 거리낌 없음?!
{'거리낌 없음'은 프랑스어로 sans - gêne이다.}

□ 거만하게 굴다(put on airs)

의년은 **바**보처럼 **루**머가 사실임에도 거만하게 구는가?!
{'거만하게 굴다'는 일본어로 威張る[いばる]이다.}

□ 거머리(leech)

Lee와 **ch**icken은 환상적인 한 쌍의 거머리?!
{'거머리'는 영어로 leech이다.}

이글루에서도 피를 빠는 거머리?!
{'거머리'는 독일어로 Egel이다.}

마녀는 **황**당한 방법으로 사람들의 피를 빠는 그야말로 창조적인
거머리?!
{'거머리'는 중국어로 蚂蟥[mǎhuáng]이다.}

히루딘을 분비하는 거머리?!
{'거머리'는 일본어로 蛭[ひる]이다.}

알리와 **Luka**s의 피를 빠는 거머리?!
{'거머리'는 히브리어로 עֲלוּקָה[aluqah]이다.}

브라운이 **델**포이와 **라**스베이거스에서 본 거머리?!
{'거머리'는 그리스어로 βδελλα이다.}

쌍년은 **귀**머거리처럼 **쏘**시는 **가**학적인 거머리?!
{'거머리'는 이탈리아어로 sanguisuga이다.}

□ 거미(spider)

빠르게 **우크**라이나에 집을 지은 거미?!
{'거미'는 러시아어로 паук이다.}

쿠데타를 **모**의한 거미?!
{'거미'는 일본어로 クモ이다.}

□ 거미집(web)

빠르게 **우**리를 **찌**른 **나**라에 가득하게 된 거미집?!
{'거미집'은 러시아어로 паутина이다.}

쿠데타를 **모**의한 **노**상강도가 **스**스럼없이 빼앗은 거미집?!
{'거미집'은 일본어로 クモの巣[す]이다.}

□ 거북이**(turtle)**

칠이 빠구리를 **하**는 동안 칠대양을 누빈 거북이?!
{'거북이'는 러시아어로 черепаха이다.}

가증스러운 **매**국노들이 역겨워 바다로 간 거북이?!
{'거북이'는 일본어로 亀[かめ]이다.}

Hell로 나라가 돌진하는 것을 목격한 거북이?!
{'거북이'는 그리스어로 χελῳνα이다.}

갈라파고스의 거북이?!
{'거북이'는 스페인어로 galápago이다.}

Tort tue la tortue?!
{'거북이'는 프랑스어로 tortue이다.}

□ 거북하게 하다**(bother)**

쟤네들은 누구를 거북하게 하는가?!
{'거북하게 하다'는 프랑스어로 gêner이다.}

□ 거상**(business magnate)**

쥐가 구속되는 것을 보고도 이제 용왕처럼 별세계에 사는 자신
만은 화무십일홍(花無十日紅)의 진리에서 예외라고 착각하는 어리
석은 거상?!
{'거상(巨商)'은 중국어로 巨贾[jùgǔ]이다.}

□ 거세한 돼지**(hog)**

보라! 프랑스에서 거세한 돼지?!
{'거세한 돼지'는 러시아어로 боров이다.}

□ 거실**(living room)**

가스나 **찌**찌가 **나**에게 **야**하게 다가온 거실?!
{'거실'은 러시아어로 гостиная이다.}

[EGR]
[CKJ]
[HGL]
[I S F]

□ 거액(jackpot)

Курица[꾸리짜]와 **쉬**리가 훔친 거액?!
{'거액'은 러시아어로 куш이다.}

□ 거위(goose)

굿이나 하는 닭을 결코 조류로 인정할 수 없다고 말한 거위?!
{'거위'는 러시아어로 гусь이다.}

와신상담을 꿈**꾸**는 거위?!
{'거위'는 프랑스어로 oie이다.}

□ 거절하다(refuse)

자극적인 **브라까**지 **바**라는 **찌**찌는 거절하는가?!
{'거절하다'는 러시아어로 забраковать(완료체)이다.}

브라까지 **바**라는 **찌**찌는 거절하는가?!
{'거절하다'는 러시아어로 браковать(불완료체)이다.}

쥐는 **쥐**며느리의 **에**로티시즘을 거절하는가?!
{'거절하다'는 중국어로 拒绝[jùjué]이다.}

매국노들의 **en**dless한 거짓말과 도둑질을 우리는 거절하는가?!
{'거절하다'는 히브리어로 מאן[meen]이다.}

□ 거주자(inhabitant)

아비의 **땅**에 가득한 거주자?!
{'거주자'는 프랑스어로 habitant이다.}

□ 거주지(dwelling)

질리는 **chef**의 거주지?!
{'거주지'는 러시아어로 жилище이다.}

□ 거주하다(live)

아비는 **따**뜻한 **찌**찌를 만지면서 거주하는가?!

{'거주하다'는 러시아어로 обитать(불완료체)이다.}

아비는 **떼**도둑과 함께 거주하는가?!
{'거주하다'는 프랑스어로 habiter이다.}

□ 거지(beggar)

니체는 **쉬**리에 비하면 거지?!
{'거지'는 러시아어로 нищий이다.}

치킨이 **까**불거리면서 **이**렇게 창조한 행복한 거지?!
{'거지'는 중국어로 乞丐[qǐgài]이다.}

갑은 **짠**돌이일 뿐 본질은 그저 돈 많은 거지?!
{'거지'는 히브리어로 קבצן[qabtzan]이다.}

맨홀에서 **디**스코와 **고**고를 추는 거지?!
{'거지'는 스페인어로 mendigo이다.}

□ 거지 신세(mendicity, mendicancy)

망국적인 de**cep**tion으로 **씨**암탉과 **떼**도둑이 사람들에게 선사한 것은 바로 거지 신세?!
{'거지 신세'는 프랑스어로 mendicité이다.}

□ 거짓말(lie)

Love **is** **e**ternal?!
{'거짓말'은 영어로 lie이다.}

Lonely하게 **쉬**기만 했다는 것은 거짓말?!
{'거짓말'은 러시아어로 ложь이다.}

브라니 **요**니 전혀 모른다는 말은 모두 거짓말?!
{'거짓말'은 러시아어로 враньё이다.}

우스꽝스러운 **소**문이 과연 거짓말일까?!
{'거짓말'은 일본어로 うそ이다.}

망국적인 **song**으로 **주**군을 죽인 자들의 거짓말?!
{'거짓말'은 프랑스어로 mensonge이다.}

[EGR]
[CKJ]
[HGL]
[I S F]

□ 거짓말을 해서 궁지를 모면하다

(lie one's way out of predicament)

아버지와 **딸**은 **가짜**지만 하나같이 거짓말을 해서 궁지를 모면하는가?!

{'거짓말을 해서 궁지를 모면하다'는 러시아어로 отолгаться(완료체)이다.}

□ 거짓말쟁이가 되다**(become a liar)**

이잘 가짜라고 하는 자는 이자가 정말로 가짜임에도 불구하고 무조건 거짓말쟁이가 되는가?!

{'거짓말쟁이가 되다'는 러시아어로 изолгаться(완료체)이다.}

□ 거짓말하다**(lie)**

Chicken shits and lies?!

{'chicken shit'은 '거짓말하다.'라는 뜻으로도 쓰인다.}

뤼순에 **근**해는 없다고 무식하게 거짓말하는가?!

{'거짓말하다'는 독일어로 lügen이다.}

싸구려 **브라**는 **찌**찌에게 거짓말하는가?!

{'거짓말하다'는 러시아어로 соврать(완료체)이다.}

브라는 **찌**찌에게 거짓말하는가?!

{'거짓말하다'는 러시아어로 врать(불완료체)이다.}

쌀을 **갖지** 못한 자가 쌀을 가졌다고 거짓말하는가?!

{'거짓말하다'는 러시아어로 солгать(완료체)이다.}

날 갖지 못한 자가 날 가졌다고 거짓말하는가?!

{'거짓말하다'는 러시아어로 налгать(완료체)이다.}

망구는 **띠**동갑에게 **흐**뭇하게 거짓말하는가?!

{'거짓말하다'는 프랑스어로 mentir이다.}

□ 거짓말하지 마**(don't lie)**

니체가 **브리**튼 출신이라고? 거짓말하지 마?!

{'거짓말하지 마'는 러시아어로 не ври이다.}

□ 거품(bubble)

법을 만들기만 하고 지키지 않는 자들의 가소로운 삶은 그야말로 거품?!
{'거품'은 영어로 bubble이다.}

부정한 **아**줌마의 인기는 그야말로 거품?!
{'거품'은 히브리어로 בּוּעָה[buah]이다.}

□ 거품이 일다(foam)

무식하게 sex하면 거품이 이는가?!
{'거품이 일다'는 프랑스어로 mousser이다.}

□ 걱정시키다(worry)

아줌마의 **비스**듬한 **빠**구리와 **꼬**꼬의 **이**기적인 **찌**질함은 누구를 걱정시키는가?!
{'걱정시키다'는 러시아어로 обеспокоить(완료체)이다.}

비스듬한 **빠**구리와 **꼬**꼬의 **이**기적인 **찌**질함은 누구를 걱정시키는가?!
{'걱정시키다'는 러시아어로 беспокоить(불완료체)이다.}

자극적으로 **보**이는 **찌찌**는 누구를 걱정시키는가?!
{'걱정시키다'는 러시아어로 заботить(불완료체)이다.}

□ 걱정하다(be concerned)

뜰이 **보**니 **쥐**가 **짜**고 치는 고스톱에 사람들이 속을까 봐 걱정하는가?!
{'걱정하다'는 러시아어로 тревожиться(불완료체)이다.}

□ 건강(health)

쌍년과 **떼**도둑이 망친 나라의 건강?!
{'건강'은 프랑스어로 santé이다.}

□ 건강한(healthy)

Hell에서는 **씨**암탉만이 건강한가?!
{'건강한'은 영어로 healthy이다.}

거지가 **준**비된 **트**림을 하면 건강한가?!
{'건강한'은 독일어로 gesund이다.}

발이 건강하면 건강한가?!
{'건강한'은 히브리어로 בריא[bari]이다.}

□ 건장한 남자(he-man)

무자비한 **쥐**와 **치**킨의 **나**라에서 살아남는 것은 그야말로 기적과 같다는 사실을 폭로한 건장한 남자?!
{'건장한 남자'는 러시아어로 мужичина이다.}

□ 걷는 속도로(at walking pace)

오빠와 걷는 속도로?!
{'걷는 속도로'는 프랑스어로 au pas이다.}

□ 걸어서(on foot)

삐딱한 **쉬**리는 **꼼**수로써 큰집으로 갔다. 그것도 걸어서?!
{'걸어서'는 러시아어로 пешком이다.}

□ 걸핏하면(as often as not)

똥은 **뿌**듯하게 **똥**이어서 입으로 똥을 싸는가? 그것도 걸핏하면?!
{'걸핏하면'은 중국어로 动不动[dòngbúdòng]이다.}

□ 검사(prosecutor)

Prostitute와 **씨**암탉의 **Q**에 **터**프하게 딸랑거리면서 칼을 휘두르는 검사?!
{'검사'는 영어로 prosecutor이다.}

<u>Pro</u>stitute와 **ку**рица[**꾸**리짜]의 **로**맨스가 **르**완다의 양계장에서 벌어지고 있음에도 아무런 조사도 하지 않는 검사?!

{'검사'는 러시아어로 проку**ро**р이다.}

검사인지 죄 없는 사람을 죽도록 괴롭히는 그야말로 부패한 권력의 **갠지**?!

{'검사'는 일본어로 **檢事**[けんじ]이다.}

□ 검증(verification)

갠 쇼걸인데 검증은 무슨 검증?!

{'검증'은 일본어로 **檢証**[けんしょう]이다.}

□ 겁나게 하다(terrify)

우울하게 **잤**으면 **누**구의 **찌**찌가 겁나게 하는가?!

{'겁나게 하다'는 러시아어로 у**жас**нуть(완료체)이다.}

우울하게 **자**주 **쌌지**만 아직도 겁나게 하는가?!

{'겁나게 하다'는 러시아어로 у**жас**ать(불완료체)이다.}

에로티시즘으로 **뿌**듯한 **방**에서 **뻬**도둑은 그야말로 겁나게 하는가?!

{'겁나게 하다'는 프랑스어로 épouvanter이다.}

□ 게으름뱅이(lazybones)

<u>Liar</u> **닭**은 먹고 자고 싸고 하는 것과 삥과 뽕 외에는 아무것도 하지 않는 게으름뱅이?!

{'게으름뱅이'는 러시아어로 **лай**д**ак**이다.}

□ 게을리하다(neglect)

빨리 니체는 **짜**고 치는 고스톱처럼 무엇을 게을리하는가?!

{'게을리하다'는 러시아어로 **по**ле**нить**ся(완료체)이다.}

리무진에서 **니**체는 **짜**고 고스톱처럼 운전을 게을리하는가?!

{'게을리하다'는 러시아어로 **ле**ни**ть**ся(불완료체)이다.}

□ 겟세마네(Gethsemane)

Get sexy **money**, and Jesus will pray even for you Judas here in Gethsemane?!
{'겟세마네'는 영어로 Gethsemane이다.}

□ 겨냥하다(take aim)

비열한 **제**비는 사모님을 겨냥하는가?!
{'겨냥하다'는 프랑스어로 viser이다.}

브라는 **깨**끗한 유방을 겨냥하는가?!
{'겨냥하다'는 프랑스어로 braquer이다.}

□ 겨울(winter)

지저분한 **마**녀가 나타났다가 쫓겨난 겨울?!
{'겨울'은 러시아어로 зима이다.}

후유증을 치료한 겨울?!
{'겨울'은 일본어로 冬[ふゆ]이다.}

□ 겨자(mustard)

잰 프랑스산 겨자?!
{'겨자'는 독일어로 Senf이다.}

가르치다 **짜**증이 난 겨자?!
{'겨자'는 러시아어로 горчица이다.}

가라지와 **시**발역에서 만난 겨자?!
{'겨자'는 일본어로 芥子[からし]이다.}

□ 격노한(furious)

앙드레는 **하**수와 **제**비차기를 하다가 격노하는가?!
{'격노한'은 프랑스어로 enragé이다.}

□ 격려하다(encourage)

Курица[꾸리짜]는 개들을 격려하는가?!
{'격려하다'는 중국어로 **鼓励**[gǔlì]이다.}

□ 격렬하게(wildly)

지금 **까**야 한다! 그것도 아주 격렬하게?!
{'격렬하게'는 러시아어로 **ди**ко이다.}

니체는 **E**aster에 **따**뜻한 **바**람이 불자 "위험하게 살라"라고 외쳤다. 그것도 아주 격렬하게?!
{'격렬하게'는 러시아어로 не**и**стово이다.}

□ 격분(indignation)

니체에게 **가다**가 **반이 예**술적으로 표현한 격노?!
{'격분'은 러시아어로 не**г**одо**в**ание이다.}

□ 격분시키다(outrage)

해를 **볼 때** 달을 보는 자는 개들을 격분시키는가?!
{'격분시키다'는 프랑스어로 révolter이다.}

□ 격분하다(be enraged)

Prostitute와 **그네**는 **바**보라서 **짜**고 치는 고스톱처럼 격분하는가?!
{'격분하다'는 러시아어로 про**гне**ваться(완료체)이다.}

그네는 **바**보라서 **짜**고 치는 고스톱처럼 격분하는가?!
{'격분하다'는 러시아어로 **гне**ваться(불완료체)이다.}

자꾸만 **도리**를 **짜**고 치는 고스톱처럼 언급하는 자여, 그렇게 허구한 날 도리 타령하던 그대가 패배한 이제 도리를 지켜서 패배를 인정하기는커녕 오히려 이 모든 것은 짜고 치는 고스톱이라면서 격분하는가?!
{'격분하다'는 러시아어로 за**до**риться(불완료체)이다.}

█

□ 격통(pang)

팽(烹)을 당한 자의 격통?!
{'격통'은 영어로 pang이다.}

□ 견딜 수 없다(cannot bear)

북한은 더 이상 고립을 견딜 수 없는가?!
{'견딜 수 없다'는 중국어로 不堪[bùkān]이다.}

□ 견장(epaulette)

빠구리로 **곤**란해진 장교의 견장?!
{'견장'은 러시아어로 погон이다.}

□ 견제와 균형(check and balance)

치킨 and **쥐**여! **허**무맹랑하게 **쥔 형**겊 인형으로 무슨 놈의 견제
와 균형?!
{'견제와 균형'은 중국어로 牽制和均衡[qiānzhìhéjūnhéng]이다.}

□ 결과(result)

지극히 **에**로틱한 **ку**рица[꾸리짜]의 **오**르가슴으로 인해 발생한
결과?!
{'결과'는 중국어로 結果[jiéguǒ]이다.}

Hen이 **쥘**(쥐를) **따**라 배를 침몰시키자 발생한 역사적인 결과?!
{'결과'는 프랑스어로 résultat이다.}

□ 결국(in the end)

빚도 계속 늘어나는데 나라에 도둑들이 계속해서 돈을 훔친다면
그 나라는 결국?!
{'결국'은 러시아어로 в итоге이다.}

□ 결론(conclusion)

씨암탉이 **옳**. 그러면 집안이 망함. 이는 당연한 결론?!
{'결론'은 히브리어로 סיום[sium]이다.}

□ 결말(conclusion)

대단한 **누**군가가 **망**하게 되었다는 결말?!
{'결말'은 프랑스어로 dénouement이다.}

□ 결미(end)

Gatsby의 위대한 결미?!
{'결미'는 일본어로 結尾[けつび]이다.}

□ 결백한(innocent)

니체가 **빠**구리의 **빈**자리는 **느**글거리는 **이**년의 자리라고 주장해도
법률적으로는 결백한가?!
{'결백한'은 러시아어로 неповинный이다.}

□ 결석(absence)

겟세마네에서 **세끼**를 굶었더니 너무 배가 고파 마지막 수업에는 결석?!
{'결석'은 일본어로 欠席[けっせき]이다.}

□ 결석(calculus)

겟세마네에서 **세끼**를 라면에 멸치만 먹었더니 비극적으로 발생한
결석?!
{'결석'은 일본어로 結石[けっせき]이다.}

□ 결코 아니다(never)

쥐에게도 **부**처가 될 가능성이 있는가? 결코 아니다?!

{'결코 아니다'는 중국어로 绝不[juébù]이다.}

잠에서 깨지 않은 자가 진리를 알 수 있는가? 결코 아니다?!

{'결코 아니다'는 프랑스어로 jamais이다.}

□ 결투(duel)

두 앨 죽인 결투?!

{'결투'는 러시아어로 дуэль이다.}

빠르고도 **easy**하게 **knock**하는 결투?!

{'결투'는 러시아어로 поединок이다.}

□ 결핍되다(lack)

취객의 **에**로티시즘에는 **파**토스가 결핍되어 있는가?!

{'결핍되다'는 중국어로 缺乏[quēfá]이다.}

□ 결혼(marriage)

Brother에게 **크**나큰 실수는 결혼?!

{'결혼'은 러시아어로 брак이다.}

□ 결혼시키다(marry)

빈대를 **찾지** 않았음에도 빈대와 결혼시키는가?!

{'결혼시키다'는 러시아어로 венчать(불완료체)이다.}

□ 결혼하다(marry)

쥐는 **니**가타에서 **짜**고 치는 고스톱처럼 결혼하는가?!

{'(남자가) 결혼하다'는 러시아어로 жениться(불완료체)이다.}

빈대를 **찾자**마자 마야코프스키는 교회에서 결혼하는가?!

{'(교회에서) 결혼하다'는 러시아어로 венчаться(불완료체)이다.}

꽁치는 **본**래 멸치와 결혼하는가?!

{'결혼하다'는 프랑스어로 convoler라고도 한다.}

□ 경건한(godly, devout)

가슴이 **들리**는 자는 경건한가?!
{'경건한'은 영어로 g<u>o</u>dly이다.}

□ 경건한 사람(devout person)

데모를 **보**면서 기도하는 자는 경건한 사람?!
{'경건한 사람'은 프랑스어로 dévot이다.}

□ 경기(match)

삐딱하게 **쌓이**는 쓰레기를 치우는 경기?!
{'경기'는 중국어로 比**赛**[bǐsài]이다.}

□ 경범죄(misdemeanor)

미스가 **디**자이너에 **미**치면 **너**무나 명백한 경범죄?!
{'경범죄'는 영어로 misdemeanor이다.}

Prostitute가 **뚜**쟁이를 **빡**세게 굴리는 것은 경범죄?!
{'경범죄'는 러시아어로 **просту**пок이다.}

□ 경색(infarction)

인간이 **파르**르하니 **끄트**머리에서 발생한 경색?!
{'경색'은 러시아어로 **инфа**ркт이다.}

고소된 **꾸**러기에게 발생한 경색?!
{'경색(梗塞)'은 일본어로 梗塞[こうそく]이다.}

Hat&calf cause infarction?!
{'경색'은 히브리어로 התקף[hetqef]이다.}

□ 경영학 석사(MBA, Master of Business Administration)

Ambitious **a**theism?!
{'MBA'는 경영학 석사를 의미한다.}

□ 경우(occasion)

슬픈 **루**시퍼가 **치**킨을 보고 배꼽이 빠지는 경우?!
{'경우'는 러시아어로 случай이다.}

□ 경이(wonder)

One 더하기 one이 one이 되는 것은 수학적인 경이?!
{'경이'는 영어로 wonder이다.}

분유를 **더** 많이 먹는 아기는 경이?!
{'경이'는 독일어로 Wunder이다.}

□ 경제(economy)

이기적인 **카**멜레온처럼 **너**무한 **미**친년의 경제?!
{'경제'는 영어로 economy이다.}

징그러운 **지**옥 같은 경제?!
{'경제'는 중국어로 经济[jīngjì]이다.}

개들만의 **자**유롭고 **이**기적인 경제?!
{'경제'는 일본어로 経済[けいざい]이다.}

□ 경제학자(economist)

에로틱하게 **까**불거리는 **놈**이 무슨 경제학자?!
{'경제학자'는 러시아어로 эконо́м이다.}

□ 경찰(police)

Poodles' **o**vert **l**ie **i**s **c**alled **e**ffrontery?!
{'경찰'은 영어로 police이다.}

징그럽게 **차**갑고 비인간적인 경찰?!
{'경찰'은 중국어로 警察[jǐngchá]이다.}

개 사료가 **ts**unami처럼 밀려오자 좋아 죽는 경찰?!
{'경찰'은 일본어로 警察[けいさつ]이다.}

빨리 찌질하고도 **야**비하게 변명하는 경찰?!
{'경찰'은 러시아어로 поли́ция이다.}

□ 경탁(lectern)

아날로그를 **이**렇게 고수하는 교회의 경탁?!
{'(교회의) 경탁'은 러시아어로 анало́й이다.}

날로 이렇게 먹는 교회의 경탁?!
{'(교회의) 경탁'은 러시아어로 нало́й이다.}

□ 경탄할 만한(awesome)

오빠가 **some** 타는 것은 경탄할 만한가?!
{'경탄할 만한'은 영어로 awesome이다.}

□ 경품(prize)

Prison이 **다 차**기 전에 들어온 죄수에게 주어진 경품?!
{'경품'은 러시아어로 прида́ча이다.}

□ 경향(tendency)

빵을 **샹**젤리제에서 먹는 경향?
{'경향'은 프랑스어로 penchant이다.}

□ 경호하다(guard)

찡그린 **웨이**터는 매니저를 경호하는가?!
{'경호하다'는 중국어로 警卫[jǐngwèi]이다.}

□ 경화증(sclerosis)

잉어가 **화정**(火定)할 때 발생한 경화증?!
{'경화증'은 중국어로 硬化症[yìnghuàzhèng]이다.}

[EGR]
[CKJ]
[HGL]
[I S F]

□ 계명(**commandment**)

거대한 **보트**를 침몰시키라는 계명?!
{'계명'은 독일어로 Gebot이다.}

□ 계모(**stepmother**)

Step은 **mother**가 가르쳐야 된다고 주장하는 계모?!
{'계모'는 영어로 stepmother이다.}

마치 하녀 부리듯 신데렐라를 부려먹은 계모?!
{'계모'는 러시아어로 мачеха이다.}

계모의 **계보**?!
{'계모'는 일본어로 継母[けいぼ]이다.}

계모는 구박에 **맛들이냐**?!
{'계모'는 이탈리아어로 matrigna이다.}

□ 계부(**stepfather**)

오자마자 **침**을 흘리기 시작하는 계부?!
{'계부'는 러시아어로 отчим이다.}

마마(mama)의 **찌찌**만으로는 만족할 수 없는 계부?!
{'계부'는 일본어로 まま父[ままちち]이다.}

□ 계속하다(**continue**)

Prostitute는 **돌**리면서 **쥐**의 **찌**찌를 치는 짓을 계속하는가?!
{'계속하다'는 러시아어로 продолжить(완료체)이다.}

Prostitute는 **달**리면서 **자**극적으로 **찌**찌를 흔드는 짓을 계속하는가?!
{'계속하다'는 러시아어로 продолжать(불완료체)이다.}

지저분한 **쉬**르레알리슴(surréalisme)을 계속하는가?!
{'계속하다'는 중국어로 継续[jìxù]이다.}

힘차게 **쉬**리는 **흐**뭇한 도둑질을 계속하는가?!
{'계속하다'는 히브리어로 המשיך[himshikh]이다.}

□ 계절(season)

찌찌에 땀나는 계절?!
{'계절'은 중국어로 季节[jìjié]이다.}

오나니슴의 계절?!
{'계절'은 히브리어로 עונה[onah]이다.}

Sex를 **종**일 해도 땀이 나지 않는 계절?!
{'계절'은 프랑스어로 saison이다.}

□ 계좌(account)

장차 **후**회하게 될 계좌?!
{'계좌'는 중국어로 账户[zhànghù]이다.}

고자가 개설한 계좌?!
{'계좌'는 일본어로 口座[こうざ]이다.}

□ 계주(relay)

흘레질과 뽕의 계주?!
{계주는 프랑스어로 relais이다.}

□ 계엄령(martial law)

Guy의 **갠 레**지스탕스도 아니면서 레지스탕스인 척하니 결국 계엄령?!
{'계엄령'은 일본어로 戒厳令[かいげんれい]이다.}

□ 계절에 맞는(seasonable)

잉어 **찌**개는 계절에 맞는가?!
{'계절에 맞는'은 중국어로 应季[yìngjì]이다.}

□ 고고학(archaeology)

Archimedes에게 **알러지**가 있었다는 증거를 그의 목욕탕에서 발건한 고고학?!

{'고고학'은 영어로 archaeology이다.}

□ 고골(Gogol)

곡해의 올가미에 걸린 고골?!

{'고골(1809-1852)'은 제정 러시아의 작가로서 비판적 리얼리즘 문학의 창시자이다.}

□ 고관(dignitary)

빌어먹을! 모자라도 한참 모자란 자가 고관은 무슨 고관?!

{'고관'은 러시아어로 вельможа이다.}

□ 고구마(sweet potato)

Buy shoes and some sweet potatoes?!

{'고구마'는 중국어로 白薯[báishǔ]이다.}

오만한 사람들에게 tsunami처럼 강력한 힘을 보여준 고구마?!

{'고구마'는 일본어로 御薩[おさつ]이다.}

□ 고뇌(agony)

애매모호한 거니 더 심한 고뇌?!

{'고뇌'는 영어로 agony이다.}

□ 고대 그리스인(Hellene)

Hell in a Hellene?!

{'(순수한) 고대 그리스인'은 영어로 Hellene이다.}

□ 고독(solitude)

우아하고도 이지적인 nanny의 예술적인 고독?!

{'고독'은 러시아어로 уединение이다.}

구두의 고독?!

{'고독'은 중국어로 孤独[gūdú]이다.}

□ 고등어(mackerel)

칭찬하고 **화**내고 **위**로하는 고등어?!
{'고등어'는 중국어로 **青花鱼**[qīnghuāyú]이다.}

사바세계(娑婆世界)는 정녕 고해라고 말하는 고등어?!
{'고등어'는 일본어로 鯖[さば]이다.}

까만 **바**다에서 **야**하게 다니는 고등어?!
{'고등어'는 스페인어로 caballa이다.}

□ 고랑을 만들다(furrow)

씨암탉은 **요**즘도 **내**시와 고랑을 만드는가?!
{'고랑을 만들다'는 프랑스어로 sillonner이다.}

□ 고래 떼(gam)

Gambler와 함께 도박을 즐긴 고래 떼?!
{'고래 떼'는 영어로 gam이다.}

□ 고름(pus)

그들이야말로 **노이**로제를 유발시키는 고름?!
{'고름'은 러시아어로 гной이다.}

우리를 **미**치게 만드는 고름?!
{'고름'은 일본어로 膿[うみ]이다.}

농담처럼 웃긴 고름?!
{'고름'은 중국어로 脓[nóng]이다.}

□ 고맙습니다(thank you)

스스럼없는 **빠**구리로 **씨**암탉이 **바**람과 함께 사라지자 하늘에서
아이들의 소리가 들렸다.
"고맙습니다!"
{'고맙습니다'는 러시아어로 спаси́бо이다.}

[EGR]
[CKJ]
[HGL]
[I S F]

□ 고백하다(confess)

아부에는 장사 없음을 고백하는가?!
{'고백하다'는 프랑스어로 avouer이다.}

□ 고삐(bridle)

고삐에 매인 채 골프를 치는 자는 **우즈다**?!
{고삐는 러시아어로 узда이다.}

□ 고사리(bracken)

브래지어처럼 **큰** 고사리?!
{'고사리'는 영어로 bracken이다.}

아들이 **러**시아에 **판** 고사리?
{'고사리'는 독일어로 Adlerfarn이다.}

쥐에게 보낸 고사리?!
{'고사리'는 중국어로 蕨[jué]이다.}

"와라, 비야!" 하고 하늘을 향해 손을 뻗은 아기의 손은 고사리?!
{'고사리'는 일본어로 わらび이다.}

□ 고생하다(suffer)

나야 무척 고생하지?!
{'고생하다'는 일본어로 悩む[なやむ]이다.}

□ 고슴도치(hedgehog)

Eagle처럼 날고 싶은 고슴도치?!
{'고슴도치'는 독일어로 Igel이다.}

Tsunami로 **웨이**터가 잃어버린 고슴도치?!
{'고슴도치'는 중국어로 刺猬[cìwei]이다.}

자위를 즐기는 고슴도치?!
{'고슴도치'는 한자로 刺猬[자위]이다.}

□ 고안하다(devise)

Prison에서 **두 마**녀는 **찌**찌를 이색적으로 흔드는 법을 고안하는가?!
{'고안하다'는 러시아어로 придумать(완료체)이다.}

□ 고양이(cat)

꼬꼬와 **쉬**리를 **까**무러치게 만든 고양이?!
{'고양이'는 러시아어로 кошка이다.}

내시와 **꼬**꼬를 쥐만큼이나 싫어하는 고양이?!
{'고양이'는 일본어로 ねこ이다.}

샤머니즘을 싫어하는 고양이?!
{'고양이'는 프랑스어로 chat이다.}

□ 고요한(quiet)

찌찌는 **희**고 고요한가?!
{'고요한'은 러시아어로 тихий이다.}

□ 고용하다(employ)

야한 **또**라이를 고용하는가?!
{'고용하다'는 일본어로 雇う[やとう]이다.}

□ 고의가 아니게(inadvertently, unintentionally)

니체의 **볼**을 **나**는 쳤다. 물론 고의가 아니게?!
{'고의가 아니게'는 러시아어로 невольно이다.}

니체가 **나**의 로맨스를 **깜**? 물론 고의가 아니게?!
{'고의가 아니게'는 러시아어로 ненароком이다.}

니체는 **차인 나**머지 "신은 죽었다"라고 말했다. 물론 고의가 아니게?!
{'고의가 아니게'는 러시아어로 нечаянно이다.}

□ 고인(the deceased)

빠구리 **꼬**꼬와 **이**처럼 **니**글거리는 criminal들의 조직적인 범죄에 의해 죽임을 당한 고인?!
{'고인'은 러시아어로 покойник이다.}

□ 고진감래(there will be laughter after pain)

쿠키는 **진**정 **깐**간한 **라**스베이거스에서도 **이**들의 사랑을 받으니 고진감래인가?!
{'고진감래'는 중국어로 苦尽甘来[kǔjìnganlái]이다.}

□ 고질적인(inveterate)

앵무새와 **배**신자들과 **떼**도둑이 hen에게 딸랑거리는 것은 고질적인가?!
{'고질적인'은 프랑스어로 invétéré이다.}

□ 고추(pepper)

라스베이거스에서 **지**저분한 **아**줌마의 **오**르가슴에 도움을 준 것으로 추정되는 매운 고추?!
{'고추'는 중국어로 辣椒 [làjiao]이다.}

도가라면 **시**시하지 않은 학파라고 주장하는 고추?!
{'고추'는 일본어로 とうがらし이다.}

삐딱하게 **망**가진 고추?!
{'고추'는 프랑스어로 piment이다.}

□ 고통(pain, torment)

볼의 고통?!
{'고통'은 러시아어로 боль이다.}

무식한 **까**마귀의 고통?!
{'고통'은 러시아어로 мука이다.}

무정한 **chest**가 **니**체에게 **예**술적으로 가한 고통?!
{'고통'은 러시아어로 мучение이다.}

통나무로 **쿠**키를 부수는 듯한 고통?!
{'고통'은 중국어로 痛苦[tòngkǔ]이다.}

구루마가 **시**시한 **미**친년에게 가한 고통?!
{'고통'은 일본어로 苦しみ[くるしみ]이다.}

뽀뽀하는 **노**예의 **스**스럼없는 고통?!
{'고통'은 그리스어로 πovoς이다.}

□ 고통스럽게(painfully)

볼이 **나**를 때렸다. 그것도 아주 고통스럽게?!
{'고통스럽게'는 러시아어로 больно이다.}

□ 고통을 받다(suffer)

마구 **이**렇게 **짜**내면 결국 누가 고통받는가?!
{'고통을 받다'는 러시아어로 маяться(불완료체)이다.}

□ 고함지르는 사람(bawler)

"**가를**까? **란**제리를 가를까?"하면서 변태처럼 고함지르는 사람?!
{'고함지르는 사람'은 러시아어로 горлан이다.}

브라를 **야**하고도 **흐**뭇하게 바라보면서 고함지르는 사람?!
{'고함지르는 사람'은 프랑스어로 braillard이다.}

□ 고함치다(bawl, yell)

고함치다 보면 다 될 줄 **알았지**?!
{'고함치다'는 러시아어로 орать(불완료체)이다.}

브라는 **예**술이라고 고함치는가?!
{'고함치다'는 프랑스어로 brailler이다.}

□ 고환(testicle)

고환은 **징**그럽게 **차오**?!

{'고환'은 중국어로 精巢[jīngcháo]이다.}

고강도 조사를 받은 고환?!

{'고환'은 일본어로 睾丸[こうがん]이다.}

에로틱한 ch**e**f가 **흐**뭇하게 만진 고환?!

{'고환'은 히브리어로 אשֶׁך[eshekh]이다.}

□ 곤경에 처하다(be in trouble)

Needs가 **다**양한 **브라**를 **바**보의 **찌**찌에게 주지 않으면 반드시 곤경에 처하는가?!

{'곤경에 처하다'는 러시아어로 несдобровать(완료체)이다.}

□ 곤들매기(char)

차라리 굶어죽었더라면 더 좋았을 곤들매기?!

{'곤들매기'는 영어로 char이다.}

□ 곤란하다(it is something tricky; it is inconvenient)

무당이 **들이**대면서 **노**는계집과 한통속이 되어 사람들에게서 삥뜯는 것은 참으로 곤란하다?!

{'곤란하다'는 러시아어로 мудрено이다.}

니체가 **스**르르 **빠**지면서 **드**라마틱한 **루**머처럼 **치**킨이 **나**라를 말아먹는 것은 참으로 곤란하다?!

{'곤란하다'는 러시아어로 несподручно이다.}

□ 곤란한 일(snag)

스스럼없는 **내**시들이 **그**네를 타면서 설치는 것은 곤란한 일?!

{'곤란한 일'은 영어로 snag이다.}

□ 곤충(insect)

나불거리는 **씨**암탉과 **꼬**꼬의 **마**지막에 **예**상대로 변신한 곤충들?!

{'곤충'은 러시아어로 насекомое이다.}

□ 곧(soon)

발트 해인가? 그것도 곧?!
{'곧'은 독일어로 bald이다.}

스스럼없는 **꼬**꼬는 **라**스푸틴처럼 사라질 것이다. 그것도 곧?!
{'곧'은 러시아어로 ск**о**ро이다.}

미친년은 **갑**! 그것도 곧?!
{'곧'은 러시아어로 м**и**гом이다.}

마네킹처럼 **모**자라고 **나**태한 **ку**рица[**꼬**리째는 사라질 것이다. 그것도 곧?!
{'곧'은 일본어로 **ま**もなく이다.}

□ 곧 그녀는 썩을 것이다(soon she'll decay!)

□ 골반(pelvis)

펠레가 **비**스킷을 차서 골대에 반만 들어가자 아쉬워하는 골반?!
{'골반'은 영어로 p**el**vis이다.}

□ 골키퍼(goalkeeper)

'**브라**를 **따리**라!'하고 생각하는 골키퍼?!
{'골키퍼'는 러시아어로 вр**ат**ар**ь**이다.}

□ 곪다(fester)

Faster makes it fester?!
{'곪다'는 영어로 fester이다.}

그나저나 **이**들은 **짜**고 치는 고스톱처럼 곪는가?!
{'곪다'는 러시아어로 гн**ои**ться(불완료체)이다.}

앞 세대는 왜 곪는가?!
{'곪다'는 프랑스어로 abc**é**der이다.}

□ 곪은(festering)

앞 세대는 왜 곪은 것인가?!
{'곪은'은 프랑스어로 abcédé이다.}

□ 곰곰이 생각하다(mull)

멀 그리 곰곰이 생각하는가?!
{'곰곰이 생각하다'는 영어로 mull이다.}

□ 곱슬곱슬하게 만들다(curl)

자비로 **찌**찌를 곱슬곱슬하게 만드는가?!
{'곱슬곱슬하게 만들다'는 러시아어로 **завить**(완료체)이다.}

자비로 **바**보의 **찌**찌를 곱슬곱슬하게 만드는가?!
{'곱슬곱슬하게 만들다'는 러시아어로 **завивать**(불완료체)이다.}

프리랜서 **제**비는 사모님의 머리를 곱슬곱슬하게 만드는가?!
{'곱슬곱슬하게 만들다'는 프랑스어로 friser이다.}

□ 곱슬머리(curls)

꾸어 **드리**기 곤란한 곱슬머리?!
{'곱슬머리'는 러시아어로 **кудри**이다.}

□ 공간(space)

Prostitute의 **란**제리와 **스트**리퍼의 **bo**dy 사이에 존재하는 공간?!
{'공간'은 러시아어로 **пространство**이다.}

□ 공(ball)

빨라 해서 빨아버린 공?!
{'공'은 이탈리아어로 palla이다.}

□ 공놀이하다(play with a ball)

조를 **까래?** **아**주 **빨라** 했어? 그리고 공놀이하라고?!
{'공놀이하다'는 이탈리아어로 giocare a palla이다.}

□ 공맹(Confucius and Mencius)

고모에게 깊은 감동을 준 공맹?!
{'공맹'은 일본어로 孔孟[こうもう]이다.}

□ 공무원(civil servant, civil serpent)

고무도장에 **잉**크를 묻혀서 찍는 게 하는 일의 전부인 공무원?!
{'공무원'은 일본어로 公務員[こうむいん]이다.}

□ 공범(accomplice)

Accomplisher는 **스**스럼없는 achiever와 공범?!
{'공범'은 영어로 accomplice이다.}

꽁치를 **판** 후에 참치를 산 공범?!
{'공범'은 중국어로 共犯[gòngfàn]이다.}

교만하게 **항**문 대신 입으로 똥을 싸는 표준 홍당무는 개그맨들의 일자리를 빼앗은 공범?!
{'공범'은 일본어로 共犯[きょうはん]이다.}

□ 공산주의(communism)

꽁치를 **찬**물에 **주의**해서 집어넣는 것이야말로 공산주의?!
{'공산주의'는 중국어로 共产主义[gòngchǎnzhǔyì]이다.}

교수가 **산**에서 **슈**크림에 **기**름을 붓는 것이 바로 공산주의?!
{'공산주의'는 일본어로 共産主義[きょうさんしゅぎ]이다.}

□ 공산주의자(communist)

교수가 **산**에서 **슈**크림을 **기**괴한 **샤**먼에게 준 것을 비판한 공산주의자?!

[EGR]
[CKJ]
[HGL]
[I S F]

{'공산주의자'는 일본어로 **共産主義者**[きょうさんしゅぎしゃ]이다.}

□ 공자(**Confucius**)

고시(古詩)를 좋아한 공자?!
{'공자'는 일본어로 **孔子**[こうし]이다.}

□ 공장(**jejunum**)

지주(地主)에게 **넘**어간 공장(空腸)?!
{'공장'은 영어로 jejunum이다.}

□ 공존하다(**coexist**)

싸움닭처럼 **쏘**시는 **쉬**리와 **스트**리퍼는 **바**야흐로 **바**보들과 **찌**질
하게 공존하는가?!
{'공존하다'는 러시아어로 **сосуществовать**(불완료체)이다.}

꼬꼬와 **egg**는 **지**저분하고 **스**스럼없는 **떼**도둑과 공존하는가?!
{'공존하다'는 프랑스어로 coexister이다.}

□ 공중목욕탕(**bathhouse**)

반야심경을 들고 들어간 공중목욕탕?!
{'공중목욕탕'은 러시아어로 **баня**이다.}

□ 공증인(**notary**)

나체로 **딸이 웃으**면 복이 온다고 말한 공증인?!
{'공증인'은 러시아어로 **нотариус**이다.}

□ 공포(**fear**)

콩을 **뿌**리치더니 이제는 아주 대놓고 물을 뿌리는 미친년에 대
한 공포?!
{'공포'는 중국어로 **恐怖**[kǒngbù]이다.}

빠구리와 **우**박해와 **라**스푸틴이 사람들에게 주는 비정상적인 공포?!
{'공포'는 이탈리아어로 pa<u>u</u>ra이다.}

☐ 공항**(airport)**

지독한 **창**녀가 들락날락하는 공항?!
{'공항'은 중국어로 机场[jīchǎng]이다.}

구시대의 **꼬**꼬가 들락날락하는 공항?!
{'공항'은 일본어로 空港[くうこう]이다.}

☐ 공화국**(republic)**

<u>R</u>igged <u>e</u>lectronic <u>p</u>ornography <u>u</u>sed <u>b</u>y <u>l</u>iars <u>i</u>s <u>c</u>rushing the republic?!
{'공화국'을 뜻하는 republic이란 라틴어 respulica에서 유래되었는데 주권이 국민에게 있는 나라를 의미한다.}

공허한 **구어**만이 가득한 공화국?!
{'공화국'은 중국어로 共和国[gònghéguó]이다.}

교만의 **와**인으로 **꼬**꼬가 **꾸**준히 말아먹은 공화국?!
{'공화국'은 일본어로 共和国[きょうわこく]이다.}

☐ 과감성**(boldness)**

아주 **뜨**겁게 **박아**서 보여준 과감성?!
{'과감성'은 러시아어로 отвага이다.}

☐ 과거**(past)**

Курица[**꾸**리짜]가 **오**르가슴에 **취**해서 온갖 음탕한 짓을 일삼던 과거?!
{'과거'는 중국어로 过去[guòqù]이다.}

가소로운 **꼬**꼬의 과거?!
{'과거'는 일본어로 過去[かこ]이다.}

□ 과시(ostentation)

아빠라면 보여줄 수 있는 능력의 과시?!
{'과시'는 프랑스어로 apparat이다.}

□ 과실치사(accidental homicide)

과도하게 **실**성한 **치**킨이 **사**람들을 웃겨 죽인다면 그것은 과실치사인가?!
{'과실치사(過失致死)'는 과실행위로 인해 사람을 죽이는 일을 뜻한다.}

□ 과연(indeed)

나루에서 **호**랑이가 **도**둑을 잡았다고?! 과연?!
{'과연'은 일본어로 **なるほど**이다.}

□ 과유불급(too much is as bad as too little)

Курица[**꾸**리짜]는 **어**제 **요**강에 **뿌지**직하다가 깨닫게 되었는가? 모든 것은 과유불급임을?!
{'과유불급'은 중국어로 **过犹不及**[guòyóubùjí]이다.}

□ 과일즙(fruit juice)

Most famous fruit juice?!
{'과일즙'은 독일어로 Most이다.}

□ 과자(snacks)

가시가 들어있는 과자?!
{'과자'는 일본어로 **菓子**[かし]이다.}

□ 과학(science)

Now까지 도달하기까지 긴 시간이 걸린 과학?!
{'과학'은 러시아어로 **наука**이다.}

맞다 보면 알게 되는 과학?!
{'과학'은 히브리어로 מַדָּע[madda]이다.}

씨암탉의 **양**탈과 **스**스럼없는 태도를 연구하는 과학?!
{'과학'은 프랑스어로 science이다.}

□ 관(coffin)

바라는 것은 편히 누울 수 있는 관?!
{'관'은 이탈리아어로 bara이다.}

□ 관개하다(irrigate)

이리는 **gate**에서 여우와 관개하는가?!
{'관개하다'는 영어로 irrigate이다.}

알아서 **씨**암탉은 **찌**찌에 관개하는가?!
{'관개하다'는 러시아어로 оросить(완료체)이다.}

알아서 **샤**먼은 **찌**찌에 관개하는가?!
{'관개하다'는 러시아어로 орошать(불완료체)이다.}

□ 관계(relation)

버찌와 **옹**녀의 은밀한 관계?!
{'관계'는 독일어로 Beziehung이다.}

아주 **뜨**겁게 **나**불거리는 **셰**익스피어와 **니**체의 **예**술적인 관계?!
{'관계'는 러시아어로 отношение이다.}

아줌마와 **패**륜적인 **개**들의 **se**xy한 관계?!
{'관계'는 그리스어로 αφηγηση이다.}

□ 관념(idea)

이제야 이해가 되는 관념?!
{'관념'은 러시아어로 идея이다.}

□ 관료적으로(bureaucratically)

관료적으로 **까**불거리니까 **좋나**?!

{'관료적으로'는 러시아어로 казённо이다.}

□ 관료적인(bureaucratic)

관료적인 것들이여! **까**불거리니까 **좋니**?!
{'관료적인'은 러시아어로 казённый이다.}

□ 관리(management)

니체의 **훌**륭한 관리?!
{'관리'는 히브리어로 ניהול[nihul]이다.}

□ 관리자(manager)

Job에게 **두유**를 **쉬**지 않고 마시라고 주문한 관리자?!
{'관리자'는 러시아어로 заведующий이다.}

□ 관리하다(manage)

라스푸틴은 **빠리**(Paris)에서 **지**나치게 **짜**고 치는 고스톱처럼 돈을 관리하는가?!
{'관리하다'는 러시아어로 распорядиться(완료체)이다.}

라스푸틴은 **빠리**(Paris)에서 **자**기기만적으로 **짜**고 치는 고스톱처럼 돈을 관리하는가?!
{'관리하다'는 러시아어로 распоряжаться(불완료체)이다.}

니체는 **헬**스클럽을 초인적으로 관리하는가?!
{'관리하다'는 히브리어로 ניהל[nihel]이다.}

□ 관여하다(become involved in)

Prisoner는 **앞**에서 **쉬**다가 **짜**고 치는 고스톱에 관여하는가?!
{'관여하다'는 러시아어로 приобщиться(완료체)이다.}

□ 관자놀이(temple)

빗속에서 러시안룰렛을 즐기는 관자놀이?!

{'관자놀이'는 러시아어로 виcoк이다.}

섭섭하고 **유**감이 많아서 쏜 관자놀이?!
{'관자놀이'는 한자로 顳顬[섭유]이다.}

고약한 **매**국노들이 **깜**이 되지도 않는 주제에 나라를 말아먹으면서 설치자 하늘의 은총이 발사된 위치는 관자놀이?!
{'관자놀이'는 일본어로 顳顬[こめかみ]이다.}

라스푸틴이 **카**바레에서 술을 마시면서 설치자 하늘의 은총이 발사된 위치는 관자놀이?!
{'관자놀이'는 히브리어로 רקה[raqqah]다.}

□ 관직이 높은(high-ranking)

치킨은 **노브**라이지만 **느**글느글 **이**상하리만큼 관직이 높은가?!
{'관직이 높은'은 러시아어로 чиновный이다.}

□ 관통하다(penetrate)

프란체스코는 **지**금 **찌**찌를 관통하는가?!
{'관통하다'는 러시아어로 пронзить(완료체)이다.}

프란체스코는 **자**주 **찌**찌를 관통하는가?!
{'관통하다'는 러시아어로 пронзать(불완료체)이다.}

□ 괄약근(sphincter)

스핑크스의 **터**진 괄약근?!
{'괄약근'은 영어로 sphincter이다.}

'쿠오바디스**'위에**서 **지**나치게 조인 괄약근?!
{'괄약근'은 중국어로 括约肌[kuòyuējī]이다.}

□ 광고하다(advertise)

피터는 **르**완다에서 **Sam**을 광고하는가?!
{'광고하다'는 히브리어로 פרסם[pirsem]이다.}

□ 광기(madness)

빨라다가 **우**는 **미**친년이 **예**술적으로 보여준 광기?!
{'광기'는 러시아어로 **полоумие**이다.}

빠구리에 **미**친년과 **샤**먼이 **찔**끔거리는 **스트**립쇼로써 **바**다에서 보여준 광기?!
{'광기'는 러시아어로 **помеша́тельство**이다.}

□ 광대(vastness)

쉬리와 **라**스푸틴만을 **따**르는 어릿광대의 시절에 사라진 돈의 규모는 그야말로 광대?!
{'광대(廣大)'는 러시아어로 **широта́**이다.}

□ 광맥(lode, vein)

Philip이 **Long** Island에서 발견한 광맥?!
{'광맥'은 프랑스어로 filon이다.}

□ 광장(square)

스스로 **또** 그렇게 **나**라를 위해 사람들이 촛불을 들고 모여든 광장?!
{'광장'은 러시아어로 **стогна**이다.}

□ 광합성(photosynthesis)

고고하게 **세**상을 풍성하게 하는 광합성?!
{'광합성'은 일본어로 光合成[こうごうせい]이다.}

□ 괜찮다(it's okay)

매국노들이 **이**렇게 **쉬**리와 함께 나라를 말아먹는 것이 과연 괜찮은가?!
{'괜찮다'는 중국어로 没事[méishì]이다.}

58
Каламбур

□ 괴로운(painful)

Stripper와 라스푸틴은 달이 체스에서 끼를 부리자 괴로운 것인가?!
{'괴로운'은 러시아어로 страдальческий이다.}

□ 괴로워하다(be tormented)

무식한 치킨의 짜고 치는 고스톱에 사람들은 괴로워하는가?!
{'괴로워하다'는 러시아어로 мучиться(불완료체)이다.}

찌찌를 가위로 찢자 누가 괴로워하는가?!
{'괴로워하다'는 러시아어로 тяготиться(불완료체)이다.}

□ 괴롭다(it is painful)

난 꿔도 돈이 없다. 그래서 괴롭다?!
{'괴롭다'는 중국어로 难过[nánguò]이다.}

□ 괴롭히다(harass, haze, pester, tease, torment)

Haze somebody in the haze?!
{'괴롭히다'는 영어로 haze이다.}

잊으라면서 무식한 치킨은 찌질하게 사람들을 괴롭히는가?!
{'괴롭히다'는 러시아어로 измучить(완료체)이다.}

무식한 치킨은 찌질하게 사람들을 괴롭히는가?!
{'괴롭히다'는 러시아어로 мучить(불완료체)이다.}

따분한 치킨은 찌질하게 사람들을 괴롭히는가?!
{'괴롭히다'는 러시아어로 точить(불완료체)이다.}

아줌마는 몰래 라르고의 속도로 사람들을 괴롭히는가?!
{'괴롭히다'는 스페인어로 amolar이다.}

따분한 끼로 내시들은 사람들을 괴롭히는가?!
{'괴롭히다'는 프랑스어로 taquiner이다.}

□ 괴물(monster)

추도식에서 **비**열한 <u>chef</u>가 요리한 괴물?!
{'괴물'은 러시아어로 чудовище이다.}

추하고 **지**저분한 <u>chef</u>가 요리한 괴물?!
{'괴물'은 러시아어로 чудище이다.}

과연 **이**자는 **우**리들 앞에서 긴 성기를 꺼내서 문학적으로 주무름으로써 어쩌면 디오게네스조차 능가할 수도 있는 괴물?!
{'괴물'은 중국어로 怪物[guàiwu]이다.}

<u>Guy's boots</u>를 가져간 괴물?!
{'괴물'은 일본어로 怪物[かいぶつ]이다.}

테라스에 나타난 괴물?!
{'괴물'은 그리스어로 τερας이다.}

<u>Most로</u> 최상급을 만드는 괴물?!
{'괴물'은 이탈리아어로 mostro이다.}

□ 괴짜(eccentric)

추악한 **닭**은 괴짜인가?!
{'괴짜'는 러시아어로 чудак이다.}

□ 교사하다(instigate)

나체로 **웃으**면서 **찌찌**를 만지도록 교사하는가?!
{'교사하다'는 러시아어로 наустить(완료체)이다.}

나체로 **우스꽝**스러운 **샤**먼의 **찌찌**를 만지도록 교사하는가?!
{'교사하다'는 러시아어로 наущать(불완료체)이다.}

□ 교수(professor)

지저분한 **아**줌마의 **오**르가슴과 <u>show</u>girl의 오르가슴 사이의 차이에 대해 강의한 교수?!
{'교수'는 중국어로 教授[jiàoshòu]이다.}

교주처럼 여학생에게 집착하는 교수?!
{'교수'는 일본어로 教授[きょうじゅ]이다.}

□ 교육(education)

아브라함의 **자**녀들의 **반**이 **예**술적으로 받은 교육?!
{'교육'은 러시아어로 образова́ние이다.}

지친 **아**이들에게 **오**늘날 **위**대한 것이란 철로 만든 밥통뿐이라고
가르치는 교육?!
{'교육'은 중국어로 **教育**[jiàoyù]이다.}

□ 교육받은(educated)

아브라함의 **조반**이 **느**끼하다고 **이**러면 교육받은 것인가?!
{'교육받은'은 러시아어로 образо́ванный이다.}

□ 교육하다(educate)

아브라함은 **자**녀들에게 **바**른 **찌**찌에 대해 교육하는가?!
{'교육하다'는 러시아어로 образова́ть(완료체)이다.}

□ 교제하다(consort)

익명의 **샤**먼은 **짜**고 고스톱을 치는 자들과 교제하는가?!
{'교제하다'는 러시아어로 якша́ться(불완료체)이다.}

□ 교착상태(impasse)

찌그러져서 **앙**탈하는 **쥐**로 인한 교착상태?!
{'교착상태'는 중국어로 **僵局**[jiāngjú]이다.}

□ 교태를 부리는(coquettish)

꼬꼬는 **깨**가 쏟아지자 교태를 부리는가?!
{'교태를 부리는'은 프랑스어로 coquet이다.}

[EGR]
[CKJ]
[HGL]
[I S F]

□ 교환하다(exchange)

Hen's **hell lif**ts nobody out of poverty, which is the information all the people exchange?!

{'교환하다'는 히브리어로 החליף[hehelif]이다.}

□ **교활함(craftiness)**

까마귀처럼 **바르**작거리면서 **스트**립쇼를 **바**로 시작한 황새는 그야 말로 두드러기가 날 정도로 교활함?!

{'교활함'은 러시아어로 кова**р**ство이다.}

□ **교회(church)**

보지만 **돔**은 보이지 않는 교회?!

{'교회'는 러시아어로 б**о**жий дом이라고도 한다.}

이렇게 **글래**머러스한 **씨**암탉 **아**줌마조차 은혜를 받은 교회?!

{'교회'는 스페인어로 iglesia이다.}

□ **구걸(begging)**

구걸 **배틀**?!

{'구걸'은 독일어로 Be**tte**l이다.}

□ **구걸하다(beg)**

뺄은 음식조차 구걸하는가?!

{'구걸하다'는 독일어로 be**tte**ln이다.}

치킨은 **오**만하고도 **우**매하게 **치**명적인 파멸을 구걸하는가?

{'구걸하다'는 중국어로 求乞[qiúqǐ]이다.}

□ **구금하다(detain)**

쥐는 **진**실을 구금하는가?!

{'구금하다'는 중국어로 拘禁[jūjìn]이다.}

□ 구급차(ambulance)

Jo의 **후처**가 운전하는 구급차?!
{'구급차'는 중국어로 救护车[jiùhùchē]이다.}

□ 구기다(crumple)

스스럼없는 **꼼**수로 **까**불거리던 **찌**질이는 결국 체면을 구기는가?!
{'구기다'는 러시아어로 скомкать(완료체)이다.}

꼼수로 **까**불거리던 **찌**질이는 결국 체면을 구기는가?!
{'구기다'는 러시아어로 комкать(불완료체)이다.}

□ 구닥다(old-fashioned thing)

Q: **구**세주여, **닭**이 **다**수에게 **리**턴을 지시한다면 세상은 어떻게
됩니까?
A: 구닥다리?!

□ 구더기(maggot)

매국노란 **것**들은 하나같이 지저분하게 이기죽거리는 한심한 구
더기?!
{'구더기'는 영어로 maggot이다.}

마녀인지 **대**게인지 구더기인지?!
{'구더기'는 독일어로 Made이다.}

림보를 **마**구 즐기는 구더기?!
{'구더기'는 히브리어로 המר[rimmah]이다.}

School's **lackey**s are like maggots?!
{'구더기'는 그리스어로 σκουληκι이다.}

□ 구두약(shoe polish)

박사가 개발한 구두약?!
{'구두약'은 러시아어로 вакса이다.}

☐ 구두창(sole)

빠르게 **도둑**들이 **쉬**리에게 **바**보처럼 갖다 바친 구두창?!
{'구두창'은 러시아어로 **подо́шва**이다.}

☐ 구름(cloud)

오늘 **블라**우스를 **까**는 구름?!
{'구름'은 러시아어로 **о́блако**이다.}

Win some clouds?!
{'구름'은 중국어로 云[yún]이다.}

구르는 **모**든 것은 언제까지나 구름?!
{'구름'은 일본어로 くも이다.}

☐ 구멍(hole)

Hen **o**nly **l**oves **e**roticism?!
{'구멍'은 영어로 hole이다.}

아나운서가 보여준 구멍?!
{'구멍'은 일본어로 あな이다.}

부정한 **꼬**꼬가 기어들어 온 구멍?!
{'구멍'은 이탈리아어로 buco이다.}

트루먼이 발견한 구멍?!
{'구멍'은 프랑스어로 trou이다.}

☐ 구멍을 뚫다(drill)

딸은 **라**스베이거스에서 **드라**큘라와 **르**네상스처럼 구멍을 뚫는가?!
{'구멍을 뚫다'는 스페인어로 taladrar이다.}

☐ 구부리다(bend)

보이는 **근**로자들은 수시로 날아오는 물병을 피하기 위해 몸을 구부리는가?!
{'구부리다'는 독일어로 beugen이다.}

나체의 **그 누**나는 **찌**찌가 보이도록 몸을 구부리는가?!
{'구부리다'는 러시아어로 нагнуть(완료체)이다.}

나체의 **기**자는 **바**람둥이처럼 **찌**찌가 보이도록 몸을 구부리는가?!
{'구부리다'는 러시아어로 нагибать(불완료체)이다.}

완전히 구부리는가?!
{'구부리다'는 중국어로 弯[wān]이다.}

마녀의 **개**들은 **루**머처럼 진실을 구부리는가?!
{'구부리다'는 일본어로 曲げる[まげる]이다.}

□ 구속(imprisonment)

고집불통으로 **소**문난 курица[꾸리짜]의 운명적인 구속?!
{'구속'은 일본어로 拘束[こうそく]이다.}

□ 구역(area)

취객이 많은 구역?!
{'구역'은 중국어로 区[qū]이다.}

□ 구역질(disgust; nausea)

따분한 **쉬**리가 "**나**를 **따**르라"고 말하자 사람들은 어이가 없어 구역질?!
{'구역질'은 러시아어로 тошнота이다.}

대구(cod)가 일상적으로 배에서 썩자 사람들은 구역질?!
{'구역질'은 프랑스어로 dégoût이다.}

노는계집이 **제**멋대로 놀자 사람들은 어이가 없어 구역질?!
{'구역질'은 프랑스어로 nausée이다.}

□ 구역질나게 하다(disgust)

안이 큰 것은 구역질나게 하는가?!
{'구역질나게 하다'는 독일어로 anekeln이다.}

Pretty **찌찌**는 구역질나게 하는가?!
{'구역질나게 하다'는 러시아어로 претить(불완료체)이다.}

<u>으</u>리으리하게 <u>어</u>처구니없는 <u>신</u>문은 누구를 구역질나게 하는가?!

{'구역질나게 하다'는 중국어로 恶心[ěxīn]이다.}

<u>대구</u>와 <u>떼</u>도둑은 바다조차 구역질나게 하는가?!

{'구역질나게 하다'는 프랑스어로 dégoûter이다.}

□ 구역질 나는**(disgusting)**

<u>마</u>녀의 <u>길</u>은 구역질 나는가?!

{'구역질 나는'은 히브리어로 מגיל[magil]이다.}

<u>대구</u>와 <u>땅</u>콩은 구역질 나는가?!

{'구역질 나는'은 프랑스어로 dégoûtant이다.}

□ 구의 세 배**(three times nine)**

<u>Three</u>some에서 <u>제비</u>가 <u>찌</u>찌를 빤 횟수는 9의 3배?!

{'구의 세 배'는 러시아어로 тридевять이다.}

□ 구치소**(lockup)**

<u>구</u>시대의 <u>치</u>킨을 <u>소</u>개합니다?!

{'구치소'는 형사 피의자 또는 형사 피고인으로서 구속 영장 집행을 받은 사람을 판결이 내릴 때까지 수용하는 시설이다.}

<u>고</u>집불통 <u>치</u>킨이 <u>쇼</u>하다가 결국 가게 된 구치소?!

{'구치소'는 일본어로 拘置所[こうちしょ]이다.}

□ 국가기밀**(national secret)**

<u>국</u>민이 <u>가</u>소로우니 <u>기</u>름과 <u>밀</u>가루의 은밀하고도 질퍽한 만남조차 국가기밀?!

□ 국소빈혈**(ischemia)**

<u>이</u> <u>scheme</u>이 <u>아</u>줌마에게 유발한 국소빈혈?!

{'국소빈혈'은 영어로 ischemia이다.}

□ 국제화(internationalization)

Курица[꾸리짜]의 **오**르가슴처럼 **지**나치게 **화**려한 국제화?!
{'국제화'는 중국어로 国际化[guójìhuà]이다.}

□ 국화(chrysanthemum)

쥐가 **화**를 내다가 죽자 사람들이 기쁘게 던진 국화?!
{'국화'는 중국어로 菊花[júhuā]이다.}

□ 군대(army, forces)

Voice까지 팔아먹은 까닭에 피둥피둥 썩은 별들의 소리 없는 아우성으로 가득한 군대?!
{'군대'는 러시아어로 в**о**й ск**о**이다.}

쥔 돼지고 **이**년 역시 그렇게 쥐도 새도 모르게 바람과 함께 사라진다고 해도 썩은 별들의 생계형 방산 비리만큼은 결코 사라지지 않을 것이라고 자신하는 군대?!
{'군대'는 중국어로 军队[jūnduì]이다.}

□ 군대에서(in the army)

Q: 군대에서 무엇이 가장 중요합니까?
A: **발음이**?!
{'군대에서'는 러시아어로 в **а**рмии이다.}

□ 군자(noble man)

쥔 즈런즈런한 군자?!
{'군자'는 중국어로 君子[jūnzǐ]이다.}

군복에 **시**원찮은 사격 자세를 취하는 이는 양상군자?!
{'군자'는 일본어로 君子[くんし]이다.}

□ 군주(monarch, sovereign)

싸버린 군주?!

[EGR]
[CKJ]
[HGL]
[I S F]

{'군주'는 영어로 s<u>o</u>vereign이다.}

가<u>수</u>의 **<u>다리</u>**에 관심이 많은 군주?!
{'군주'는 러시아어로 г<u>о</u>суд<u>а</u>рь이다.}

□ 군중(crowd)

<u>딸</u>의 **<u>빠</u>**구리에 흥분한 군중?!
{'군중'은 러시아어로 т<u>о</u>лп<u>а</u>이다.}

<u>Fool</u>ish crowd?!
{'군중'은 프랑스어로 foule이다.}

□ 굴(burrow)

<u>나라</u>가 빠진 절망적인 굴?!
{'굴'은 러시아어로 н<u>о</u>р<u>а</u>이다.}

□ 굴(den)

<u>Den</u>mark에서 발견된 야수의 굴?!
{'(야수의) 굴'은 영어로 den이다.}

□ 굴러 떨어지다(tumble down)

<u>대</u>단한 **<u>그네</u>**의 **<u>랭</u>**킹은 **<u>골</u>**방의 **<u>레</u>**이디 때문에 굴러 떨어지는가?!
{'굴러 떨어지다'는 프랑스어로 dégringoler이다.}

□ 굴복시키다(bring into submission)

<u>Pri</u>soner는 **<u>주</u>**야로 **<u>치</u>**킨의 **<u>찌</u>**찌를 만짐으로써 굴복시키는가?!
{'굴복시키다'는 러시아어로 приж<u>у</u>чить(완료체)이다.}

□ 굴욕을 주다(humiliate)

<u>우니</u>까 **<u>지</u>**나치게 **<u>찌</u>**질하다면서 굴욕을 주는가?!
{'굴욕을 주다'는 러시아어로 ун<u>и</u>зить(완료체)이다.}

우니까 **자**주 **찌**질하다면서 굴욕을 주는가?!
{'굴욕을 주다'는 러시아어로 унижать(불완료체)이다.}

☐ 굶어 죽다(starve to death)

어스름한 저녁에 누가 굶어 죽는가?!
{'굶어 죽다'는 중국어로 饿死[èsǐ]이다.}

☐ 굶주린 배(empty stomach)

지저분한 **창**녀 때문에 사람들에게 남은 것은 굶주린 배?!
{'굶주린 배'는 중국어로 饥肠[jīcháng]이다.}

☐ 궁전(palace)

아르헨티나의 **몬**스터가 사는 궁전?!
{'궁전'은 히브리어로 ארמון[armon]이다.}

궁전에서 **빨래**?!
{'궁전'은 프랑스어로 palais이다.}

☐ 궁합(marital harmony)

허무한 **훈**수로는 어떻게 할 수 없는 궁합?!
{'궁합'은 중국어로 合婚[héhūn]이다.}

아이와 **쇼**걸의 절묘한 궁합?!
{'궁합(宮合)'은 일본어로 相性[あいしょう]이다.}

☐ 궁형(castration)

꽁치와 **sing**er가 받은 궁형?!
{'궁형'은 중국어로 宮刑[gōngxíng]이다.}

☐ 권력(power)

<u>P</u>igs'<u>o</u>bnoxious <u>w</u>ine <u>e</u>vaporates <u>r</u>apidly?!

{'권력'은 영어로 power이다.}

블라디미르를 **스**스럼없는 **찌**질이가 아니라 영웅이라고 부르게 만드는 권력?!

{'권력'은 러시아어로 **власть**이다.}

취객처럼 <u>en</u>dless <u>li</u>bido를 탐하는 권력?!

{'권력'은 중국어로 **权力**[quánlì]이다.}

□ 권리(right)

<u>Pro</u>stitute가 **바**라는 권리?!

{'권리'는 러시아어로 **право**이다.}

취한 <u>An</u>derson이 **리**무진에서 행사한 권리?!

{'권리'는 중국어로 **权利**[quánlì]이다.}

갠 리어카에서만 행사할 수 있는 권리?!

{'권리'는 일본어로 **権利**[けんり]이다.}

□ 권위(authority)

아프리카에서 **딸이 찌**찌를 **예**술적으로 **뜨**겁게 흔드는 것이 권위?!

{'권위'는 러시아어로 **авторитет**이다.}

□ 권태(boredom)

스스럼없는 **ку**рица[꾸리짜]가 **까**불다가 느낀 권태?!

{'권태'는 러시아어로 **скука**이다.}

스스럼없는 **ку**рица[꾸리짜]와 **치**졸한 **샤**먼이 도둑질을 하느라 결코 느낄 틈이 없는 권태?!

{'권태'는 러시아어로 **скучища**이다.}

쉬리와 **아**줌마가 **뭄**바이에서 굿을 하다가 느낀 권태?!

{'권태'는 히브리어로 **שעמום**[shiamum]이다.}

노브라가 **야**하게 느껴지지 않는 이유는 바로 권태?!

{'권태'는 이탈리아어로 **noia**이다.}

앙리가 **뉘**른베르크에서 느낀 권태?!

{'권태'는 프랑스어로 ennui이다.}

☐ 궤변(**sophistry**)

쉬리가 **깐**족거리면서 늘어놓은 궤변?!
{'궤변'은 프랑스어로 chicane이다.}

☐ 궤양(**ulcer**)

야비한 **즙아**, 널 보고 생기는 것은 감동이 아니라 궤양?!
{'궤양'은 러시아어로 язва이다.}

가요를 부르다 생긴 궤양?!
{'궤양'은 일본어로 潰瘍[かいよう]이다.}

약아서 생긴 궤양?!
{'궤양'은 스페인어로 llaga이다.}

☐ 귀감(**paragon**)

패러 간 자는 조폭의 귀감?!
{'귀감'은 영어로 paragon이다.}

☐ 귀리(**oats**)

하늘은 **퍼**런색이라고 주장하는 귀리?!
{'귀리'는 독일어로 Hafer이다.}

압제자의 **요**구가 **스**스럼없는 것이라고 소리치는 귀리?!
{'귀리'는 러시아어로 овёс이다.}

얜 my oats?!
{'귀리'는 중국어로 燕麦[yànmài]이다.}

아부완 거리가 먼 귀리?!
{'귀리'는 프랑스어로 avoine이다.}

71

[EGR]
[CKJ]
[HGL]
[I S F]

☐ 귀빈(**VIP**)

Very **i**ndefatigable **p**rostitution?!

{'VIP'는 very important person이란 뜻이다.}

□ 귀신 들린(demon - possessed)

비스킷을 **나**체로 **받**드는 **이**는 귀신 들린 것인가?!
{'귀신 들린'은 러시아어로 беснова́тый이다.}

□ 귀신 들린 자(demon - possessed)

에로틱한 **내**시들과 **르**완다에서 **귀**국해서 **맨**날 길가에서 라임나
무만 찾는 자는 귀신 들린 자?!
{'귀신 들린 자'는 프랑스어로 énergumène이다.}

□ 귀여운(cute, sweet)

밀린 끼를 부리는 자는 귀여운가?!
{'귀여운'은 러시아어로 ми́ленький이다.}

Smart하고 **즐**겁게 **live**하면 **이**렇게 귀여운가?!
{'귀여운'은 러시아어로 смазли́вый이다.}

커다란 **아이**는 귀여운가?!
{'귀여운'은 중국어로 可爱[kě'ài]이다.}

하녀가 **무드**에 젖으면 귀여운가?!
{'귀여운'은 히브리어로 חמוד[hamud]이다.}

□ 귀인(somebody noble)

아줌마를 **쏘**는 **바**보는 역사에 이름을 남길 귀인?!
{'귀인'은 러시아어로 осо́ба이다.}

□ 귀족(lord)

발인지 손인지 구별을 못하는 귀족?!
{'귀족'은 러시아어로 ба́рин이다.}

□ 귀찮다(bother)

모자란 **노**는계집에게 **우이**독경 하는 것도 이제는 귀찮다?!
{'귀찮다'는 일본어로 **物憂**い[ものうい]이다.}

□ 귓속말로(in a whisper)

쇼걸이 **빠**구리하고 **땀**이 났다고 말했는가? 귓속말로?!
{'귓속말로'는 러시아어로 шёпотом이다.}

□ 규소(silicon)

꿰이게 된 규소?!
{'규소'는 중국어로 硅[guī]이다.}

개소리하면서 마침내 이렇게 태어난 규소?!
{'규소'는 일본어로 珪素[けいそ]이다.}

□ 규칙(rule)

Prostitute의 **빌라**에는 야한 기운이 돈다는 규칙?!
{'규칙'은 러시아어로 правило이다.}

□ 그 말(that word)

Student들 **모**두 구조되었다는 전무후무한 쓰레기들의 그 말?!
{'그 말'은 프랑스어로 ce mot이다.}

□ 그 암탉? 비열한 요리사!(the hen? mean cook!)

□ 그 쥐약(the rat poison)

다시 **스**스럼없이 **모이**는 **제**갈동지들에게 **gift**로 주어진 것은 바
로 그 쥐약?!
{'그 쥐약'은 독일어로 das Mäusegift이다.}

□ 그가 거짓말한다(if he tells a lie)

그가 거짓말한다면 그야말로 **실망**?!
{'그가 거짓말한다'는 프랑스어로 s'il ment이다.}

□ 그것은 거짓말이다(that's a lie)

Sex를 포기한다는 말 그것은 거짓말인가?!
{'그것은 거짓말이다'는 프랑스어로 c'est faux이다.}

□ 그것은(it)

아이들은 **노**는계집이 죽였다. 왜냐하면 그것은!
{'그것은'은 러시아어로 он**о**이다.}

□ 그것은 성공했다(it was a success)

아이들의 **노**래처럼 **달로 씨**암탉을 쫓아내는 일 그것은 성공했다?!
{'그것은 성공했다'는 러시아어로 он**о** дал**о**сь이다.}

□ 그곳에(there)

알다가도 모를 그곳에?!
{'그곳에'는 독일어로 allda이다.}

□ 그네(swing)

Shouting이 **클** 때 끊어지는 그네?!
{'그네'는 독일어로 Schaukel이다.}

추악한 **천**치가 즐겨 타는 그네?!
{'그네'의 한자음은 鞦韆[추천]이다.}

불안한 **꼬**꼬가 즐겨 타는 그네?!
{'그네'는 일본어로 鞦韆[ぶらんこ]이다.}

□ 그녀는(she)

S̲even h̲ours'e̲nigma?!
{'그녀는'은 영어로 she이다.}

쉬지 않아? 그녀는?!
{'그녀는'은 영어, 독일어, 러시아어로 각각 she, sie, она이다.}

He is she?!
{'그녀는'은 히브리어로 היא[hi]이다.}

그녀는 아직 **애야**?!
{'그녀는'은 스페인어로 ella이다.}

□ 그녀는 게걸스럽게 먹어치웠다(she devoured)

아줌마는 **나**태한 **빠**구리로 **지랄**하면서도 **라**스베이거스의 도박꾼들처럼 돈만 보면 그녀는 게걸스럽게 먹어치웠는가?!
{'그녀는 게걸스럽게 먹어치웠다'는 러시아어로 она пожирала이다.}

□ 그녀는 긴다(she crawls)

아나운서로 **빨**리 **조**악하게라도 **뜨**기 위해서 배신은 기본이고 현재에도 진행형적으로 추악한 권력의 개가 된 그녀는 기는가?
{'그녀는 긴다'는 러시아어로 она ползёт이다.}

□ 그녀는 부산을 떤다(she fusses around)

아나콘다처럼 **보지**(保持)하려고 **짜**고 치는 고스톱처럼 그녀는 부산을 떠는가?!
{'그녀는 부산을 떤다'는 러시아어로 она возится이다.}

□ 그녀는 부유하다(she is rich)

아줌마는 **나**가서 **박았다**? 그래서 이제 그녀는 부유한가?!
{'그녀는 부유하다'는 러시아어로 она богата이다.}

□ 그녀는 사라졌다(she disappeared)

아나운서에게 prostitute처럼 **빨라** 강요했지만 그녀는 끝내 거부
했다. 그리고 어느 날 갑자기 화면에서 그녀는 사라졌다?!
{'그녀는 사라졌다'는 러시아어로 он**а** проп**а**ла이다.}

□ 그녀는 살아 있다(she is alive)

아나운서로서 **쥐**똥을 **바**른 그녀는 살아있는가?!
{'그녀는 살아 있다'는 러시아어로 он**а** жив**а**이다.}

□ 그녀는 아프다(she is sick)

아나콘다와 **발**바리들의 **나**라에서 민주주의 그녀는 아프다?!
{'그녀는 아프다'는 러시아어로 он**а** больн**а**이다.}

□ 그녀는 유죄다(she is guilty)

아줌마는 **나**태하고 **빠**구리로만 **빛나**니 그녀는 유죄다?!
{'그녀는 유죄다'는 러시아어로 он**а** пов**и**нна이다.}

□ 그녀는 인도적이다(she is humane)

아름다운 **나**체로 **구**세군을 **만나** 육 달러를 기부한 그녀는 인도
적인가?!
{'그녀는 인도적이다'는 러시아어로 он**а** гум**а**нна이다.}

□ 그녀는 임신 중이다(she is pregnant)

아나운서는 **비**례를 **믿나**? 그래서 그녀는 임신 중인가?!
{'그녀는 임신 중이다'는 러시아어로 он**а** бер**е**менна이다.}

□ 그녀는 제멋대로 군다(she is unruly)

아나운서라면서 **니**글거리게도 **우리 가**운데 **못나**서 배신자처럼
그녀는 제멋대로 구는가?!

{'그녀는 제멋대로 군다'는 러시아어로 она неугомонна이다.}

□ 그녀는 친절하다(she is kind)

아나운서로서 **다**양한 **브라**를 가지고 있는 그녀는 친절한가?!
{'그녀는 친절하다'는 러시아어로 она добра이다.}

□ 그녀는 해고되었다(she is fired)

아나운서로서 **우**연히 **볼리**비아에서 **나**체로 다니던 그녀는 해고되었는가?!
{'그녀는 해고되었다'는 러시아어로 она уволена이다.}

□ 그녀는 흥분되어 있다(she is excited)

아나운서는 **브**라로 **즈**런즈런하지만 **발**바리들이 **노**브라이기를 **바**라자 **나**체가 된 그녀는 흥분되어 있는가?!
{'그녀는 흥분되어 있다'는 러시아어로 она взволнована이다.}

□ 그녀를 보았다(saw her)

자지러지는 그녀를 보았는가?!
{'그녀를 보았다'는 독일어로 sah sie이다.}

□ 그는(he)

Who is he?!
{'그는'은 히브리어로 הוא[hu]이다.}

□ 그는 가지고 있지 않다(he doesn't have)

일제(日帝)가 **나빠**도 나쁘다고 인정할 의사를 뼛속까지 친일파인 그는 가지고 있지 않다?!
{'그는 가지고 있지 않다'는 프랑스어로 il n'a pas이다.}

[EGR]
[CKJ]
[HGU]
[I S F]

□ 그는 골칫거리일 뿐이다(he's nothing but trouble)

비구니와 **다**니는 **스님**? 그는 골칫거리일 뿐이다?!
{'그는 골칫거리일 뿐이다'는 러시아어로 беда с ним이다.}

□ 그는 꿈꾸었다(he dreamed)

온통 **미치**도록 **딸**에 대해서 그는 꿈꾸었는가?!
{'그는 꿈꾸었다'는 러시아어로 он мечта́л이다.}

□ 그는 떠난다(he leaves)

일상의 **바**다로 그는 떠나는가?!
{'그는 떠난다'는 프랑스어로 il s'en va이다.}

□ 그는 목이 메었다(his voice failed him)

골라내어도 **스**스럼없이 **이보**다 **pri**son과 **섹스**와 **샤**머니즘에 중독된 자들은 없었다. 저 쓰레기들에게 피를 빨리는 백성들을 생각하니 그는 목이 메었다?!
{'그는 목이 메었다'는 러시아어로 го́лос его́ пресе́кся이다.}

□ 그는 비명을 질렀다(he screamed)

일본에서 **재미**로 **se**x를 하면서 즐거운 그는 비명을 질렀다?!
{'그는 비명을 질렀다'는 프랑스어로 il gémissait이다.}

□ 그는 유목했다(he led a nomadic life)

온통 **까치발**을 하면서 그는 유목했는가?!
{'그는 유목했다'는 러시아어로 он кочева́л이다.}

□ 그는 유부남이다(he is married)

온통 **쥐**는 **나**라를 뜨겁게 말아먹은 주제에 당년(當年)을 맞아 결혼까지 했으니 장물로 부유한 그는 유부남인가?!

{'그는 유부남이다'는 러시아어로 он жена́т이다.}

□ 그는 자업자득이다(it serves him right)

빠질 놈은 **예**수에게든 **무**당에게든 빠지게 되어 있다. 결국 그는 자업자득이다!
{'그는 자업자득이다'는 러시아어로 поде́лом ему́이다.}

뚱쟁이는 **다 이**기적이다. **다**양한 **로**맨스를 **가**증스럽다고 **예**단하는 **무**식한 자는 결코 진정한 로맨스를 맛보지 못할 것이다. 결국 그는 자업자득이다!
{'그는 자업자득이다'는 러시아어로 туда́ и доро́га ему́이다.}

□ 그는 창백해졌다(he turned pale)

일본이 **빨리** 망하자 매국노인 그는 창백해졌는가?!
{'그는 창백해졌다'는 프랑스어로 il pâlit이다.}

□ 그는 헤맸다(he wandered)

온종일 **브라질**에서 그는 헤맸는가?!
{'그는 헤맸다'는 러시아어로 он броди́л이다.}

□ 그대는 두려워한다(you are afraid)

바보들이 **이**대로 **샤**머니즘에 도취해서 짜고 치는 고스톱처럼 말을 달리자 아무 말이 없는 그대는 두려워하는가?!
{'(그대는) 두려워한다'는 러시아어로 бои́шься이다.}

□ 그대의 목(your neck)

똥개들과 **ку**рица[꾸리짜] 때문에 세례 요한처럼 잘린 그대의 목?!
{'그대의 목'은 프랑스어로 ton cou이다.}

□ 그들은(they)

그들은 **데이지 아니**?!

{'그들은'은 영어, 독일어, 러시아어로 각각 they, sie, они이다.}

"그녀들은 섬나라 정부가 돈만 주면 얼씨구나 하며 입을 다물 것이다"라고 말하는 __hen__?!

{'그녀들은'은 히브리어로 הן[hen]이다.}

□ 그들은 ~이다(they are)

__지__저분한 __진__드기처럼 __트__집만 잡는 그들은 매국노인가?!

{'그들은 ~이다'는 독일어로 sie sind이다.}

__일송__정의 푸른 솔을 닮은 그들은 선구자인가?!

{'그들은 ~이다'는 프랑스어로 ils sont이다.}

□ 그들은 가지고 있다(they have)

__지__식의 __합은__ 결국 무지(無知)라는 생각을 그들은 가지고 있는가?!

{'그들은 가지고 있다'는 독일어로 sie haben이다.}

__일__생을 __종__살이하는 노예들을 그들은 가지고 있는가?!

{'그들은 가지고 있다'는 프랑스어로 ils ont이다.}

□ 그들은 가지고 있지 않다(they don't have)

__일__보다 __농__땡이와 __빠__구리에 빠진 자들에 대한 처벌의사를 그들은 가지고 있지 않은가?!

{'그들은 가지고 있지 않다'는 프랑스어로 ils n'ont pas이다.}

□ 그들은 동의했다(they agreed)

__아니__라지만 __다__수의 __가__소로운 __바__보들이 __religion__처럼 __씨__암탉을 숭배하는 이유는 거짓된 신화 때문이라는 사실에 그들은 동의했는가?!

{'그들은 동의했다'는 러시아어로 они договорились이다.}

□ 그들이 어떻게 자라는지(how they grow)

__빛__이 __박__쥐에게 __쓴__ 소리를 했다. "보라! 빗더미 속에서 희망을 상실한 그들이 어떻게 자라는지?!"

{'그들이 어떻게 자라는지'는 독일어로 wie sie wachsen이다.}

□ 그러므로(therefore)

다 까라고 해서 다 깠다. 그러므로?!
{'그러므로'는 일본어로 だから이다.}

UN이 개입한다. 그러므로?!
{'그러므로'는 일본어로 故[ゆえ]に이다.}

□ 그럭저럭(so-so)

Q: **꼼**꼼한 **씨**암탉이 **꼼**수로 **싸**움닭처럼 굴다가 닭장에서 어떻게
　　살고 있지?
A: 그럭저럭?!
{'그럭저럭'은 프랑스어로 comme ci, comme ça이다.}

□ 그렇게 합시다(agreed)

빠르게 **루**돌프는 **깜**찍하게 산타에게 말했다. "굴뚝으로 들어가자
고요? 그렇게 합시다?!"
{'그렇게 합시다'는 러시아어로 по рукам이다.}

□ 그물(net)

아이들에게 **미**친년이 던진 그물?!
{'그물'은 일본어로 網[あみ]이다.}

Red net?!
{'그물'은 스페인어로 red이다.}

마야족의 그물?!
{'그물'은 스페인어로 malla이다.}

□ 그와 함께(with him)

스님은 언제나 그와 함께?!
{'그와 함께'는 러시아어로 с ним이다.}

[EGR]
[CKJ]
[HGL]
[I S F]

□ 그와는 함께 일하기 힘들다(he's hard to work with)

"**스**님, **삐**딱한 **바**보 **니**체의 **스**스럼없는 **발이 쉬**지 않고 무좀에 걸립니다."
이에 스님은 말했다. "그와는 함께 일하기 힘들다?!"
{그와는 함께 일하기 힘들다는 러시아어로 с ним п**и**ва не св**а**ришь이다.}

□ 그의 죽음(his death)

모두가 **토**요일에 들은 그의 죽음?!
{'그의 죽음'은 히브리어로 מותם[moto]이다.}

□ 극복하다(overcome)

아줌마가 **달리**자 **바**람둥이는 **찌**찌를 극복하는가?!
{'극복하다'는 러시아어로 одолев**а**ть(불완료체)이다.}

빠구리로 **바**람둥이는 **로**맨틱한 **찌**찌를 극복하는가?!
{'극복하다'는 러시아어로 побор**о**ть(완료체)이다.}

커피가 **푸**르면 블랙커피를 극복하는가?!
{'극복하다'는 중국어로 克服[kèfú]이다.}

God을 **바르**게 믿는 자는 고난을 극복하는가?!
{'극복하다'는 히브리어로 גבר[gavar]이다.}

□ 극빈자(pauper)

간략하게 삶으로써 오히려 풍요로운 극빈자?!
{'극빈자'는 러시아어로 гол**я**к이다.}

□ 근엄하게 말하다(say gravely)

"**잊으래? 치**킨의 악행을?"이 말을 누가 근엄하게 말하는가?!
{'근엄하게 말하다'는 러시아어로 изре**чь**(완료체)이다.}

"**잊으리까? 찌**질이들의 악행을?"이 말을 누가 근엄하게 말하는가?!
{'근엄하게 말하다'는 러시아어로 изрек**а**ть(불완료체)이다.}

☐ 근처(vicinity)

빨아주면 무당조차 접근 가능한 권력의 근처?!
{'근처'는 프랑스어로 parages이다.}

☐ 글자 그대로(literally)

부끄럽게도 **발**바리들로 **나**라는 개판이 되었다. 그것도 글자 그대로?!
{'글자 그대로'는 러시아어로 буквально이다.}

☐ 긁힌 상처(scratch)

자기기만적으로 **도리나** 말하지만 정작 자신은 도리를 지키지 않는 자가 치명적인 대패에 긁힌 상처?!
{'(대패에) 긁힌 상처'는 러시아어로 задорина이다.}

☐ 금(gold)

금을 달라고 **졸랐다**?!
{'금'은 러시아어로 золото이다.}

☐ 금기(taboo)

Tragedy abandoned by off - limits orgasm?!
{'금기'는 영어로 taboo이다.}

터프한 **부**자가 소유한 호텔 방 가운데에서 발생한 가장 자연스러운 죽음의 비밀은 금기?!
{'금기'는 '마음에 꺼려서 하지 않거나 피한다'는 뜻이다.}

진지한 금기?!
{'금기'는 중국어로 禁忌[jìnjì]이다.}

☐ 금메달(gold medal)

찐 파이로 만든 금메달?!
{'금메달'은 중국어로 金牌[jīnpái]이다.}

[E G R]
[C K J]
[H G L]
[I S F]

□ 금메달리스트**(gold medalist)**

"찐 파이 더 주세요"라고 한 금메달리스트?!
{'금메달리스트'는 중국어로 **金牌得主**[jīnpáidézhǔ]이다.}

□ 금수저**(gold spoon)**

금수(禽獸)들이 **저**렇게 싸가지 없이 들고 설치지만 그래 봤자 죽으면 결국 싸 가지도 못하는 금수저?!

□ 금욕주의자**(ascetic)**

아세트산을 즐겨 마시는 금욕주의자?!
{'금욕주의자'는 프랑스어로 ascète이다.}

□ 금으로 만든**(golden)**

잘라서 **또 이**렇게 금으로 만든 것인가?!
{'금으로 만든'은 러시아어로 золотой이다.}

□ 금지하다**(forbid)**

자극적으로 <u>pre</u>tty한 **찌찌**를 만지는 것을 금지하는가?!
{'금지하다'는 러시아어로 запретить(완료체)이다.}

자극적으로 <u>pre</u>tty한 **샤**먼의 **찌**찌를 만지는 것을 금지하는가?!
{'금지하다'는 러시아어로 запрещать(불완료체)이다.}

□ 급진적인**(radical)**

지진으로 땅이 갈라지는 것은 급진적인가?!
{'급진적인'은 중국어로 激进[jījìn]이다.}

□ 긍정적인**(positive)**

긍정적이면 살도 **찌지**?!
{'긍정적인'은 중국어로 积极[jījí]이다.}

고 때 떼로 **끼**를 부리면 긍정적인가?!
{'긍정적'은 일본어로 **肯定的**[こうていてき]이다.}

□ 기**(flag)**

파내다가 발견한 기?!
{'기'는 독일어로 Fahne이다.}

반대라는 것을 나타내는 기?!
{'기'는 스페인어로 bandera이다.}

□ 기계적으로**(mechanically)**

마녀와 **쉬**리가 **날**아다니자 **나**라는 시궁창으로 곤두박질쳤다. 그것도 기계적으로?!
{'기계적으로'는 러시아어로 **машина́льно**이다.}

□ 기계적으로 외우다**(learn by rote)**

달은 **비**틀어지지도 **찌**그러지지도 않는다고 기계적으로 외우는가?!
{'기계적으로 외우다'는 러시아어로 **долби́ть**(불완료체)이다.}

쓰지 않고 기계적으로 외우는가?!
{'기계적으로 외우다'는 중국어로 **死记**[sǐjì]이다.}

□ 기관실**(engine room)**

지독한 **창**녀의 음모를 실현하는 배의 기관실?!
{'(배의) 기관실'은 중국어로 **机舱**[jīcāng]이다.}

□ 기꺼이**(with pleasure)**

Q: **요로**결석과 **꼰대** 중에 선택하라면 차라리 전자를 선택하겠습니까?
A: 기꺼이?!
{'기꺼이'는 일본어로 よろこんで이다.}

□ 기대(expectation)

아줌마와 **쥐**가 **다니**니 **예**사롭지 않은 참극이 발생할 것이라는 기대?!

{'기대'는 러시아어로 ожидание이다.}

□ 기대하다(expect)

아줌마와 **쥐**는 **다**들 **찌**그러지기를 기대하는가?!

{'기대하다'는 러시아어로 ожидать(불완료체)이다.}

찌그러진 **파**이를 기대하는가?!

{'기대하다'는 히브리어로 צפה[zzipah]이다.}

□ 기도(prayer)

Mali에서 **뜨**거운 **바**람을 맞으면서 드린 기도?!

{'기도'는 러시아어로 молитва이다.}

□ 기도하다(pray)

말리다가 **짜**증나면 기도하는가?!

{'기도하다'는 러시아어로 молиться이다.}

□ 기러기(wild goose)

얜 모르는 기러기?!

{'기러기'는 중국어로 雁[yàn]이다.}

□ 기레기(trash journalist)

기억하는가, **레**지스탕스가 **기**적적인 승리를 거둔 후 제일 먼저 처단한 자들이 누구인지? 그것은 바로 비굴한 기사로 침략자를 찬양하고 동시에 비열한 기사로 국민들을 이간질한 부역자(附逆者)들, 그 이름도 유명한 기레기?!

{'기레기'란 말 그대로 '쓰레기 기자'란 뜻이다.}

□ 기록(record)

씨암탉이 세운 전무후무한 그 기록?!
{'기록'은 히브리어로 שיא[si]이다.}

□ 기름(oil)

욀 수 없는 단어는 기름?!
{'기름'은 독일어로 Öl이다.}

마침내 **슬라**브족이 만든 기름?!
{'기름'은 러시아어로 масло이다.}

아부라면 결코 뒤지지 않는 기름?!
{'기름'은 일본어로 油[あぶら]이다.}

라디오에서 흘러나오는 기름?!
{'기름'은 그리스어로 λαδι이다.}

Will of oil?!
{'기름'은 프랑스어로 huile이다.}

□ 기만(deceit, deception)

아브라함을 **만**족시키지 못한다면 그것은 기만?!
{'기만'은 러시아어로 обман이다.}

오만하게 **나**라를 **아**주 망친 자들의 기만?!
{'기만'은 히브리어로 הונאה[onaah]이다.}

인간을 **노**예로 만드는 자들의 기만?!
{'기만'은 이탈리아어로 inganno이다.}

돌로 쳐 죽일 자들의 기만?!
{'기만'은 이탈리아어와 스페인어로 dolo이다.}

돌대가리의 기만?!
{'기만'은 프랑스어로 dol이다.}

□ 기밀을 해제하다(declassify)

지극히 **에**로틱한 **미**친년은 기밀을 해제하는가?!

[EGR]
[CKJ]
[HGL]
[I S F]

{'기밀을 해제하다'는 중국어로 **解密**[jiěmì]이다.}

□ 기분(mood)

기레기들이 **모**여서 **찌**질하게 삼류 소설과 다를 바 없는 쓰레기 기사를 써대니 국민들은 그야말로 더러운 기분?!
{'기분'은 일본어로 **きもち**이다.}

□ 기분을 상하게 하다(offend)

아비는 **제**수씨의 **찌**찌를 만져서 기분을 상하게 하는가?!
{'기분을 상하게 하다'는 러시아어로 **обидеть**(완료체)이다.}

아비는 **자**주 **찌**찌를 만져서 누구의 기분을 상하게 하는가?!
{'기분을 상하게 하다'는 러시아어로 **обижать**(불완료체)이다.}

□ 기분이 나쁘다(feel bad)

후레자식들이 **다** 처먹으니 기분이 나쁜가?!
{'기분이 나쁘다'는 러시아어로 **худо**이다.}

□ 기쁘게 하다(please)

우가는 **지**저분한 **찌**질이를 기쁘게 하는가?!
{'기쁘게 하다'는 러시아어로 **угодить**(완료체)이다.}

□ 기쁨(joy)

On eggs is joy?!
{'기쁨'은 히브리어로 **עֹנֶג**[oneg]이다.}

심하게 기쁨?!
{'기쁨'은 히브리어로 **שִׂמחַה**[simhah]이다.}

하라! 그러면 기쁨?!
{'기쁨'은 그리스어로 **χαρα**이다.}

□ 기사(article)

기지가 넘치는 기사?!
{'기사'는 일본어로 **記事**[きじ]이다.}

□ 기상(spirit)

펑크를 **꾸**준히 내는 기상?!
{'기상'은 중국어로 **风骨**[fēnggǔ]이다.}

□ 기생충(parasite)

패러 site를 찾아가자마자 숨어버린 기생충?!
{'기생충'은 영어로 parasite이다.}

빨아주고 **짖**고 하면서 먹고 사는 기생충?!
{'기생충'은 러시아어로 паразит이다.}

기둥서방 **새**끼에게 **쭈**쭈 하면서 먹고 사는 기생충?!
{'기생충'은 일본어로 **寄生虫**[きせいちゅう]이다.}

타락은 **필**수적인 기생충?!
{'기생충'은 히브리어로 **טפיל**[tapil]이다.}

□ 기생충 or 존속 살인범(parasite or parricide)

□ 기소하다(indict)

인간이 die하면서 **트**림하면 기소하는가?!
{'기소하다'는 영어로 indict이다.}

□ 기억(memory)

빠구리의 **믿지** 못할 기억?!
{'기억'은 러시아어로 память이다.}

□ 기억되다(be remembered)

뽐내는 **니**체는 **짜**고 치는 고스톱처럼 기억되는가?!
{'기억되다'는 러시아어로 по́мниться(불완료체)이다.}

□ 기억소(mnemon)

니체를 **만** 번 읽은 자의 초인적인 기억소?!
{'기억소'는 영어로 mnemon이다.}

□ 기억하다(remember)

뽐내는 **니**체의 **찌**찌를 기억하는가?!
{'기억하다'는 러시아어로 по́мнить(불완료체)이다.}

□ 기업(business, enterprise)

"**Enter! Prize** is waiting for you"said the enterprise?!
{'기업'은 영어로 enterprise이다.}

치킨의 **예**사롭지 않은 사랑을 받는 기업?!
{'기업'은 중국어로 企业[qǐyè]이다.}

기교적인 기업?!
{'기업'은 일본어로 企業[きぎょう]이다.}

미친년처럼 **팔**자가 늘어진 기업?!
{'기업'은 히브리어로 מפעל[mifal]이다.}

□ 기운이 나다(get one's tail up)

Prison에 **바**람둥이를 **들이**자 짜고 치는 고스톱처럼 동료 죄수들
은 기운이 나는가?!
{'기운이 나다'는 러시아어로 приободри́ться(완료체)이다.}

□ 기운이 넘치는(bubbling)

끼로 **뽑**지직하는 **치**킨은 기운이 넘치는가?!
{'기운이 넘치는'은 러시아어로 кипу́чий이다.}

□ 기울이다(tilt)

나이브한 **근로**자는 수시로 날아오는 물병을 피하기 위해 몸을 기울이는가?!
{'기울이다'는 독일어로 neigen이다.}

□ 기이한(bizarre)

리비도가 **치**킨에게도 있음은 기이한가?!
{'기이한'은 중국어로 **离奇**[líqí]이다.}

□ 기자(reporter)

찢어 버리고 싶은 쓰레기 기사를 쓰는 기자?!
{'기자'는 중국어로 **记者**[jìzhě]이다.}

소말리아에서 **페르**시아어를 구사한 기자?!
{'기자'는 히브리어로 **סופר**[sofer]이다.}

□ 기적(miracle)

추도식에서 일어난 기적?!
{'기적'은 러시아어로 **чудо**이다.}

기둥서방 **새끼**에게 일어난 기적?!
{'기적'은 일본어로 **奇跡**[きせき]이다.}

펠레가 예상한 팀이 월드컵 우승을 차지한다면 그야말로 기적?!
{'기적'은 히브리어로 **פלא**[pele]이다.}

□ 기절(faint, swoon, syncope)

Singer가 **커피**를 마시다가 경험한 기절?!
{'기절'은 영어로 syncope이라고도 한다.}

오빠가 **브**라에다 **마**가린과 라면과 **크**림을 쏟자 기절?!
{'기절'은 러시아어로 **обморок**이다.}

비스듬하게 **추**한 **스트**리퍼의 비열하고도 **예**술적인 기절?!
{'기절'은 러시아어로 **бесчувствие**이다.}

두르나 **따**르나 결론은 기절?!
{'기절'은 러시아어로 дурнот**а**이다.}

☐ 기진맥진하게 만들다(exhaust)

알아? Sex가 기진맥진하게 만든다는 것을?!
{'기진맥진하게 만들다'는 프랑스어로 harasser이다.}

☐ 기진맥진한(exhausted)

잊으라는 **무**정한 **친**구의 **느**끼한 **이**기심 때문에 사람들은 기진맥
진한 것인가?!
{'기진맥진한'은 러시아어로 изм**у**ченный이다.}

☐ 기질(temperament)

느끼한 **라**스푸틴의 **f**riend에게서 목격되는 비정상적인 기질?!
{'기질'은 러시아어로 нрав이다.}

☐ 기초(basis)

아줌마의 **스**스럼없는 **노**팬티는 **바**람의 기초?!
{'기초'는 러시아어로 осн**о**ва이다.}

기소(起訴)를 해야 할 때 제대로 하는 게 정의를 위한 기초?!
{'기초'는 일본어로 **基礎**[きそ]이다.}

바람직한 **s**ex의 기초?!
{'기초'는 그리스어로 β**α**ση이다.}

☐ 기초 공사를 하다(lay the foundation)

자부의 **찌찌**를 만지면서 막장 드라마를 위한 기초 공사를 하는가?!
{'기초 공사를 하다'는 러시아어로 заб**у**тить(완료체)이다.}

부부는 **찌찌**를 만지면서 멜로드라마를 위한 기초 공사를 하는가?!
{'기초 공사를 하다'는 러시아어로 б**у**тить(불완료체)이다.}

□ 기침(cough)

기침한 **새끼**?!
{'기침'은 일본어로 咳[ㅅㅎ]이다.}

□ 기한 내에(within the period)

기한 내에 할 일을 하지 않으면 마음이 편치 **않지**?!
{'기한 내에'는 중국어로 按期[ànqī]이다.}

□ 기한이 없다(termless)

우매한 **치**킨의 코미디가 언제 끝날지 기한이 없는가?!
{'기한이 없다'는 중국어로 无期[wúqī]이다.}

□ 기형(deformity)

우로 들리면서 **바스**락거리는 **찌**찌는 기형?!
{'기형'은 러시아어로 уродливость이다.}

지저분한 **sing**er의 인기는 기형?!
{'기형'은 중국어로 畸形[jīxíng]이다.}

기생충이 **깨**끗한 척하는 것은 기형?!
{'기형'은 일본어로 畸形[きけい]이다.}

□ 긴장시키다(tense)

크리스마스를 **빼**는 것은 누구를 긴장시키는가?!
{'긴장시키다'는 프랑스어로 crisper이다.}

□ 길(way)

다양한 **로**맨스로 **가**득한 길?!
{'길'은 러시아어로 дорога이다.}

믿지 않으면 끝까지 갈 수 없는 신앙의 길?!
{'길'은 일본어로 道[みち]이다.}

비아그라로 뚫은 길?!

{'길'은 라틴어로 via이다.}

□ 길을 잃다(get lost)

자기기만적인 **blue**가 **짖자** 나라가 길을 잃는가?!

{'길을 잃다'는 러시아어로 заблуди́ться(완료체)이다.}

줍이 **짜**고 치는 고스톱처럼 흐르자 배가 길을 잃는가?!

{'길을 잃다'는 러시아어로 сби́ться(완료체)이다.}

줍이 **바**다에서 **짜**고 치는 고스톱처럼 흐르자 배가 길을 잃는가?!

{'길을 잃다'는 러시아어로 сбива́ться(불완료체)이다.}

□ 길이(length)

들리나 안 들리나 같은 길이?!

{'길이'는 러시아어로 длин**а**이다.}

□ 길이 질퍽질퍽한 시기

(period during autumn and spring when the roads become impassable)

라스푸틴이 **뿌**듯하게 **찌**찌를 **짜**자 찾아온 것은 봄에 눈이 녹거나 가을에 눈이 왔을 때처럼 길이 질퍽질퍽한 시기?!

{'(봄에 눈이 녹거나 가을에 눈이 왔을 때의) 길이 질퍽질퍽한 시기'는 러시아어로 распу́тица이다.}

□ 깊은(deep)

아프리카 **목**동의 목소리는 깊은가?!

{'깊은'은 히브리어로 עָמֹק[amoq]이다.}

□ 깊이(deeply)

글쎄다, 루시퍼는 **바**보 **꼬**꼬 속으로 들어갔다고? 그것도 아주 깊이?!

{'깊이'는 러시아어로 глубоко́이다.}

□ 깊이(depth)

글쎄다, **루**시퍼처럼 **비**열한 **나**라에서 사람들이 빠진 절망의 깊이?!
{'깊이'는 러시아어로 глубина이다.}

□ 깊이를 재다(fathom)

패배자는 **덤**덤하게 패배의 깊이를 재는가?!
{'깊이를 재다'는 영어로 fathom이다.}

□ 까다로운 사람(fusspot, Mr. Particular)

Prison에서까지 **비례**식을 **드**는 **Nick**은 까다로운 사람?!
{'까다로운 사람'은 러시아어로 привередник이다.}

□ 까마귀(crow)

크레용으로 **에**로틱하게 그린 까마귀?!
{'까마귀'는 독일어로 Krähe이다.}

까마귀는 **바로 나**?!
{'까마귀'는 러시아어로 ворона이다.}

우박은 **야**비하다고 소리치는 까마귀?!
{'까마귀'는 중국어로 乌鸦[wūyā]이다.}

가라오케에서 **스**스럼없이 소리치는 까마귀?!
{'까마귀'는 일본어로 からす이다.}

cor(heart)+**nix**(snow)=cornix?!
{'까마귀'는 라틴어로 cornix이다.} 까마귀는 자라서 늙은 어미에게 먹이를
물어다 준다고 해서 반포지효(反哺之孝)란 고사성어가 있다.}

□ 까맣게 되다(be covered with snuff)

나가라! **찌**질이야! 너 때문에 수백만 명의 사람들이 들고 있는 초
가 타서 심지가 까맣게 되었다?!
{'(초가 타서 심지가) 까맣게 되다'는 러시아어로 нагорать(불완료체)이다.}

□ 깎다(cut)

앞에서 stri**pper**는 **치**킨의 털을 깎는가?!
{'(머리를) 깎다'는 러시아어로 обстри́чь(완료체)이다.}

□ 깡충깡충 뛰다(skip)

강바닥을 **대**규모로 파내기로 하자 건설업자들과 비리 공무원들과
어용학자들 그리고 쓰레기 기자들이 좋아서 깡충깡충 뛰는가?!
{'깡충깡충 뛰다'는 프랑스어로 gambader이다.}

□ 깡패(goon)

군을 등에 업고 온갖 악행을 저지른 깡패?!
{'깡패'는 영어로 goon이다.}

□ 깨끗하게 하다(clean)

치킨은 **스**스로 **찌찌**를 깨끗하게 하는가?!
{'깨끗하게 하다'는 러시아어로 чи́стить(불완료체)이다.}

□ 깨끗한(clean)

치킨은 **스**스럼없이 **뜨**겁고 **이**기적으로 혼자만 깨끗한가?!
{'깨끗한'은 러시아어로 чи́стый이다.}

□ 깨다(crack)

크나큰 호두를 깨는가?!
{'깨다'는 독일어로 knacken이다.}

□ 깨닫다(realize)

사또는 루머의 실상을 깨닫는가?!
{'깨닫다'는 일본어로 悟る[さとる]이다.}

해가 **빈** 마음에 비치니 무엇을 깨닫는가?!
{'깨닫다'는 히브리어로 הֵבִין[hevin]이다.}

□ 깨우다(wake, awaken)

어려운 **way**는 **큰** 고통으로 그대를 깨우는가?!
{'깨우다'는 영어로 aw**a**ken이다.}

라즈니쉬는 **부지**불식간에 **찌**찌를 만지면서 깨우는가?!
{'깨우다'는 러시아어로 разбудить(완료체)이다.}

부지불식간에 **찌**찌를 만지면서 깨우는가?!
{'깨우다'는 러시아어로 будить(불완료체)이다.}

Hen과 **배**신자들은 **예**사로 악령을 깨우는가?!
{'깨우다'는 프랑스어로 réveiller이다.}

□ 꺼내다(take out)

Bikini에서 **누**나는 **찌**찌를 꺼내는가?!
{'꺼내다'는 러시아어로 вынуть(완료체)이다.}

Bikini에서 **니**체는 **마**침내 **찌**찌를 꺼내는가?!
{'꺼내다'는 러시아어로 вынимать(불완료체)이다.}

□ 꺼져!(get lost!)

바보야, **땅**콩 봉지 하나 네 손으로 못 까? 꺼져?!
{'꺼져'는 프랑스어로 va - t'en!이다.}

□ 꺼지다(go out)

가스나 **누**렁이의 **찌**찌에 붙은 불은 어떻게 꺼지는가?!
{'꺼지다'는 러시아어로 гаснуть(불완료체)이다.}

□ 꺼지시오(get lost!)

알몸의 **레**이디가 **부**정하게 **장**난친 걸 부정하는 당신들 당장 꺼지
시오?!
{'꺼지시오'는 프랑스어로 allez - vous - en!이다.}

[EGR]
[CKJ]
[HGL]
[I S F]

□ 껍질(rind)

까 주라 해서 까 준 껍질?!
{'껍질'은 러시아어로 кожура이다.}

부차(夫差)가 깐 껍질?!
{'껍질'은 이탈리아어로 buccia이다.}

□ 꼬리(tail)

흐리멍덩한 **보스**의 **트**러블을 해결하기 위해 자른 꼬리?!
{'꼬리'는 러시아어로 хвост이다.}

□ 꼬리뼈(coccyx)

Cock's **six** hours and one coccyx?!
{'꼬리뼈'는 영어로 coccyx이다.}

□ 꽂다(stick)

반지를 **찌**찌에 꽂는가?!
{'꽂다'는 러시아어로 вонзить(완료체)이다.}

반자동으로 **찌**찌에 꽂는가?!
{'꽂다'는 러시아어로 вонзать(불완료체)이다.}

□ 꽃(flower)

하나의 꽃?!
{'꽃'은 일본어로 花[はな]이다.}

꽃을 꺾는 자를 **패라**?!
{'꽃'은 히브리어로 פרח[perah]이다.}

피지만 **오래** 가지는 않는 게 꽃?!
{'꽃'은 이탈리아어로 fiore이다.}

□ 꾀(trick)

사이비 **ку**рица[**꾸**리짜]의 창조적인 꾀?!
{'꾀'는 일본어로 策[ㅎ<]이다.}

□ **꾸**물거리다(dillydally)

바보들은 **비**열하게 **짜**고 치는 고스톱처럼 **꾸**물거리는가?!
{'**꾸**물거리다'는 러시아어로 б**а**виться(불완료체)이다.}

□ 꿈(dream)

Dramatic, **r**evealing, **e**phemeral, **a**wesome **m**oment?!
{'꿈'은 영어로 dream이다.}

트라이앵글이 **옴**막에서 꾼 꿈?!
{'꿈'은 독일어로 Traum이다.}

미치도록 **따**분한 꿈?!
{'꿈'은 러시아어로 м**е**чт**а**이다.}

멍청한 인간들이 손바닥으로 하늘을 가리고자 하는 것은 그야말로 야무진 꿈?!
{'꿈'은 중국어로 梦[mèng]이다.}

유명한 **매**국노가 나라와 민족을 팔아 온갖 부귀영화를 누리다가 닭 우는 소리에 허무하게 깨어난 꿈?!
{'꿈'은 일본어로 ゆめ이다.}

꿈을 위해 뭐든 **할 놈**?!
{'꿈'은 히브리어로 חלום[halom]이다.}

Have a dream?!
{'꿈'은 프랑스어로 rêve이다.}

□ 꿈과 같다(be like a dream)

로돌프의 **멍**은 꿈과 같은가?!
{'꿈과 같다'는 중국어로 如梦[rúmèng]이다.}

☐ 꿩(pheasant)

예지적 직관을 소유한 꿩?!
{'꿩'은 중국어로 野鸡[yějī]이다.}

기지가 넘치는 꿩?!
{'꿩'은 일본어로 きじ이다.}

☐ 꿰맨(sewn)

<u>Ку</u>рица[꾸리짜]와 **쥐**의 비밀은 공공연하게 꿰맨 것인가?!
{'꿰맨'은 프랑스어로 cousu이다.}

☐ 끌(chisel)

놈이 가진 끌?!
{'끌'은 일본어로 鑿[のみ]이다.}

☐ 끌다(tow)

알몸으로 **레**이디는 밧줄을 끄는가?!
{'(밧줄을) 끌다'는 프랑스어로 haler이다.}

☐ 끓어오르다(bubble up)

부요한 **내**시들을 보면서 사람들은 참을 수 없는 분노로 끓어오르는가?!
{'끓어오르다'는 프랑스어로 bouillonner이다.}

☐ 끝(end)

오(5)**와 리**본의 끝?!
{'끝'은 일본어로 終り[おわり]이다.}

<u>Sof</u>t end?!
{'끝'은 히브리어로 סוף[sof]이다.}

<u>Cats</u> bring the days of mice to an end?!
{'끝'은 히브리어로 קץ[qets]이다.}

□ 끝나다(come to an end)

아줌마와 **꼰**대와 **치**킨은 **짜**고 치는 고스톱처럼 끝나는가?!
{'끝나다'는 러시아어로 **ОКО́НЧИТЬСЯ**(완료체)이다.}

아줌마와 **깐**깐한 **치**킨과 **바**보들은 **짜**고 치는 고스톱처럼 끝나는가?!
{'끝나다'는 러시아어로 **ОКА́НЧИВАТЬСЯ**(불완료체)이다.}

□ 끝내다(put an end to)

빠구리로써 **꼰**대와 **치**킨은 **찌**질하게 무엇을 끝내는가?!
{'끝내다'는 러시아어로 **ПОКО́НЧИТЬ**(완료체)이다.}

잠깐 **야**하게 **찌**찌를 만지다가 만남을 끝내는가?!
{'끝내다'는 러시아어로 **ЗАМЯ́ТЬ**(완료체)이다.}

□ 나(I)

야한 나?!
{'나'는 러시아어로 **Я**이다.}

복구에 관심이 많은 나?!
{'나'는 일본어로 **僕**[ぼく]라고도 한다.}

오래 하는 나?!
{'나'는 일본어로 **おれ**라고도 한다.}   }

□ 나가떨어지다(be knocked out)

라스푸틴의 **짝**이 **바**보처럼 **짜**고 고스톱을 치다가 들켜서 여론의
뭇매를 맞고 나가떨어지는가?!
{'나가떨어지다'는 러시아어로 **РАСТЯ́ГИВАТЬСЯ**(불완료체)이다.}

□ 나눗셈(division)

추파를 던지며 하는 나눗셈?!
{'나눗셈'은 중국어로 **除法**[chúfǎ]이다.}

He **look**s at division?!
{'나눗셈'은 히브리어로 חילוק[hilluk]이다.}

□ 나눗셈 부호(division sign)

나눗셈 부호는 **추하오**?!
{'나눗셈 부호'는 중국어로 **除号**[chúhào]이다.}

□ 나는 가지고 있다(I have)

"**Ye**sterday **she li**ved like a prostitute!"This is the information I have?!
{'나는 가지고 있다'는 히브리어로 **יֵשׁ לִי**[yesh li]이다.}

□ 나는 거기로 내려간다(I descend there)

쥐와 **대**단한 **쌍**년이 만든 창조적인 지옥에서 고통받는 사람들을 보고 그리스도는 말했다. "그들을 구원하기 위해 오늘 나는 거기로 내려간다?!"
{'나는 거기로 내려간다'는 프랑스어로 j'y descends이다.}

□ 나는 거짓말을 하지 않는다(I don't lie)

야한 **니**체는 **브루**투스처럼 비겁하지는 않았다. 나는 거짓말을 하지 않는다?!
{'나는 거짓말을 하지 않는다'는 러시아어로 Я не вру이다.}

□ 나는 게임 안에 있다(AM in the Good - AM - Evil)

□ 나는 고발한다(I accuse)

자기기만적으로 **꿔**다가 **즈**런즈런하게 똥을 싸는 자유로운 한간(漢奸)들이 당년(當年)에 저지른 수많은 악행을 나는 고발한다?!
{'나는 고발한다'는 프랑스어로 j'accuse이다.}

□ 나는 고백한다(I confess)

자부심을 가지고 나는 고백하는가?!

{'나는 고백한다'는 프랑스어로 j'avoue이다.}

□ 나는 굽는다(I bake)

야하고도 **삐**딱한 **꾸**러기처럼 나는 굽는가?!
{'나는 굽는다'는 러시아어로 я пеку이다.}

□ 나는 기억한다(I remember)

야하게 **뽐**내는 **뉴**욕을 나는 기억하는가?!
{'나는 기억한다'는 러시아어로 я помню이다.}

□ 나는 기초 공사를 한다(I lay the foundation)

야자와 **부추**를 먹으면서 나는 기초 공사를 하는가?!
{'나는 기초 공사를 한다'는 러시아어로 я забучу이다.}

□ 나는 냄새를 맡는다(I scent)

야한 **추**녀의 **유**방에서 나는 냄새를 맡는가?!
{'나는 냄새를 맡는다'는 러시아어로 я чую이다.}

□ 나는 노래한다(I sing)

야하게 **빠**는 **유**방을 나는 노래하는가?!
{'나는 노래한다'는 러시아어로 я пою이다.}

□ 나는 놀라게 한다(I astonish)

야하게 **빨아주**면서 나는 놀라게 하는가?!
{'나는 놀라게 한다'는 러시아어로 я поражу이다.}

□ 나는 누구인가?(who am I?)

Я[**야**] **who**?!
{Я[야]는 러시아어로 '나'란 뜻이다.}

[EGR]
[CKJ]
[HGL]
[I S F]

□ 나는 늦잠을 잤다(I overslept)

야하게 **pros**titute처럼 **빨**아대다가 나는 늦잠을 잤다?!
{'나는 늦잠을 잤다'는 러시아어로 я проспал이다.}

□ 나는 달린다(I run)

야한 **비구**니와 나는 달리는가?!
{'나는 달린다'는 러시아어로 я бегу이다.}

□ 나는 던진다(I throw)

야생마처럼 **미**친년에게 **추**파를 나는 던지는가?!
{'나는 던진다'는 러시아어로 я мечу이다.}

□ 나는 두려워한다(I am afraid)

야비한 **바**보로 **유**명한 **씨**암탉을 나는 두려워하는가?!
{'나는 두려워한다'는 러시아어로 я боюсь이다.}

□ 나는 따라잡았다(I caught up with)

야, **나** 그날 있지? 나는 따라잡았다?!
{'나는 따라잡았다'는 러시아어로 я нагнал이다.}

□ 나는 떠날 것이오(I will go away)

Jew여, **만일에** 예루살렘에 평화가 없다면 나는 떠날 것이오?!
{'나는 떠날 것이오'는 프랑스어로 je m'en irai이다.}

□ 나는 마시게 한다(I give to drink)

야하고도 **빠**르게 **유**방(劉邦)은 목마른 부하들에게 말한다. "나는 마시게 한다?!"
{'나는 마시게 한다'는 러시아어로 я пою이다.}

□ 나는 배고프다(I am hungry)

제대로 **팽**을 당했더니 나는 배고프다?!
{'나는 배고프다'는 프랑스어로 j'ai faim이다.}

□ 나는 배운다(I learn)

Disco I learn?!
{'나는 배운다'는 라틴어로 disco이다.}

□ 나는 보충한다(I make up for)

야밤에 **나가**서 **뉴**욕으로 날아가면서 나는 보충하는가?!
{'나는 보충한다'는 러시아어로 я наго́ню이다.}

□ 나는 복수한다(I take revenge)

야한 **아**줌마의 **땀**에 **슈**크림으로 나는 복수하는가?!
{'나는 복수한다'는 러시아어로 я отомщу́이다.}

□ 나는 부러워한다(I envy)

야밤에 **자비**로 **두유**를 사 먹는 자를 나는 부러워하는가?!
{'나는 부러워한다'는 러시아어로 я зави́дую이다.}

□ 나는 불구로 만든다(I maim)

야밤에 **이주**하는 **배추**를 나는 불구로 만드는가?!
{'나는 불구로 만든다'는 러시아어로 я изуве́чу이다.}

야밤에 **우로 두유**를 마시는 자를 나는 불구로 만드는가?!
{'나는 불구로 만들다'는 러시아어로 я уро́дую이다.}

□ 나는 비난한다(I blame)

야비한 **뉴**스들이 하나같이 거짓으로 진실을 가리려는 수작을 나는 비난하는가?!

{'나는 비난한다'는 러시아어로 я виню이다.}

□ 나는 신성모독 한다(I blaspheme)

야하게 **박아**서 훌륭한 **스트**립쇼에서 **부유**한 나는 신성모독 하는가?!
{'나는 신성모독 한다'는 러시아어로 я богохульствую이다.}

□ 나는 쓰러진다(I fall)

야한 **빠**구리 **두** 번에 나는 쓰러지는가?!
{'나는 쓰러진다'는 러시아어로 я паду이다.}

□ 나는 씹는다(I chew)

야밤에 **주유**하면서 휘발유를 나는 씹는가?!
{'나는 씹는다'는 러시아어로 я жую이다.}

□ 나는 씻는다(I wash)

야밤에 **모유** 수유를 하고 나는 씻는가?!
{'나는 씻는다'는 러시아어로 я мою이다.}

□ 나는 알아내었다(I found out)

야한 **우즈**가 **날**이면 날마다 섹스에 미쳐 지내던 때가 있음을 우연히 나는 알아내었다?!
{'나는 알아내었다'는 러시아어로 я узнал이다.}

□ 나는 원한다(I want)

야하고 **추**한 것을 나는 원하는가?!
{'나는 원한다'는 러시아어로 я хочу이다.}

□ 나는 이름 안에 있다(AM in the Nothingness-AM-Emptiness)

□ 나는 이해한다(I understand)

야하고 **뼈**근한 **니**체가 **마**침내 **유**명해진 이유를 나는 이해하는
가?!
{'나는 이해한다'는 러시아어로 я понимаю이다.}

□ 나는 읽었다(I read)

야한 **치**킨에게 **딸**이 있을지도 모른다는 웃긴 기사를 나는 읽었다?!
{'나는 읽었다'는 러시아어로 я читал이다.}

□ 나는 젖게 한다(I wet)

야한 **아마추**어처럼 나는 젖게 하는가?!
{'나는 젖게 하다'는 러시아어로 я омочу이다.}

□ 나는 죽지 않을 것이다(I shall not die)

June에는 **물에 빠**져도 나는 죽지 않을 것이다?!
{'나는 죽지 않을 것이다'는 프랑스어로 je ne mourrai pas이다.}

□ 나는 증명한다(I prove)

야비한 **다까**끼는 **주**된 매국노임을 역사적으로 나는 증명하는
가?!
{'나는 증명한다'는 러시아어로 я докажу이다.}

□ 나는 증오한다(I hate)

야한 **니나**노의 **비주**얼을 나는 증오하는가?!
{'나는 증오한다'는 러시아어로 я ненавижу이다.}

□ 나는 지쳤다(I am tired)

야비하고도 **우스**꽝스러운 **딸**이 창조적으로 설치는 것을 보다가
나는 지쳤다?!

{'나는 지쳤다'는 러시아어로 Я устал이다.}

□ 나는 질투한다(I am jealous)

야밤에 **자비**로 **두유**를 사서 마시는 자를 나는 질투하는가?!
{'나는 질투한다'는 러시아어로 Я зави́дую이다.}

□ 나는 찔러 넣는다(I stick in)

야하게 **쑤**시다가 유리병에 무엇을 나는 찔러 넣는가?!
{'나는 찔러 넣는다'는 러시아어로 Я сую이다.}

□ 나는 채찍질한다(I flog)

야비한 **씨**암탉을 **꾸**짖으면서 나는 채찍질하는가?!
{'나는 채찍질한다'는 러시아어로 Я секу이다.}

□ 나는 할 수 있다(I can)

야하게 **마구**간에서도 나는 할 수 있다?!
{'나는 할 수 있다'는 러시아어로 Я могу이다.}

□ 나는 항의한다(I protest)

아니 모해? 나는 항의하는데?!
{'나는 항의한다'는 히브리어로 אני מוחה[ani moheh]이다.}

□ 나라(nation)

나불거리는 **씨**암탉의 **옹**고집 때문에 개관이 된 나라?!
{'나라'는 프랑스어로 nation이다.}

□ 나라면(were it I)

환장한 <u>lover</u>가 <u>wor</u>m을 먹었다고? 나라면?!

{'나라면'은 중국어로 **换了我**[huànlewǒ]이다.}

□ 나를(me)

나를 죽이고 싶은 자들은 나의 죽음을 사고사나 자살로 위장하기 위해 높은 곳에서 **미냐**?!
{'나를'은 러시아어로 **меня**이다.}

□ 나를 위해서(for me)

빨아 미친년아! 내일이면 너에게 좋은 배역을 줄 수도 있고, 내년이면 아마 이그노벨상(Ig Nobel Prize)도 불끈 움켜쥘 수 있을 나를 위해서?!
{'나를 위해서'는 스페인어로 para mí이다.}

□ 나뭇잎(leaf)

알몸의 **레**이디의 치부를 가린 나뭇잎?!
{'나뭇잎'은 히브리어로 **עלה**[aleh]이다.}

오늘도 **하**늘 아래 푸르른 나뭇잎?!
{'나뭇잎'은 스페인어로 hoja이다.}

□ 나보꼬프(Nabokov)

나보다 **꼬**꼬의 프리섹스를 더 4차원적 산문으로 묘사한 나보꼬프?!
{'나보꼬프(1899 - 1977)'는 러시아 태생의 미국 소설가이자 비평가이다.}

□ 나비(butterfly)

Shoe에 **매**여 **털**리면서 **링**크에서 날고 있는 나비?!
{'나비'는 독일어로 Schmetterling이다.}

바람난 **바**보처럼 **치**킨은 **까**부러칠 정도로 비극적인 종말을 맞이할 것이라고 예언한 나비?!
{'나비'는 러시아어로 **бабочка**이다.}

후에 **디에**고 마라도나는 신의 손으로 유명해질 것이라고 예언한 나비?!

{'나비'는 중국어로 蝴蝶[húdié]이다.}

쯔다는 장자의 호접몽을 이해하지 못할 것이라고 말한 나비?!

{'나비'는 일본어로 蝶[ちょう]이다.}

파르나소스는 **파르**나소스요, 물은 물이라고 말한 나비?!

{'나비'는 히브리어로 פרפר[parpar]이다.}

뺏다가 **루**시퍼가 **다**시 뺏긴 것을 목격한 나비?!

{'나비'는 그리스어로 πεταλουδα이다.}

마리아가 **뽀**뽀하다가 **싸**우는 것을 목격한 나비?!

{'나비'는 스페인어로 mariposa이다.}

빠르게 **Pi**erre가 **용**쓰다가 못쓰게 된 것을 목격한 나비?!

{'나비'는 프랑스어로 papillon이다.}

☐ 나쁘다(it's bad)

니체가 **하라**는 쇼는 신이 죽은 것만큼이나 나쁘다?!

{'나쁘다'는 러시아어로 нехорошо이다.}

☐ 나쁜 놈(bad guy)

와전된 **루**머도 **모**르면서 **노**자를 까는 놈은 나쁜 놈?!

{'나쁜 놈'은 일본어로 悪者[わるもの]이다.}

☐ 나쁜 버릇이 생기다(get into the way of ~ing)

빠르게 **바지**를 짜고 치는 고스톱처럼 벗는 나쁜 버릇이 생기는가?!

{'나쁜 버릇이 생기다'는 러시아어로 повадиться(완료체)이다.}

☐ 나쁜 새끼(swine)

스스럼없이 **와인**을 다 마셔버린 나쁜 새끼?!

{'나쁜 새끼'는 영어로 swine이라고도 한다.}

스스럼없이 **까**불거리면서 **찌**찌를 **나**에게 들이댄 나쁜 새끼?!

{'나쁜 새끼'는 러시아어로 **СКОТ**И**НА**이다.}

□ 나에게 화를 내다(vent one's anger on me)

Now **wo**rms **chew chee**se. So you vent your anger on me?!
{'나에게 화를 내다'는 중국어로 **拿我**出气[náwǒchūqì]이다.}

□ 나오다(come out)

이자의 **이 찌**찌에서는 무엇이 나오는가?!
{'나오다'는 러시아어로 **ИЗОЙТИ**(완료체)이다.}

□ 나의 뒤에서(behind me)

자지로 **미냐**? 그것도 나의 뒤에서?!
{'나의 뒤에서'는 러시아어로 **СЗАДИ МЕНЯ**이다.}

□ 나의 삶(my life)

마비된 나의 삶?!
{'나의 삶'은 프랑스어로 ma vie이다.}

□ 나의 천사(my angel)

말라서 **희**한한 나의 천사?!
{'나의 천사'는 히브리어로 **מלאכי**[malakhi]이다.}

□ 나이(age)

길을 찾다가 먹어버린 나이?!
{'나이'는 히브리어로 **גיל**[gil]이다.}

□ 나이가 지긋한(elderly)

빠질 로이드선급협회 사람들은 나이가 지긋한가?!

{'나이가 지긋한'은 러시아어로 пожилой이다.}

아제는 나이가 지긋한가?!
{'나이가 지긋한'은 프랑스어로 âgé이다.}

☐ 나이에 맞지 않게(not appropriately for one's age)

니체가 **빠**구리에 **가담**했다고?! 그것도 나이에 맞지 않게?!
{'나이에 맞지 않게'는 러시아어로 не по годам이다.}

☐ 나중에(later)

뽀뽀하다가 **쟤**들은 갈 데까지 갔다고? 그러다 결국 나중에?!
{'나중에'는 러시아어로 позже이다.}

☐ 나체(nudity)

나갔다 하면 grab 아니면 나체?!
{'나체'는 러시아어로 нагота이다.}

☐ 나타내다(display)

Pro<u>stitute</u>는 **이**렇게 **비**밀스러운 **찌**찌를 나타내는가?!
{'나타내다'는 러시아어로 проявить(완료체)이다.}

☐ 나토(NATO)

오만한 **땅**콩 갑질에 대항하기 위해 처음에는 군사적 개입까지도 진지하게 고려했지만 그보다는 양심 없는 의사회 소속의 정신과 의사를 투입해서 땅콩 봉지를 뜯는 법을 가르쳐 주는 편이 훨씬 더 효과적이라고 판단한 나토?!
{'나토'는 프랑스어로 OTAN(Organisation du traité de l'Atlantique Nord)이다.}

☐ 나트륨(sodium)

나를 유혹하는 나트륨?!
{'나트륨'은 중국어로 钠[nà]이다.}

☐ 낙관적인(optimistic, sanguine)

쌩글거리는 **권**(귀는) 낙관적인가?!
{'낙관적인'은 영어로 sanguine이다.}

압제자를 **찌**른 **미스**의 **찌**찌는 **체스**에서 **끼**를 부릴 정도로 낙관적인가?!
{'낙관적인'은 러시아어로 оптимистический이다.}

쌍년은 **쏘시**지만 낙관적인가?!
{'낙관적인'은 프랑스어로 sans - souci이다.}

☐ 낙천적인 성질(buoyancy)

보이는가? **언**제나 **씨**암탉에게서 목격되는 낙천적인 성질?!
{'낙천적인 성질'은 영어로 buoyancy이다.}

☐ 낙타(camel)

낙타는 햇볕에 타서 **까매요**?!
{'낙타'는 스페인어로 camello이다.}

샤먼을 **모**시고 사막을 건너면서 개고생 하는 낙타?!
{'낙타'는 프랑스어로 chameau이다.}

☐ 낙하산(parachute)

팔랑거리면서 **시름**시름 내려오는 낙하산?!
{'낙하산'은 독일어로 Fallschirm이다.}

빨아서 **슈**크림이 **뜨**거워지게 만든 공로로 개나 소나 낙하산?!
{'낙하산'은 러시아어로 парашют이다.}

☐ 낙하산병(parachutist)

짠한 꼼수로 수많은 공기업에 내리꽂힌 무능력한 낙하산병?!
{'낙하산병'은 히브리어로 צנח[zzanhan]이다.}

[EGR]
[CKJ]
[HGL]
[I S F]

□ 난센스(nonsense)

난세에 **sense**less carnage를 즐기는 자들만이 승승장구하는 것은 그야말로 난센스?!
{'난센스'는 무의미란 뜻이다.}

운이 **진**짜 계속 좋기만 할 거라고 믿는 것은 난센스?!
{'난센스'는 독일어로 Unsinn이다.}

치킨이 **뿌**리 **하**나만으로 만족한다는 것은 난센스?!
{'난센스'는 러시아어로 чепуха이다.}

□ 난입하다(break into)

추앙받는 **루**돌프는 산타클로스와 굴뚝 속으로 난입하는가?!
{'난입하다'는 중국어로 闯入[chuǎngrù]이다.}

□ 난잡한 모양(promiscuity)

Promise와 **Q**는 **어**떻게 **티**가 나지 않게 해보려 했지만 결국 드러난 난잡한 모양?!
{'난잡한 모양'은 영어로 promiscuity이다.}

미친년이 **달아**나면서까지 보여준 난잡한 모양?!
{'난잡한 모양'은 일본어로 みだら이다.}

□ 난쟁이(dwarf)

나라를 **노**는계집과 함께 개판으로 만든 난쟁이들?!
{'난쟁이'는 이탈리아어로 nano이다.}

냉전을 고집하는 난쟁이?!
{'난쟁이'는 프랑스어로 nain이다.}

□ 난제(conundrum)

Coming **nun**'s **drum** is a conundrum?!
{'난제'는 영어로 conundrum이다.}

이끄는 게 난제?!

{'난제'는 프랑스어로 hic이다.}

□ 난파는 직사각형들을 엉키게 한다(wreck tangles rectangles)

□ 난파시키다(shipwreck)

높으신 **라**스푸틴은 **제**주로 가는 배를 난파시키는가?!
{'난파시키다'는 프랑스어로 naufrager이다.}

□ 날(day)

요부가 **음**란하게 즐긴 날?!
{'날'은 히브리어로 יום[yom]이다.}

□ 날랜 솜씨(sleight)

슬픔이 **light** 속에서 기쁨으로 변한 것은 누구의 날랜 솜씨?!
{'날랜 솜씨'는 영어로 sleight이다.}

□ 날씨(weather)

배가 **터**지게 먹고 싶은 날씨?!
{'날씨'는 독일어로 Wetter이다.}

빠르게 **고**등학생들을 **다** 죽인 그날의 날씨?!
{'날씨'는 러시아어로 погода이다.}

□ 날씨가 좋음(good weather)

날씨가 좋음 무얼 **하래**?!
{'날씨가 좋음'은 일본어로 晴(れ)[はれ]이다.}

□ 날이 저물다(start to get dark)

Smith가 **르**완다에서 **까**무러치자 **짜**고 치는 고스톱처럼 날이 저

무는가?!

{'날이 저물다'는 러시아어로 смеркаться(불완료체)이다.}

□ 날카롭게 하다(sharpen)

액이 **제**대로 나오지 않는 것은 누구의 신경을 날카롭게 하는가?!

{'날카롭게 하다'는 프랑스어로 aiguiser이다.}

□ 남기다(leave)

아줌마는 **스**스럼없이 **따**뜻한 **비**너스처럼 **찌**찌를 남기는가?!

{'남기다'는 러시아어로 оставить(완료체)이다.}

□ 남녀의 동침(sleeping together of a man and a woman)

고독한 **깡**패 남녀의 동침?!

{'남녀의 동침'은 일본어로 合歡[ごうかん]이다.}

□ 남몰래(in secret)

따분한 **의**는 **꼼**수로 비열한 짓을 하는가? 그것도 공공연하고도 남몰래?!

{'남몰래'는 러시아어로 тайком이다.}

□ 남몰래 흐느끼다(sob secretly)

안하무인 **치**킨 때문에 양계장 주인은 남몰래 흐느끼는가?!

{'남몰래 흐느끼다'는 중국어로 暗泣[ànqì]이다.}

□ 남색(sodomy)

싸움닭이 **더**럽게 **미**쳐서 경기장에서 필로폰을 투약하면서 장난 아니게 즐긴 것으로 추정되는 남색?!

{'남색'은 영어로 sodomy이다.}

□ 남색하다(sodomize)

앙드레는 **빠**리(Paris)에서 **페**미니스트의 남자 친구와 남색하는가?!
{'남색하다'는 프랑스어로 empafer이다.}

□ 남성(man)

단지 s**e**x만 밝히지만 성품만큼은 진국인 남성?!
{'남성'은 일본어로 **男性**[だんせい]이다.}

□ 남의 것을 탐내지 말고 자신의 것을 소중히 하라
(don't covet what belongs to others but cherish what belongs to you)

니체는 **자**리에서 **샤**먼과 **나**체를 **추**구하는 **조**야한 **예**술가들에게 "**아**줌마의 **스**스럼없는 **바**디(body)가 **요**즘에도 **비**리에 **기**여하는 가?"라고 물은 다음 이렇게 말했다. "남의 것을 탐내지 말고 자신의 것을 소중히 하라."
{'남의 것을 탐내지 말고 자신의 것을 소중히 하라'는 러시아어로 не зарься на чужое, а своё береги이다.}

□ 남자(man)

만나는 남자?!
{'남자'는 독일어로 Mann이다.}

무당과 **쉬**리의 **나**라에서 잘 먹고 잘살기 위해 자발적으로 내시가 된 남자들?!
{'남자'는 러시아어로 мужчина이다.}

단시(短詩)를 잘 쓰는 남자?!
{'남자'는 일본어로 **男子**[だんし]이다.}

비르투오소인 남자?!
{'남자'는 라틴어로 vir이다.}

[EGR]
[CKJ]
[HGL]
[I S F]

□ 남쪽(south)

쥐의 **트**래지코미디로부터 마침내 벗어나게 된 남쪽?!
{'남쪽'은 독일어로 Süd이다.}

유명한 <u>criminal</u>이 항상 탐내는 남쪽?!
{'남쪽'은 러시아어로 **ЮГ**이다.}

미남이 많은 남쪽?!
{'남쪽'은 일본어로 南[みなみ]이다.}

□ 납(lead)

<u>Bli</u>nd lead?!
{'납'은 독일어로 Blei이다.}

나는 **말이**고 너는 납인가?!
{'납'은 일본어로 鉛[なまり]이다.}

□ 납작코(pug nose)

타인의 **비즈**니스에 참견하는 납작코?!
{'납작코'는 중국어로 **塌鼻子**[tābízi]이다.}

아줌마는 **구라**에다가 **바나**나처럼 노란 납작코?!
{'납작코'는 일본어로 あぐら鼻[あぐらばな]이다.}

네? 카뮈가 납작코라고요?!
{'납작코'는 프랑스어로 nez camus이다.}

□ 납치범(hijacker)

우스꽝스럽고 **곤**궁하지만 <u>chic</u>한 납치범?!
{'납치범'은 러시아어로 **уго**нщик이다.}

□ 낭만주의(romanticism)

라면과 **만**두를 **찢음**은 맛있는 낭만주의?!
{'낭만주의'는 러시아어로 **ром**ант**из**м이다.}

□ 낭비자(spendthrift)

모두를 **뜨**겁게 만든 낭비자?!
{'낭비자'는 러시아어로 мот이다.}

□ 낮추다(lower)

아베의 se**x**는 자위행위의 가능성을 낮추는가?!
{'낮추다'는 프랑스어로 abaisser이다.}

□ 낯선 여자(strange woman)

Needs의 **나**라에서 **꿈**수로 **까**막눈들을 농락한 낯선 여자?!
{'낯선 여자'는 러시아어로 незнакомка이다.}

□ 낯짝(mug)

낯짝이 두꺼운 자들은 도무지 부끄러움을 **모르다**?!
{'낯짝'은 러시아어로 морда이다.}

□ 낳다(lay)

뽕과 **드**라마를 **흐**뭇하게 즐기다가 비열한 당년(當年)은 더러운 저질 알을 낳는가?!
{'(알을) 낳다'는 프랑스어로 pondre이다.}

□ 내 뒤에(after me)

잠든 **노**스트라다무스는 **유**명한 예언을 남겼다. "나라를 개판으로 만들 매국노들은 유명한 격언의 순서마저 제멋대로 바꾸면서 이렇게 소리칠 것이다.} 'The deluge after me!'"
{'내 뒤에'는 러시아어로 за мною이다. 참고로 After me, the deluge는 '나중 일이야 내 알 게 뭐냐'란 뜻이다.}

□ 내 생각에는(in my opinion)

Q: **빠**구리밖에 **모**르는 **이 무**식한 자가 과연 누굴까?
A: 내 생각에는?!
{'내 생각에는'은 러시아어로 по - моему이다.}

□ 내 탓이로소이다(my fault)

매일 **아**들이 꿀을 **빠**는 것은 내 탓이로소이다?!
{'내 탓이로소이다'는 라틴어로 mea culpa이다.}

□ 내밀다(hold out)

<u>Pro</u>stitute는 **찌**뿌둥하게 **누**워서 **찌**찌를 내미는가?!
{'내밀다'는 러시아어로 протянуть(완료체)이다.}

<u>Pro</u>stitute의 **짝이 바**보처럼 **찌**찌를 내미는가?!
{'내밀다'는 러시아어로 протягивать(불완료체)이다.}

□ 내부(inside)

누군가의 **뜨**겁고 **로**맨틱한 내부?!
{'내부'는 러시아어로 нутро이다.}

□ 내부 고발자(whistle blower)

씨암탉과 **에**로틱한 **미**친년 **저**것들이 저지른 악행을 세상에 알린
내부 고발자?!
{'내부 고발자'는 중국어로 泄密者[xièmìzhě]이다.}

□ 내숭을 떠는 자(prude)

한 자가 하지 않았다고 우기면 그 자는 결국 내숭을 떠는 자?!
{'내숭을 떠는 자'는 러시아어로 ханжа이다.}

□ 내일(tomorrow)

도둑들이 **마**침내 **니**체의 예언대로 몰락하게 될 내일?!
{'내일'은 이탈리아어로 dom**a**ni이다.}

□ 내장(entrails)

Threesome에서 **부하**에게 시켜서 도살한 짐승의 내장?!
{'(도살된 짐승의) 내장'은 러시아어로 тре**б**у**ха**이다.}

□ 냄새(smell)

거북한 **ru**mor의 **흐**믓한 냄새?!
{'냄새'는 독일어로 Ger**u**ch이다.}

자기기만적인 **빠**구리에서 **흐**믓하게 나는 구린 냄새?!
{'냄새'는 러시아어로 **за**п**а**х이다.}

니체가 **오이**에서 맡은 cool한 냄새?!
{'냄새'는 일본어로 に**お**い이다.}

Oh, sm**e**ll?!
{'냄새'는 그리스어로 oσμ**η**이다.}

□ 냄새가 나다(smell)

빠구리로 **흐**리멍덩한 **누**구의 **찌**찌에서 무슨 냄새가 나는가?!
{'냄새가 나다'는 러시아어로 п**а**хнуть(불완료체)이다.}

□ 냄새를 맡다(scent)

빠르게 **추**녀의 **의**색적인 **찌**찌 냄새를 맡는가?!
{'냄새를 맡다'는 러시아어로 по**чу**ять(완료체)이다.}

추녀의 **의**색적인 **찌**찌 냄새를 맡는가?!
{'냄새를 맡다'는 러시아어로 **чу**ять(불완료체)이다.}

□ 냉대(snub)

She'll chalk 'snub'?!
{'냉대'는 러시아어로 щелчoк이다.}

□ 냉장고(refrigerator)

할라파와 **질**소와 **니크**롬선으로 가득한 냉장고?!
{'냉장고'는 러시아어로 холоди́льник이다.}

래퍼는 **이**기적이고 **조**악한 **꼬**꼬를 요리해서 집어넣었다. 어디에?
물론 냉장고에?!
{'냉장고'는 일본어로 冷蔵庫[れいぞうこ]이다.}

□ 냉혹한 자(heartless being)

쌍년은 **끼**까다로이 **흐**느끼는 체하지만 사실은 한없이 냉혹한 자?!
{'냉혹한 자'는 프랑스어로 sans - cœur이다.}

□ 너는 ~이다(you are)

"**Do beast**s love beauty?"라고 묻는 너는 beast인가?!
{'너는 ~이다'는 독일어로 du bist이다.}

뛰어나게 **에**로틱한 너는 에로배우인가?!
{'너는 ~이다'는 프랑스어로 tu es이다.}

□ 너는 가지고 있다(you have)

두더지의 **하**루는 **스트**레스로 가득하다는 생각을 너는 가지고 있다?!
{'너는 가지고 있다'는 독일어로 du hast이다.}

뛰어난 **아**이디어를 너는 가지고 있다?!
{'너는 가지고 있다'는 프랑스어로 tu as이다.}

□ 너는 가지고 있지 않다(you don't have)

뛰다가 **나**는 **빠**졌다. 그런 나에 대해 일말의 동정심도 너는 가지고 있지 않다?!
{'너는 가지고 있지 않다'는 프랑스어로 tu n'as pas이다.}

□ 너무(too)

아줌마의 **말이** 특별해? 그것도 너무?!
{'너무'는 일본어로 あまり이다.}

□ 너무 뻐기지 마라(don't be such a brag)

아줌마에게 **말이**, "**의 바**보야, **루**머가 **나**돌고 있어! 그러니 너무
뻐기지 마?!"
{'너무 뻐기지 마라'는 일본어로 あまりいばるな이다.}

□ 너의 시간(your time)

똥개들이 **땅**에 가득해서 힘든 젊은 너의 시간?!
{'너의 시간'은 프랑스어로 ton temps이다.}

□ 널리(widely)

쉬리와 **라**스푸틴과 **꼬**꼬의 은밀하고도 부적절한 관계는 알려져
있다. 그것도 아주 널리?!
{'널리'는 러시아어로 широко이다.}

□ 널리 알려지다(become known widely)

악을 라스베이거스에서 **씨**암탉이 **짜**고 치는 고스톱처럼 행하자
도박꾼들에게 널리 알려지는가?!
{'널리 알려지다'는 러시아어로 огласиться(완료체)이다.}

악을 라스베이거스에서 **샤**먼이 **짜**고 치는 고스톱처럼 행하자 도
박꾼들에게 널리 알려지는가?!
{'널리 알려지다'는 러시아어로 оглашаться(불완료체)이다.}

□ 넓은(wide)

쉬리와 **로**맨틱하게 **끼**를 부리는 자는 인맥이 넓은가?!
{'넓은'은 러시아어로 широкий이다.}

□ 넓은 세계(the wide world)

Elevator **안**이란 **초**등학생이 **문**도 제대로 열지 못하는 바보임이 드러나자 한때 여기저기에서 천재라고 치켜세우던 그는 결국 꽈리고추를 입에 물고 철수했다. MBA의 아름다운 바람을 타고 블랙 코미디의 넓은 세계로?!
{'넓은 세계'는 스페인어로 el ancho mundo이다.}

□ 넘어가다(go over)

판사는 **위**선적인 **에**로티시즘으로 이재법(理財法)의 용달차에 기생하는 정형적인 식충이처럼 맘몬에게만은 한없는 자비를 베풀고, 이에 대한 보답으로 맘몬이 자신의 애완견들로 가득한 로펌으로 오라고 손짓을 하자 판사는 얼씨구나 하면서 악마에게 영혼을 판 새처럼 거기로 넘어가는가?!
{'넘어가다'는 중국어로 翻越[fānyuè]이다.}

□ 네 꿈(your dream)

똥개들이 **he**n의 **브**라에 숨어서 사람들의 피를 빠는 것이 그 잘난 네 꿈?!
{'네 꿈'은 프랑스어로 ton rêve이다.}

□ 네가 뭘 알아?(what the hell do you know?)

A: **니**체의 **똥**에서는 **끼**면 **피**가 나오지?
B: 네가 뭘 알아?!
{'네가 뭘 알아?'는 중국어로 你懂个屁[nǐdǒnggèpì]이다.}

□ 노년(old age)

비열하고 **에**로틱한 **예스**맨에게 닥친 노년?!
{'노년'은 프랑스어로 vieillesse이다.}

□ 노닥거리다(fool around)

둘이 찌찌를 만지면서 노닥거리는가?!
{'노닥거리다'는 러시아어로 дурить(불완료체)이다.}

□ 노동(labor)

로맨틱한 **도**둑들은 결코 하지 않는 노동?!
{'노동'은 일본어로 労働[ろうどう]이다.}

□ 노력하다(make an effort)

누리는 자들은 누리지 못하는 자들을 노예로 만들려고 노력하는가?!
{'노력하다'는 중국어로 努力[nǔlì]이다.}

□ 노망한(gaga)

가장 **가**소로운 자는 노망한 것인가?!
{'노망한'은 영어와 프랑스어로 gaga이다.}

□ 노예(slave)

큰애의 **히트**작은 〈제 발등 찍는 노예들〉?!
{'노예'는 독일어로 Knecht이다.}

누리는 자들은 돈과 권력의 노예들, 누리지 못하는 자들은 돈과 권력의 노예들의 노예들?!
{'노예'는 중국어로 奴隶[núlì]이다.}

No도 **ye**s도 하지 못하는 자들이 바로 노예들?!
도레미 song을 부르는 노예들?!
{'노예'는 일본어로 奴隷[どれい]이다.}

□ 노벨상을 받다(win a Nobel Prize)

더럽게 **누워**먹는 **베이**비들과 **얼**간이들을 **찌**그러뜨리는 **앙**상블로
써 평화로 가는 문을 활짝 연 자들은 노벨상을 받는가?!

{'노벨상을 받다'는 중국어로 得诺贝尔奖[dénuòbèi'ěrjiǎng]이다.}

□ 노블레스 오블리주(noblesse oblige)

Nobel's **bless**ing **o**mits **bli**thering **Ju**das?!

{'노블레스 오블리주'는 귀족은 귀족답게 행동해야 한다는 뜻이다.}

□ 노예근성(servility)

빠구리에다 **다**수와 **바**람난 **스트**리퍼와 **라스**푸틴에게 **찌**그러져서
예예 하는 노예근성?!

{'노예근성'은 러시아어로 подобострастие이다.}

□ 노예제도(slavery)

랍비가 **스트**리퍼들과 **바**보들을 위해 자신을 희생해서 폐지한 노
예제도?!

{'노예제도'는 러시아어로 рабство이다.}

□ 노크하다(knock)

빠구리로 **스**스럼없는 **뚜**쟁이는 **찾지**도 않았는데 와서 노크하는가?!

{'노크하다'는 러시아어로 постучать(완료체)이다.}

□ 노하게 하다(infuriate)

Курица[**꾸**리짜]의 **후**안무치한 **sex**는 사람들을 노하게 하는가?!

{'노하게 하다'는 프랑스어로 courroucer이다.}

□ 노하여 **꾸**짖다(scold in anger)

눈다가 **마**침 휴지가 없음을 깨닫고 노하여 **꾸**짖는가?!

{'노하여 **꾸짖**다'는 중국어로 **怒罵**[nùmà]이다.}

□ 노후(old age)

로맨틱하지도 **고**상하지도 않은 지옥 같은 노후?!
{'노후'는 일본어로 **老後**[ろうご]이다.}

□ 녹(rust, aerugo)

이루고 나면 생기는 녹?!
{'녹'은 영어로 aerugo이다.}

사비로 제거한 녹?!
{'녹'은 일본어로 **錆**[さび]이다.}

□ 녹색을 띤(greenish)

진리나 받드는 **이**가 사기를 쳐서 창조한 조류는 녹색을 띠는가?!
{'녹색을 띤'은 러시아어로 **зеленоватый**이다.}

□ 녹다(melt)

따뜻한 **이** **찌**찌를 만지면 누구라도 녹는가?!
{'녹다'는 러시아어로 **таять**(불완료체)이다.}

남아는 **스**스럼없는 여아에게 녹는가?!
{'녹다'는 히브리어로 **נמס**[namas]이다.}

□ 놀고 있다(am/are/is playing)

아가씨들에게 **손대**면서 **이**렇게 <u>roo</u>m에서 놀고 있는가?!
{'놀고 있다'는 일본어로 **遊んでいる**[あそんでいる]이다.}

□ 놀라게 하다(amaze, astonish, surprise)

우아하고도 **지**고지순한 **비**너스의 **찌**찌는 큐피드를 놀라게 하는가?!
{'놀라게 하다'는 러시아어로 **удивить**(완료체)이다.}

이들이 **주**님을 **믿지** 않는 것은 주님을 놀라게 하는가?!

{'놀라게 하다'는 러시아어로 ИЗУМ**И**ТЬ(완료체)이다.}

빨아서 **지**저분한 **찌**찌는 누구를 놀라게 하는가?!

{'놀라게 하다'는 러시아어로 ПОРАЗ**И**ТЬ(완료체)이다.}

빨아서 **자**지러진 **찌**찌는 누구를 놀라게 하는가?!

{'놀라게 하다'는 러시아어로 ПОРАЖ**А**ТЬ(불완료체)이다.}

에로티시즘은 **또**한 **내**시들도 즐긴다면 이는 누구를 놀라게 하는가?!

{'놀라게 하다'는 프랑스어로 étonner이다.}

에로틱한 **빠**구리와 **떼**도둑은 누구를 놀라게 하는가?!

{'놀라게 하다'는 프랑스어로 épater이다.}

□ 놀라다(be amazed, be surprised)

우아하고도 **지**고지순한 **비**너스의 **짜**고 치는 고스톱에 큐피드는 놀라는가?!

{'놀라다'는 러시아어로 УДИВ**И**ТЬСЯ(완료체)이다.}

이들이 **주**님을 **믿자** 주님이 놀라는가?!

{'놀라다'는 러시아어로 ИЗУМ**И**ТЬСЯ이다.}

Sex는 **또**한 **내**시들도 즐긴다고 하니 누가 놀라는가?!

{'놀라다'는 프랑스어로 s'étonner이다.}

□ 놀라운(stunning)

빠뜨리는 **싸**움닭과 **유**명한 **쉬**리의 관계는 그저 놀라운가?!

{'놀라운'은 러시아어로 ПОТРЯС**А**ЮЩИЙ이다.}

□ 놀라운 일(marvel)

지저분한 **꼬**꼬가 **비**열한 **나**라에서 창조한 놀라운 일?!

{'놀라운 일'은 러시아어로 ДИК**О**ВИНА이다.}

□ 놀람(surprise)

하프 타는 **아**가씨가 갑자기 하프 위에 올라타자 그야말로 놀람?!

{'놀람'은 히브리어로 הַפְתָּעָה[haftaah]이다.}

□ 놀이(play)

요망하고도 **우**매한 **씨**암탉이 즐기는 사악한 놀이?!
{'놀이'는 중국어로 游戏[yóuxì]이다.}

아줌마에게 **소비**는 놀이?!
{'놀이'는 일본어로 遊び[あそび]이다.}

미친년이 **스**스럼없이 **학**생들을 죽인 것은 그야말로 잔학무도한 놀이?!
{'놀이'는 히브리어로 מִשְׂחָק[mishaq]이다.}

놀이가 끝나자 **조**를 **깠다**?!
{'놀이'는 이탈리아어로 giocata이다.}

□ 농담(joke)

Jezebel **o**nly **k**nows **e**cstasy?!
{'농담'은 영어로 joke이다. 이세벨(Jezebel)은 이스라엘의 왕 아합의 아내로 백성들에게 우상숭배를 강요하였다. 영어에서 Jezebel은 성적으로 부정한 여자라는 뜻으로도 사용된다.}

Shoot을 **까**는 농담?!
{'농담'은 러시아어로 шутка이다.}

조년이 **당**신들에게 하는 말은 그야말로 허무한 농담?!
{'농담'은 일본어로 冗談[じょうだん]이다.}

찬사를 받은 농담?!
{'농담'은 스페인어로 chanza이다.}

충고인지 농담인지?!
{'농담'은 스페인어로 chungo이다.}

□ 농담하다(joke)

Jezebel **o**rgasms, **k**illing **e**verybody?!
{'농담하다'는 영어로 joke이다.}

빠르게 **슈**크림을 **찌찌**에 바르면서 농담하는가?!

{'농담하다'는 러시아어로 **пошутить**(완료체)이다.}

슈크림을 **찌찌**에 바르면서 농담하는가?!
{'농담하다'는 러시아어로 **шутить**(불완료체)이다.}

씨암탉 **앤** 날마다 농담하는가?!
{'농담하다'는 중국어로 戏言[xìyán]이다.}

바디(body)를 **내**놓으면 왜인지 사인해 주겠다는 폭력적인 국가의
병사(soldier)여! 지금 농담하는가?!
{'농담하다'는 프랑스어로 badiner이다.}

□ 농부(farmer, peasant)

무모하고도 **지**저분한 criminal들에 의해 살해된 농부?!
{'농부'는 러시아어로 **мужик**이다.}

노는계집과 **후**레자식들에게 살해된 농부?!
{'농부'는 일본어로 農夫[のうふ]이다.}

□ 높이(height)

높이에서 쓰레기들이 싼 똥의 대가는 천문학적으로 **비쌌다**?!
{'높이'는 러시아어로 **высота**이다.}

코마의 높이?!
{'높이'는 히브리어로 הקומה[qomah]이다.}

□ 높이다(raise up)

오르가슴은 **se**x의 질을 높이는가?!
{'높이다'는 프랑스어로 hausser이다.}

Egg를 **조**금 **se**xy하게 높이는가?!
{'높이다'는 프랑스어로 exhausser이다.}

□ 놓아주다(let go of)

뿌듯하고도 **스**스럼없이 **찌찌**를 놓아주는가?!
{'놓아주다'는 러시아어로 **пустить**(완료체)이다.}

뿌듯하고도 **스**스럼없이 **까**만 **찌**찌를 놓아주는가?!
{'놓아주다'는 러시아어로 пускать(불완료체)이다.}

□ 뇌(brain)

모스크바에서 다친 뇌?!
{'뇌'는 러시아어로 мозг이다.}

나긋하게 **오**르가슴을 느끼는 뇌?!
{'뇌'는 중국어로 脑[nǎo]이다.}

□ 뇌물(bribe)

브라가 **자**기기만적으로 **뜨**거운 **까**마귀에게 갔다면 그것은 뇌물?!
{'뇌물'은 러시아어로 взятка이다.}

회의를 **일루**에서 하기 위한 뇌물?!
{'뇌물'은 중국어로 贿赂[huìlù]이다.}

Y로에서 받은 뇌물?!
{'뇌물'은 일본어로 贿赂[わいろ]이다.}

꼬꼬가 **이**렇게 **마**녀와 함께 받은 뇌물?!
{'뇌물'은 스페인어로 coima이다.}

□ 뇌사(brain death)

나오다가 **S**mith에게 발생한 뇌사?!
{'뇌사'는 중국어로 脑死[nǎosǐ]이다.}

노는계집의 **시**시한 뇌사?!
{'뇌사'는 일본어로 脑死[のうし]이다.}

□ 뇌하수체(pituitary)

피곤한 **투어**에 **테리**를 데리고 간 뇌하수체?!
{'뇌하수체'는 영어로 pituitary이다.}

□ 누구(who)

끝도 없이 사기를 치는 자는 누구?!
{'누구'는 러시아어로 кто이다.}

끼가 있는 자는 누구?!
{'누구'는 프랑스어로 qui이다.}

□ 누군가(somebody)

얘만 트림한다고 말한 누군가?!
{'누군가'는 독일어로 jemand이다.}

누군가를 제대로 **알기엔**?!
{'누군가'는 스페인어로 alguien이다.}

□ 누리(world)

노구는 **리**어카를 끌면서 힘겹게, 누구는 리무진을 타면서 신나게
사는 세상?!
{'누리'는 세상을 의미한다.}

□ 누워(lie down)

Курица[꾸리짜]와 **쉬**리가 개들에게 명령했다. "누워?!"
{'(개에게 하는 명령) 누워'는 러시아어로 куш이다.}

□ 눈(eye)

아인슈타인의 상대적인 눈?!
{'눈'은 히브리어로 ע‏‏ין[ain]이다.}

□ 눈보라(blizzard)

비유가 어려운 눈보라?!
{'눈보라'는 러시아어로 вьюга이다.}

□ 눈에 띄게 성장하다(grow up visibly)

지앤피(GNP)로 **장**난치는 주제에 도대체 뭐가 눈에 띄게 성장했다는 거지?!

{'눈에 띄게 성장하다'는 중국어로 见长[jiànzhǎng]이다.}

□ 눈에 보이다(appear)

빠른 **미래**에 **쉬**리가 **짜**고 치는 고스톱처럼 매운탕 속으로 사라지는 것이 눈에 보이는가?!

{'눈에 보이다'는 러시아어로 помере́щиться(완료체)이다.}

미래에 **쉬**리가 **짜**고 치는 고스톱처럼 매운탕 속으로 사라지는 것이 눈에 보이는가?!

{'눈에 보이다'는 러시아어로 мере́щиться(불완료체)이다.}

□ 눈짓하다(wink)

미가 찌찌에게 눈짓하는가?!

{'눈짓하다'는 러시아어로 мига́ть(불완료체)이다.}

미는 그 **누**나의 **찌**찌에 눈짓하는가?!

{'눈짓하다'는 러시아어로 мигну́ть(일회체)이다.}

□ 눌리다(burn a little)

Prison에서 **빨리**는 **찌**찌는 눌리는가?!

{'눌리다'는 러시아어로 припали́ть(완료체)이다.}

Prison에서 **빨리**는 **바**람둥이의 **찌**찌는 눌리는가?!

{'눌리다'는 러시아어로 припа́ливать(불완료체)이다.}

□ 눕다(lie)

탕자는 결국 돼지우리에 눕는가?!

{'눕다'는 중국어로 躺[tǎng]이다.}

□ 뉴스**(news)**

노는계집이 **바**람나서 **스**스럼없이 **찌**찌를 드러내고 다니면 그것이
뉴스인가?!
{'뉴스'는 러시아어로 НОВОСТЬ이다.}

□ 느낌**(feeling)**

추한 **스트**립쇼를 **바**라보는 느낌?!
{'느낌'은 러시아어로 ЧУВСТВО이다.}

□ 늑대**(wolf)**

We **o**nly **l**ove **f**idelity?!
{'늑대'는 영어로 wolf이다. 늑대는 일평생 배우자에 대해 정절을 지키는 동물
이다.}

오빠, **오**빠는 **까**무러치고 **미**치도록 멋있는 늑대야?!
{'늑대'는 일본어로 狼[おおかみ]이다.}

□ 늙다**(grow old)**

비(悲)**에 이**르면 누구라도 늙는가?!
{'늙다'는 프랑스어로 vieillir이다.}

□ 능가하다**(surpass)**

대가리의 **빠**구리와 **se**x는 포르노를 능가하는가?!
{'능가하다'는 프랑스어로 dépasser이다.}

드라마틱한 **방**자의 **se**x는 포르노를 능가하는가?!
{'능가하다'는 프랑스어로 devancer이다.}

□ 능숙한**(skillful)**

아줌마에게서 **빌**어먹는 자들은 하나같이 딸랑거림에 능숙한가?!
{'능숙한'은 프랑스어로 habile이다.}

□ 능숙함(skillfulness)

아빌 **때**리는 자의 패륜적인 능숙함?!
{'능숙함'은 프랑스어로 habileté이다.}

□ 니르바나(Nirvana)

니체가 **르**완다에서 **바나**나를 먹고 도달한 니르바나?!
{'니르바나'는 모든 번뇌에서 벗어나서 영원한 진리를 깨달은 경지를 의미한다.}

□ 다람쥐(squirrel)

아이에게 **혼**난 다람쥐?!
{'다람쥐'는 독일어로 Eichhorn이다.}

Song으로 **슈**크림을 얻은 다람쥐?!
{'다람쥐'는 중국어로 松鼠[sōngshǔ]이다.}

그**리스**도 안에 앙증맞게 숨은 다람쥐?!
{'다람쥐'는 일본어로 栗鼠[りす]이다.}

스승의 **나이**를 묻는 다람쥐?!
{'다람쥐'는 히브리어로 סנאי[snai]이다.}

□ 다리(bridge)

Most famous bridge?!
{'다리'는 러시아어로 МОСТ이다.}

"**Ciao**"하고 인사하는 다리?!
{'다리'는 중국어로 桥[qiáo]이다.}

본때를 보여준 다리?!
{'다리'는 이탈리아어로 ponte이다.}

뽕밭에서 놀던 시궁쥐 형제가 이제는 아버지가 기다리는 큰집으로 가기 위해 건넌 나리?!
{'다리'는 프랑스어로 pont이다.}

[EGR]
[CKJ]
[HGL]
[I S F]

□ 다리를 저는(lame)

흐리멍덩한 **라**스푸틴에게로 **모이**는 자들은 하나같이 다리를 저는 것인가?!

{'다리를 저는'은 러시아어로 хромо**й**이다.}

□ 다스(dozen)

주야로 **쥐**가 **나**불거리면서 사기를 쳐서 천문학적인 돈을 받아먹고 팔아넘긴 연필 한 다스?!

{'다스'는 러시아어로 д**ю**жина이다.}

□ 다시 생각하다(think again)

아줌마는 **두**드려 **맞자** 다시 생각하는가?!

{'다시 생각하다'는 러시아어로 од**у**маться(완료체)이다.}

□ 다투다(quarrel)

Sorry는 **짜**고 치는 고스톱처럼 'I am'과 다투는가?!

{'다투다'는 러시아어로 сс**о**риться(불완료체)이다.}

□ 다행이다(it's fortunate)

욕 같다니 다행이다?!

{'다행이다'는 일본어로 よかった이다.}

땅에 **뮤**직이라도 있어 다행이다?!

{'다행이다'는 프랑스어로 tant mieux이다.}

□ 다행히(fortunately)

Singer는 **que**stion을 **이**해했다. 참으로 다행히?!

{'다행히'는 중국어로 幸亏[xìngkuī]이다.}

□ 닥쳐(shut up)

말장난하는 **치**킨에게 누군가가 말했다. "닥쳐?!"
{'닥쳐'는 러시아어로 **мол**ч**и**이다.}

A: **다 말해**?
B: 닥쳐?!
{'입 닥쳐'는 일본어로 **黙れ**[だまれ]이다.}

□ 단두대(guillotine, scaffold)

에로틱한 **샤**먼의 **포**르노에 **뜨**거워지기 시작한 단두대?!
{'단두대'는 러시아어로 э**ша**ф**от**이다.}

기둥서방의 **요**구로 **떤** 풀고 올라간 단두대?!
{'단두대'는 프랑스어로 guillotine이다.}

□ 단백질(protein)

Hell은 **본**래 그 주성분이 쥐와 닭과 안쓰럽게 발정하는 돼지와
돈벌레들의 단백질?!
{'단백질'은 히브리어로 חלבון[helbon]이다.}

□ 단식(fast)

단식으로 메기가 정말로 굶어 죽을지도 모른다고? 아, **쫌**?!
{'단식'은 히브리어로 צום[zzom]이다.}

Did you know that even a eunuch fasts?!
{'단식'은 이탈리아어로 dig**iu**no이다.}

□ 달(moon)

개츠비의 위대한 달?!
{'달'은 일본어로 月[げつ]이다.}

야밤에 **레**크리에이션을 **하**는 인간적인 달?!
{'달'은 히브리어로 ירח[yareha]이다.}

□ 달구(rammer)

항상 사용하는 달구?!
{'달구'는 중국어로 夯[hang]이다.}

□ 달라붙다(press oneself against)

Prison에서 **쥐**는 **맞자**마자 쥐구멍으로 달라붙는가?!
{'달라붙다'는 러시아어로 прижиматься(불완료체)이다.}

□ 달맞이꽃(evening primrose)

쥐와 **씨**암탉의 **에**로틱한 도둑질이 끝나고 마침내 피어난 달맞이꽃?!
{'달맞이꽃'은 프랑스어로 jussiée이다.}

□ 닭똥(hen droppings)

지저분하고 **fun**한 닭똥?!
{'닭똥'은 중국어로 鸡粪[jīfèn]이다.}

개들이 **훈**장을 받기 위해 충성스럽게 먹어 치운 것은 쥐똥과 닭똥?!
{'닭똥'은 일본어로 鶏糞[けいふん]이다.}

가증스런 **이**들이 **나**라에 **싸** 놓은 것은 심하게 구린 닭똥?!
{'닭똥'은 스페인어로 gallinaza이다.}

□ 담배(tobacco)

터부룩한 **배**신자들이 **코**미디처럼 값을 올린 담배?!
{'담배'는 영어로 tobacco이다.}

따분한 **바**보들이 **크**나큰 이익을 위해 값을 올린 담배?!
{'담배'는 러시아어로 табак이다.}

따분한 **바**보들이 **꼬**꼬의 이익을 위해 값을 올린 담배?!
{'담배'는 스페인어로 tabaco이다.}

따분한 **바**보들이 자신들의 이익을 위해 값을 올린 담배?!
{'담배'는 프랑스어로 tabac이다.}

□ 당국(authority)

나불거리는 **찰**스는 뜨악한 **바**보 그 이상도 그 이하도 아니라고 규정한 당국?!

{'당국'은 러시아어로 начальство이다.}

□ 당근(carrot)

싸움닭의 **나**라에서 **오리**들이 **야**비하게 설치는 것은 그야말로 당근?!

{'당근'은 스페인어로 zanahoria이다.}

□ 당분간(for now)

잔인한 **치**킨의 **에**로티시즘은 계속된다. 당분간?!

{'당분간'은 중국어로 暂且[zànqiě]이다.}

□ 당사자(the party concerned)

도둑년과 **지**저분한 **샤**먼이 바로 문제의 당사자?!

{'당사자'는 일본어로 当事者[とうじしゃ]이다.}

□ 당신들에게(to you)

밤이 당연히 찾아올 것이다. 밤은 미래로 당나귀처럼 내딛는 척하면서 손은 자한(自汗)적으로 당당한 까마귀처럼 추악한 과거를 보물처럼 움켜쥐고 있는 당신들에게?!

{'당신들에게'는 러시아어로 вам이다.}

□ 당신들은 가지고 있다(you have)

부자들은 **배**가 불렀다. 배고픈 자들에 대한 관심을 당신들은 가지고 있는가?!

{'당신들은 가지고 있다'는 프랑스어로 vous avez이다.}

□ 당신들은 달렸어야 했는데(you ought to have run)

부조리로 애물단지처럼 **뒤**바뀐 ку**рица**[**꾸리**]짜가 **흐**리멍덩할수록 더욱더 치열하게 당신들은 달렸어야 했는데?!

{'당신은 달렸어야 했는데'는 프랑스어로 vous auriez dûcourir이다.}

□ 당연하다(no wonder)

니체에게 **무들이** **노**란 단무지로 변하는 것을 알고 있는지 묻자 그는 대답했다. "당연하다?!"

{'당연하다'는 러시아어로 не мудрен**о**이다.}

난쟁이들이 **꽈**배기처럼 **이**렇게 배배 꼬여 있는 것도 당연한가?!

{'당연하다'는 중국어로 难怪[nánguài]이다.}

□ 당연한 귀결(corollary)

Coral Larry calls a corollary?!

{'당연한 귀결'은 영어로 c**o**rollary이다.}

□ 당직근무 하다(be on duty)

제대로 **주리**면서 **찌**그러진 우리 시대의 영웅들은 당직근무 하는가?!

{'당직근무 하다'는 러시아어로 деж**у**рить(불완료체)이다.}

□ 당황하게 하다(embarrass, flummox)

플러스를 **먹**고 **스**스럼없이 마이너스를 토하는 자는 누구를 당황하게 하는가?!

{'당황하게 하다'는 영어로 fl**u**mmox라고도 한다.}

대장의 **빠**구리 **레**이스는 부하들을 당황시키는가?!

{'당황하게 만들다'는 프랑스어로 désemparer이다.}

F 아래 학점은 학생을 당황하게 하는가?!

{'당황하게 하다'는 프랑스어로 effarer이다.}

□ 당황하다(get embarrassed)

Smooth하게 **찌**찌를 **짜**면 젖소가 당황하는가?!
{'당황하다'는 러시아어로 смутиться(완료체)이다.}

Smooth하게 **샤**먼이 **짜**내면 누가 당황하는가?!
{'당황하다'는 러시아어로 смущаться(불완료체)이다.}

□ 대기업(big company)

대단한 **기**만행위의 **업**보로 결국 역사 속으로 사라질 대기업?!

□ 대답(answer)

Hen이 **뽕**을 **스**스럼없이 하는가에 대한 무언의 대답?!
{'대답'은 프랑스어로 réponse이다.}

□ 대답이 없다(remain unanswered)

뿌잉뿌잉 해도 대답이 없는가?!
{'대답이 없다'는 중국어로 不应[bùyìng]이다.}

□ 대답하시오(answer)

Hen은 **뽕**을 **대**낮에 그것도 호텔에서 맞습니까? 대답하시오?!
{'대답하시오'는 프랑스어로 répondez이다.}

□ 대령(colonel)

빨리 **꼽**으니 **Nick**은 분명히 대령?!
{'대령'은 러시아어로 полко́вник이다.}

□ 대머리(bald head)

대머리인가? 그렇다면 가발을 **하게**?!
{'대머리'는 일본어로 禿[はげ]이다.}

깔보기에는 너무나 빛나는 대머리?!
{'대머리'는 이탈리아어와 스페인어로 calvo이다.}

□ 대상(grand prix)

그랑 prison에서 재회해서 행복한 그녀는 그야말로 창조적인 연애(戀愛) 대상?!
{'대상'은 프랑스어로 grand prix이다.}

□ 대수도원(abbey)

애비가 기도하는 대수도원?!
{'대수도원'은 영어로 a̲bbey이다.}

□ 대수학(algebra)

LG(Life Guards) **bro**thers study algebra?!
{'대수학'은 영어로 a̲lgebra이다.}

알몸과 **헤브라**이즘 사이의 관계처럼 난해한 대수학?!
{'대수학'은 스페인어로 ál gebra이다.}

□ 대식가(gourmand, glutton)

앞에서 **지랄**하면서 **라**면을 먹는 대식가?!
{'대식가'는 러시아어로 обжира̲ла이다.}

□ 대실패(fiasco)

피곤한 **에스**더에게 **코**피까지 나게 만든 대실패?!
{'대실패'는 영어로 fia̲sco이다.}

□ 대양(ocean)

악기 안에서 발견된 대양?!
{'대양'은 러시아어로 океа̲н이다.}

오르가슴과 **se**x의 **앙**상블로 건넌 아름다운 대양?!
{'대양'은 프랑스어로 océa̲n이다.}

□ 대자본가(magnate)

막으나 **트**림만은 막을 수 없는 대자본가?!
{'대자본가'는 러시아어로 магнат이다.}

□ 대장균(E. coli)

의따금 **콜라**에서도 **의**렇게 발견되는 대장균?!
{'대장균'은 영어로 E. coli이다.}

□ 대접받다(be treated)

우가는 **샤**먼에게서 **짜**고 치는 고스톱처럼 특별하게 대접받는가?!
{'대접받다'는 러시아어로 угощаться(불완료체)이다.}

□ 대증요법(allopathy)

얼간이가 **라**스베이거스에서 **퍼**마시다가 **시**름시름 앓자 시도한 것
은 대증요법?!
{'대증요법(對症療法)'은 영어로 allopathy이다.}

□ 대충 씻다(wash roughly)

씨암탉은 **바**보처럼 뭐든지 대충 씻는가?!
{'대충 씻다'는 중국어로 洗巴[xǐba]이다.}

□ 대칭(symmetry)

Die와 **show**는 대칭인가?!
{'대칭'은 일본어로 対称[たいしょう]이다.}

□ 대통령(president)

People **r**emember **e**phemeral **s**uccess **i**nvolves **d**eception,
effrontery, **n**astiness&**t**error?!
Please **r**emember **e**ternal **s**uccess **i**nvolves **d**evotion, **e**mpa-

thy, <u>n</u>obleness&<u>t</u>ruth?!

{'대통령'은 영어로 pr<u>e</u>sident이다.}

나라에서 **씨**암탉이 울면 어떻게 되는지를 실천적으로 보여준 대통령?!

{'대통령'은 히브리어로 נשׂיא[nasi]이다.}

프랑스의 **레**지스탕스는 **지**적한다. "**당**신은 과연 정상적인 대통령인가?!"

{'대통령'은 프랑스어로 pr<u>é</u>sident이다.}

□ 대한계년사(Daehan Gyenyonsa)

대단히 **한**심한 **개년**(改年)에 **사**기로 나라가 망할 수도 있음을 보여주는 대한계년사?!

{'대한계년사(大韓季年史)'는 독립협회 간부였던 정교(鄭喬)가 고종 원년(1864년)부터 1910년 국권 강탈까지 47년 동안의 역사를 쓴 책이다.}

□ 더 나쁜(worse)

후레자식이 <u>J</u>enny를 탐내는 것은 무엇보다 더 나쁜가?!

{'더 나쁜'은 러시아어로 хуже이다.}

□ 더 많은(more)

마스터베이션하는 자는 수많은 창문에 김이 서릴 무렵 여기저기에서 떡볶이가 익어 가는 길에 의외로 더 많은가?!

{'더 많은'은 스페인어로 m<u>á</u>s이다.}

□ 더 오래(longer)

돌대가리 <u>c</u>hef는 요리를 한다. 그것도 더 오래?!

{'더 오래'는 러시아어로 дольше이다.}

□ 더러운(dirty)

앙드레는 **짱**돌에 맞아 더러운가?!

{'더러운'은 중국어로 肮脏[angzang]이다.}

쌀 수 없는 곳에 싸는 것은 얼마나 더러운가?!
{'더러운'은 프랑스어로 sale이다.}

□ 더러움**(impurity)**

니체는 **치**킨의 **스**스럼없는 **따따**따 소리에 이렇게 말했다. "더러움?!"
{'더러움'은 러시아어로 нечистота이다.}

□ 더없이 행복한**(blissful)**

배아줄기세포 연구가 성공하면 난치병 환자들은 더없이 행복한가?!
{'더없이 행복한'은 프랑스어로 béat이다.}

□ 더하다**(add)**

Prison에서 **밥이 찌**개보다 더 많이 나온다고 죄수들이 투덜거리
자 다음부터는 찌개를 더하는가?!
{'더하다'는 러시아어로 прибавить(완료체)이다.}

아주머니는 **떼**도둑에게 도둑질의 즐거움을 더하는가?!
{'더하다'는 프랑스어로 ajouter이다.}

□ 덕분에**(thanks to you)**

A: **옷가게**에 **사마**귀를 **데**리고 갔더니 대박이 났군요?
B: 덕분에?!
{'덕분에'는 일본어로 おかげさまで이다.}

□ 던지다**(throw)**

브라를 **싸**구려 **찌**찌에게 던지는가?!
{'던지다'는 러시아어로 бросать(불완료체)이다.}

제 딸애가 절 닮아서 그런지 땅콩 봉지는 제대로 못 까도 물병은
좀 던져요?!
{'던지다'는 이탈리아로 gettare이다.}

□ 덩어리(lump)

꼼수를 쓰는 것들은 하나같이 비리 덩어리?!
{'덩어리'는 러시아어로 KOM이다.}

□ 도그마(dogma)

Dog마저 성직자가 될 수 있다고 주장하는 도그마?!
{'도그마'는 영어로 dogma이다.}

□ 도대체 **Jo**의 아들이 뭐야?!(what the hell is Jo's son?!)

□ 도서관(library)

씨암탉이 **free**하게 **야**동을 보고 있는 도서관?!
{'도서관'은 히브리어로 **ספריה**[sifriyah]이다.}

□ 도치법(inversion)

"**도**둑놈들과 **치**킨이 **법**을 걸레로 만들었다!"를 "법을 걸레로 만들었다. 도둑놈들과 치킨이!"라고 표현하는 것이 도치법?!

□ 독거(living alone)

독거노인의 종교는 기**독교**?!
{'독거'는 일본어로 独居[どっきょ]이다.}

□ 독립(independence)

둘이서 독립?!
{'독립'은 중국어로 独立[dúlì]이다.}

□ 독실한(devout)

대단해 **보**이는 악당들의 경우 성불구적인 추행을 즐긴 후 들통이 나면 여론의 파리채를 피해 안테나에 근근이 매달린 똥파리처럼 위선적으로 손을 비비면서 self 회개를 즐길 정도로 독실한가?!

{'독실한'은 프랑스어로 dévot이다.}

□ 독재자(dictator)

로맨틱하게 **단**두대에서 목이 잘린 독재자?!

{'독재자'는 히브리어로 רודן[rodan]이다.}

□ 독점(monopoly)

독생자는 신의 사랑을 독점?!

{'독점'은 일본어로 独占[どくせん]이다.}

□ 독창적인 견해(creative opinion)

추앙함으로써 **지엔**피를 성장시킬 수 있다는 독창적인 견해?!

{'독창적인 견해'는 중국어로 创见[chuàngjiàn]이다.}

□ 돈을 걸다(bet)

뽕밭에서 **떼**도둑은 돈을 거는가?!

{'돈을 걸다'는 프랑스어로 ponter이다.}

□ 돈을 벌다(make money)

정치엔 무능한 의원들은 그야말로 돈벌레처럼 돈만 버는가?!

{'돈을 벌다'는 중국어로 挣钱[zhèngqián]이다.}

□ 돌고래(dolphin)

의루까지 나간 돌고래?!

{'돌고래'는 일본어로 海豚[いるか]이다.}

□ 돌리다(turn)

아브라함은 **찌**찌를 돌리는가?!
{'돌리다'는 러시아어로 обратить(완료체)이다.}

아브라함은 **샤**먼의 **찌**찌를 돌리는가?!
{'돌리다'는 러시아어로 обращать(불완료체)이다.}

□ 돌아가다(return)

모든 **도둑**들은 **루**머처럼 큰집으로 돌아가는가?!
{'돌아가다'는 일본어로 戻る[もどる]이다.}

□ 돌아보다(turn)

아가씨의 **브라**를 **찢**자 누가 그쪽으로 돌아보는가?!
{'돌아보다'는 러시아어로 обратиться(완료체)이다.}

□ 돌아오다(return)

바라던 **찌**찌를 **짜**기 위해 젖소가 돌아오는가?!
{'돌아오다'는 러시아어로 воротиться(완료체)이다.}

□ 돌출하다(stick out)

따르던 **차**에서 **찌**찌가 돌출하는가?!
{'돌출하다'는 러시아어로 торчать(불완료체)이다.}

□ 돌팔이 의사(quack)

Quixotically&**u**nlawfully **a**bsurd **c**onfidence **k**ills?!
{'돌팔이 의사'는 영어로 quack이다.}

□ 돌풍(gust)

빠르게 〈**If**〉를 부르며 지나간 돌풍?!
{'돌풍'은 러시아어로 порыв이다.}

□ 동결은 소벽을 자유롭게 한다?!(freeze frees frieze?!)

□ 동공(pupil)

통째로 **콩**을 그것도 봉지에 담긴 상태로 먹으라고 주자 갑갑한
질문을 하면서 커진 낙하산병의 동공?!
{'동공'은 중국어로 瞳孔[tóngkǒng]이다.}

도둑 **꼬**꼬가 큰집에 갇히게 되었을 때 커진 동공?!
{'동공'은 일본어로 瞳孔[どうこう]이다.}

□ 동요(commotion)

애무와 선정적인 동요?!
{'동요'는 프랑스어로 émoi이다.}

□ 동정(sympathy)

싸움닭처럼 **추**한 **st**ripper의 **비**극적인 **예**술에 대한 동정?!
{'동정'은 러시아어로 сочувствие이다.}

도둑들에게는 **조**금도 가지기 어려운 동정?!
{'동정'은 일본어로 同情[どうじょう]이다.}

□ 동종요법(homeopathy)

호주와 **미**국에서 **아**줌마가 **퍼**마시다가 **시**름시름 앓자 시도한 것
은 동종요법?!
{'동종요법(同種療法)'은 영어로 homeopathy이다.}

□ 동쪽(east)

희극적으로 **가시**나 발라먹고 싶을 때 생선의 머리는 바로 에덴
의 동쪽?!
{'동쪽'은 일본어로 ひがし이다.}

□ 되는대로(at random)

Now **got** it at random?!

{'되는대로'는 러시아어로 наугад이다.}

Now **do**dgers **chew** at random?!

{'되는대로'는 러시아어로 наудачу이다.}

□ 두 배의(double)

Car를 **fool**이 운전하면 사고 위험은 최소 두 배?!

{'두 배의'는 히브리어로 כפול[kaful]이다.}

도둑들에게 **표** 준 홍당무들의 IQ는 기껏해야 붕어의 두 배?!

{'두 배의'는 이탈리아어로 doppio이다.}

□ 두 사람(two persons)

후레자식의 **딸이** 사귄 두 사람?!

{'두 사람'은 일본어로 ふたり이다.}

□ 두고 보자(just you wait)

빠르게 **가지**만 결국 다음 횡단보도에서 만나게 되니 어디 두고 보자?!

{'두고 보자'는 러시아어로 погоди이다.}

□ 두께(thickness)

딸과 **쉬**리와 **나**라를 개판으로 만든 주제에 도무지 부끄러운 줄을 모르고 그야말로 자유로운 한간(漢奸)처럼 당당한 자들의 얼굴에 깔린 철판의 두께?!

{'두께'는 러시아어로 толщина이다.}

□ 두더지(mole)

몰래 다니는 두더지?!

{'두더지'는 영어로 mole이다.}

□ 두드러기(nettle rash, urticaria)

호로 새끼가 루시퍼에게 기도했다. "황당하리만큼 교활한 나는 해병대를 지원해도 될 정도로 건강하지만 감쪽같이 미필이 되어서 잘 먹고 잘살고 싶어요. 어떻게 하면 좋을까요?" 루시퍼가 힌트를 주었다. "두드러기?!"
{'두드러기'는 일본어로 ほろせ이다.}

□ 두려워하다(be afraid)

바보들은 **야**비하게 **짜**고 치는 고스톱처럼 도둑질을 하다가 주의 날이 도적 같이 임할 것이라는 말씀을 듣고 두려워하는가?!
{'두려워하다'는 러시아어로 боя́ться(불완료체)이다.}

아빠는 **싸**다가 **짜**고 치는 고스톱처럼 휴지가 없음을 깨닫고 뒷일을 두려워하는가?!
{'두려워하다'는 러시아어로 опаса́ться(불완료체)이다.}

□ 두려워하라(be afraid)

Boy여! **샤**먼이 닭을 가지고 놀 때 양계장은 그야말로 개판이 된다는 것을 두려워하라?!
{'두려워하라'는 러시아어로 бо́йся이다.}

□ 둘 다(both)

오르가슴을 **바**라는 것은 둘 다인가?!
{'둘 다'는 러시아어로 о́ба이다.}

□ 뒤로(back)

아브라함이 **뜨**거워진 **나**머지 갑자기 뒤로?!
{'뒤로'는 러시아어로 обра́тно이다.}

151

[EGR]
[CKJ]
[HGL]
[ISF]

□ 뒤에서(from behind)

자지로 뒤에서?!
{'뒤에서'는 러시아어로 сзади이다.}

□ 뒤집다(subvert)

판사는 쓰레기 같은 판결로 정의를 갈망하는 국민들의 속을 뒤집는가?!
{'뒤집다'는 중국어로 翻[fan]이다.}

□ 뒤통수 때리기(back - stabbing)

아줌마와 **글라**스와 **우**박과 **쉬**리의 **나**라에서는 그야말로 일상이 되어버린 뒤통수 때리기?!
{'뒤통수 때리기'는 러시아어로 оглоушина이다.}

□ 드러나다(get revealed)

아브라함의 **나루**에서 **쥐**가 **짜**고 친 고스톱의 진실이 드러나는가?!
{'드러나다'는 러시아어로 обнаружиться(완료체)이다.}

□ 드레퓌스(Dreyfus)

Democracy **r**emembers **e**phemeral **y**earning **f**or **u**biquitous **s**adism?!
{'드레퓌스(1859 - 1935)'는 유태계 프랑스 육군 포병대위로서 1894년에 독일 첩자라는 혐의로 유죄 선고를 받았다. 1906년에 무죄를 인정받고 복직되었다.}

□ 들어 올리다(hike up)

자지만으로도 **드**라마틱한 **라**스푸틴은 **찌**찌를 들어 올리는가?!
{'들어 올리다'는 러시아어로 задрать(완료체)이다.}

자지로 **라**스푸틴은 **찌**찌를 들어 올리는가?!
{'들어 올리다'는 러시아어로 задирать(불완료체)이다.}

□ 들이붓다**(pour)**

아까부터 **찌찌**에 물을 들이붓는가?!
{'들이붓다'는 러시아어로 ОКАТИТЬ(완료체)이다.}

아까부터 **치**킨은 **바**보처럼 **찌**찌에 물을 들이붓는가?!
{'들이붓다'는 러시아어로 ОКа́чивать(불완료체)이다.}

□ 등대**(lighthouse)**

마약의 바다에 빠진 자들에게 빛을 비추는 등대?!
{'등대'는 러시아어로 Мая́К이다.}

□ 등을 기대다**(lean one's back)**

싸움닭과 **도**둑들은 **se**xy하게 서로 등을 기대는가?!
{'등을 기대다'는 프랑스어로 s'adosser이다.}

□ 디엔에이**(DNA)**

Die **N**ever! **A**men?!
{'DNA'는 deoxyribonucleic acid(디옥시리보핵산)이란 뜻이다.}

□ 따귀를 때림**(slap in the face)**

빠구리에 **쇼**까지! **치**킨이 **나**중엔 하다하다 사람들의 따귀를 때림?!
{'따귀를 때림'은 러시아어로 пощёчина이다.}

□ 따분하다**(it is tedious)**

누드나 보는 것은 따분하다?!
{'따분하다'는 러시아어로 ну́дно이다.}

[EGR]
[CKJ]
[HGL]
[I S F]

□ 딸**(daughter)**

도둑놈과 **치**킨이 함께 숨겨 놓은 딸?!
{'딸'은 러시아어로 до́чь이다.}

의대로 **하**는 것도 없이 놀다가 말을 타고 도망친 딸?!
{'딸'은 스페인어로 hija이다.}

□ 땀에 흠뻑 젖다(be all in sweat)

따분하고도 **한**심한 자는 놀면서 땀에 흠뻑 젖는가?!
{'땀에 흠뻑 젖다'는 중국어로 大汗[dàhàn]이다.}

□ 땅콩(peanut)

Airplane에서의 **트**집으로 **만들** 수 있는 추태의 극한을 보여준 땅콩?!
{'땅콩'은 독일어로 Erdmandel이다.}

알아? **히스**테릭하게 기내에서 난리를 친 땅콩?!
{'땅콩'은 러시아어로 арахис이다.}

□ 때(time)

빨아야 살아남을 수 있는 더러운 때?!
{'때'는 러시아어로 пора이다.}

때마다 터지는 수상한 사건들은 어떤 의미를 **가지나**?!
{'(중대한 사건이 일어난) 때'는 러시아어로 година이다.}

□ 똘마니(henchman, minion)

Hen인지 **치**킨인지가 **먼** 짓을 해도 빨아대는 똘마니들?!
{'똘마니'는 영어로 henchman이다.}

미니카에서 **언**젠가 짜고 치는 고스톱처럼 자살을 당한 똘마니들?!
{'똘마니'는 영어로 minion이다.}

□ 똥개(mutt)

멋도 모르는 똥개?!
{'똥개'는 영어로 mutt이다.}

□ 똥구멍(**bumhole**)

쥐가 **화**려한 도둑질 기술을 선보이면서 사자의 방에서 까불거리
자 버러지들이 미친 듯이 빨아댄 쥐의 똥구멍?!
{'똥구멍'은 중국어로 菊花[júhuā]이다.}

□ 똥배(**potbelly**)

밤에 먹어서 나온 똥배?!
{'똥배'는 독일어로 Wamme이다.}

반나체 **스트**리퍼의 충격적인 똥배?!
{'똥배'는 독일어로 Wanst이다.}

다이너마이트로 **꼬**꼬가 **바라**는 대로 제거한 똥배?!
{'똥배'는 일본어로 たいこばら이다.}

발이 가려서 보이지 않게 만드는 똥배?!
{'똥배'는 스페인어로 barriga이다.}

□ 똥을 누다(**do number two**)

라스베이거스에서 **쉬**리는 똥을 누는가?!
{'똥을 누다'는 중국어로 拉屎[lāshǐ]이다.}

□ 뚱뚱해 보이게 만들다(**make somebody look fat**)

딸의 **스**스럼없는 **찌찌**는 그녀를 뚱뚱해 보이게 하는가?!
{'뚱뚱해 보이게 하다'는 러시아어로 ТОЛСТИТЬ(불완료체)이다.}

빨리자 **니**체의 **찌**찌는 커져서 그를 초인적으로 뚱뚱해 보이게 만
드는가?!
{'뚱뚱해 보이게 만들다'는 러시아어로 ПОЛНИТЬ(불완료체)이다.}

□ 뛰어내리다(**jump off**)

싸움닭을 **스**스럼없이 **까**불거리면서 **치**자 **찌**찌를 흔들면서 닭장
에서 뛰어내리는가?!
{'뛰어내리다'는 러시아어로 СОСКОЧИТЬ(완료체)이다.}

싸움닭을 **스**스럼없이 **까**불거리면서 **끼**우자 **바**보처럼 **찌**찌를 흔들면서 닭장에서 뛰어내리는가?!
{'뛰어내리다'는 러시아어로 соскакивать(불완료체)이다.}

□ 뜨거운(hot)

함부로 만지기엔 너무 뜨거운?!
{'뜨거운'은 히브리어로 חם[ham]이다.}

□ 뜨거운 음식(hot food)

Prisoner가 **발악**을 하는 바람에 쏟은 뜨거운 음식?!
{'뜨거운 음식'은 러시아어로 приварок이다.}

□ 뜨다(rise)

노브라가 **보**이자 **roo**m에서 뜨는가?!
{'뜨다'는 일본어로 昇る[のぼる]이다.}

□ 뜯어내다(chisel)

치킨은 **즐**겁게 바보들을 속여서 뜯어내는가?!
{'(속여서) 뜯어내다'는 영어로 chisel이라고도 한다.}

□ 뜯어먹다 만 것(something half-eaten)

아브라함이 **글로벌 닭**에게 던져준 것은 Sade의 독수리가 뜯어먹다 만 것?!
{'뜯어먹다 만 것'은 러시아어로 обглодок이다.}

□ ~라고 가정하자(suppose)

쏘시던 **아**줌마가 기절한다고 가정하자?!
{'~라고 가정하자'는 프랑스어로 soit이다.}

□ ~라고 한다(it is said that~)

쥐는 **슈**크림으로 **오**르가슴을 느낀다고 한다?!
{'~라고 한다'는 중국어로 据说[jùshuō]이다.}

□ 라돈(radon)

똥에서 검출된 라돈?!
{'라돈'은 중국어로 氡[dōng]이다.}

□ 라이터(lighter)

자기기만적인 **쥐**에게 "**갈까**?"라고 하면서 함께 큰집으로 간 라이터?!
{'라이터'는 러시아어로 зажига́лка이다.}

따뜻하고 **후**덕하지만 **오**늘은 **지**나치게 비싼 라이터?!
{'라이터'는 중국어로 打火机[dǎhuǒjī]이다.}

Bridge를 **깨**끗하게 불태운 라이터?!
{'라이터'는 프랑스어로 briquet이다.}

□ 러셀은 바스락거릴 것이다?!(Russell will rustle?!)

□ 러시아와 미국(Russia and the United States)

Amazing grace for Russia and the United States?!
{'러시아와 미국'은 중국어로 俄美[éměi]이다.}

□ 레임덕(lame duck)

레이디의 **임**기 **덕**분에 오리들만 행복했다고 증언한 lame duck?!
{'레임덕'은 재선 가능성이 없는 임기 말기의 정치인을 가리키는 말이다.}

□ 레퀴엠(requiem)

빠르게 **니**체가 **희다**고 한 레퀴엠?!
{'레퀴엠'은 러시아어로 панихи́да이다.}

□ ~로 판단하건대**(judging by)**

쏜시다가 **자빠**진 자의 말로 판단하건대?!
{'~로 판단하건대'는 러시아어로 судя по이다.}

□ 리볼버**(revolver)**

나간 정신이 결코 돌아오지 않는 살인마를 제거하기 위해 재규어
처럼 정의로운 성직자가 손에 쥔 리볼버?!
{'리볼버'는 러시아어로 наган이다.}

□ ㅁ**(-mb)**

Wo**mb** cursed, bo**mb** exploded, cru**mb** gone, li**mb** cut,
la**mb** killed,
to**mb** dug deep, nu**mb** with fear, people cli**mb** the gate of a
creative hell?!
{'-mb'로 끝나는 영어단어에서 b는 묵음이다.}

□ 마구 더듬다**(grope wildly)**

씨암탉 **아**줌마는 **무어**가 무언지도 모르면서 마구 더듬는가?!
{'마구 더듬다'는 중국어로 瞎摸[xiāmō]이다.}

□ 마구간지기**(stabler)**

꼬꼬가 **뉴**스에서 **흐**느끼는 것을 보고 배꼽이 빠진 마구간지기?!
{'마구간지기'는 러시아어로 конюх이다.}

□ 마디**(Mahdi)**

<u>M</u>ouse <u>a</u>nd <u>h</u>en - <u>d</u>ramatic <u>i</u>nmates?!
{'마디'는 이슬람교의 구세주를 의미하는데 유일신 알라의 사자(使者)로서 마호메트
의 유업을 완성하고 불신자(不信者)를 멸하여 전 인류를 낙원으로 인도한다고 한다.}

□ 마법(witchcraft)

깔다가 **스트**립쇼를 **보**여주는 마법?!
{'마법'은 러시아아로 КОЛДОВСТВО이다.}

□ 마부(coachman)

잊으라는 **보**스의 chic한 마부?!
{'마부'는 러시아어로 ИЗВОЗЧИК이다.}

얌전하고 chic한 마부?!
{'마부'는 러시아어로 ЯМЩИК이다.}

꼬꼬와 chef를 태운 마부?!
{'마부'는 프랑스어로 cocher이다.}

□ 마비되다(get paralyzed)

아줌마가 **뜨니 마**치 **짜**고 치는 고스톱처럼 양심이 마비되는가?!
{'마비되다'는 러시아어로 ОТНИМАТЬСЯ(불완료체)이다.}

□ 마비시키다(paralyze)

Lemon paralyzes?!
{'마비시키다'는 독일어로 lähmen이다.}

□ 마시다(drink)

삐딱하게 **찌**찌에서 무엇을 마시는가?!
{'마시다'는 러시아어로 ПИТЬ(불완료체)이다.}

□ 마약(drug, narcotic)

Do **r**emember **u**topia **g**reets?!
{'마약'은 영어로 drug이다.}

들오리가 **게**에게 준 마약?!
{'마약'은 독일어로 Droge이다.}

[EGR]
[CKJ]
[HGL]
[I S F]

나체로 **르**완다에서 **꼬**꼬가 **찌**찌에 **크**림을 바른 채 맞은 마약?!
{'마약'은 러시아어로 нарко̲тик이다.}

쌈닭을 팔팔하게 만든 마약?!
{'마약'은 히브리어로 סם[sam]이다.}

□ 마음에 들다(like)

느끼한 **라**면과 **비**싼 **짜**장면이 마음에 드는가?!
{'마음에 들다'는 러시아어로 нра̲виться(불완료체)이다.}

□ 마음에 품다(harbor)

잤다면 **잊지** 못하고 영원히 마음에 품는가?!
{'마음에 품다'는 러시아어로 зата̲ить(완료체)이다.}

□ 마지못해(against one's will)

빠니? 본래부터 마지못해?!
{'마지못해'는 러시아어로 понево̲ле이다.}

□ 마호가니(mahogany)

아까 주인이 보여준 마호가니?!
{'마호가니'는 프랑스어로 acajou이다.}

□ 마흔 번째(fortieth)

사라가 **까**불거리다가 **boy**friend에게 차인 것이 벌써 마흔 번째?!
{'마흔 번째'는 러시아어로 сороково̲й이다.}

□ 막역하다(be close)

막역하다는 게 **뭐니**?!
{'막역하다'는 중국어로 莫逆[mònì]이다.}

□ 막힘이 없다(there is no blockage)

우주는 막힘이 없는가?!
{'막힘이 없다'는 중국어로 无阻[wúzǔ]이다.}

□ 만드는 자(maker)

오직 se**x**로 세계기록을 만드는 자?!
{'만드는 자'는 히브리어로 עוֹשֶׂה[oseh]이다.}

□ 만들다(make)

마흔에 불혹의 의지로 무엇을 만드는가?!
{'만들다'는 독일어로 m**a**chen이다.}

□ 만사(all things)

반지의 제왕이 해결한 만사?!
{'만사(萬事)'는 일본어로 万事[ばんじ]이다.}

□ 만세(hurray)

우라늄 만세?!
{'만세'는 러시아어로 ypa이다.}

반민족행위와 **자**기기만으로 **이**룬 가소로운 성공에 도취한 친일
파들은 외친다. "황폐하고 천하기 짝이 없는 매국노들 만세?!"
{'만세'는 일본어로 万歳[ばんざい]이다.}

□ 만져서 알다(know by touch)

아씨는 **자**기의 **찌**찌를 만져서 아는가?!
{'만져서 알다'는 러시아어로 осязать(불완료체)이다.}

□ 만족하는(satisfied; content)

아줌마를 **쏘**시자 **비**로소 만족하는가?!

{'만족하는'은 프랑스어로 assouvi이다.}

꽁치와 **땅**콩으로 만족하는가?!
{'만족하는'은 프랑스어로 content이다.}

□ 말(horse)

꼰대의 말?!
{말은 러시아어로 конь이다.}

에로틱한 **쿠**데타가 **우스**꽝스럽게 발생하고 침묵 속에 nymphoma-
niac과 나눈 마지막 키스로 이제껏 용골때질하던 삶도 성불로 끝나
면 다음은 그대 세상이라는 개소리에 얼씨구나 바친 그 말?!
{'말'은 라틴어로 equus이다.}

까불거리는 **바**보들이 **요**란스럽게 타고 다닌 말?!
{'말'은 스페인어로 caballo이다.}

□ 말(word)

고흐가 **또**다시 **바**람처럼 찾아와서 별이 빛나는 밤에 들려준 말?!
{'말'은 일본어로 ことば이다.}

□ 많은 물(much water)

복구도 어렵게 만든 많은 물?!
{'많은 물'은 프랑스어로 beaucoup d'eau이다.}

□ 많은 장벽을 쌓다(heap up)

"**나가라!**" **짖지** 않으면 견딜 수 없는 개들은 주인의 명령에 많은
장벽을 쌓는가?!
{'많은 장벽을 쌓다'는 러시아어로 нагородить(완료체)이다.}

□ 말다툼하다(squabble)

스스럼없는 **샤**먼과 **마**녀는 **예**전부터 시시한 일로 말다툼하는가?!
{'(시시한 일로) 말다툼하다'는 프랑스어로 se chamailler이다.}

□ 말뚝(stake)

Prison에서 **꼴**린 결과 그 크기는 말뚝?!
{'말뚝'은 러시아어로 прик**о**л이다.}

□ 말아먹다(dissipate)

Chicken은 **꽝**꽝거리면서 양계장을 말아먹는가?!
{'말아먹다'는 중국어로 吃光[chīguāng]이다.}

□ 말초신경(peripheral nerve)

맛집에서 **쇼**걸이 **신**께 기도하면서 자극한 말초신경?!
{'말초신경'은 일본어로 末梢神経[まっしょうしんけい]이다.}

□ 말하다(say, speak)

작은 소리로 말하는가?!
{'말하다'는 독일어로 s**a**g**e**n이다.}

가발이 **찌**그러졌다고 말하는가?!
{'말하다'는 러시아어로 говор**и**ть(불완료체)이다.}

몰래 **비**서의 **찌**찌를 만지고 이제 모든 직을 내려놓겠다고 말하는가?!
{'말하다'는 러시아어로 м**о**лвить(완료체)라고도 한다.}

□ 말할 필요도 없다(it is needless to say)

허무주의에 **쾅** 부딪히면 허무주의자가 된다는 것은 말할 필요도 없다?!
{'말할 필요도 없다'는 중국어로 何况[hékuàng]이다.}

□ 말해(say)

가발이 필요하면 말해?!
{'말해'는 러시아어로 говор**и**이다.}

[EGR]
[CKJ]
[HGL]
[I S F]

□ 맘몬(Mammon)

Money **A**bba, **M**oney **M**amma **o**rgasm **n**ow?!
{'맘몬'은 부(富)와 탐욕의 신을 가리킨다.}

매국노들이 **먼**저 숭배한 것은 다름 아닌 맘몬?!
{'맘몬'의 영어 발음은 [mǽmən]이다.}

□ 망가뜨리다(wreck)

싸움닭은 **까**불거리다가 **제**주로 가는 배를 망가뜨리는가?!
{'망가뜨리다'는 프랑스어로 saccager이다.}

□ 망조(bad omen)

미친 **애**가 **왕**이랍시고 **더**럽게 **정**치하면 **짜**잔 **오**고야 마는 망조?!
{'망조(亡兆)'는 중국어로 灭亡的征兆[mièwángdezhēngzhào]이다.}

□ 망할 놈의(damned)

망할 놈의 설탕! 정말 **다네**!
{'망할 놈의'는 프랑스어로 damné이다.}

□ 매달다(hang)

탈세자가 **라**스베이거스에서 도박으로 전 재산을 날리자 결국 거**꾸**로 매다는가?!
{'매달다'는 히브리어로 תלה[talah]이다.}

□ 매미(cicada)

씨암탉이 **K**를 **다** 말아먹었다고 주장한 매미?!
{'매미'는 영어로 cicada이다.}

□ 매우(very, quite)

오랜 **친**구는 귀하다. 그것도 매우?!

{'매우'는 러시아어로 <u>о</u>чень이다.}

비열한 씨암탉의 마지막은 비참할 것이다. 그것도 매우?!
{'매우'는 러시아어로 вес<u>ь</u>м<u>а</u>이다.}

복구는 어려울 것이다. 그것도 매우?!
{'매우'는 프랑스어로 beaucoup이다.}

□ 매우 감탄하다(be struck with awe)

찌찌에 매우 감탄하는가?!
{'매우 감탄하다'는 중국어로 击节[jījié]이다.}

□ 매우 큰 물건(monster)

마녀가 희희낙락하는 나라에서 우스꽝스럽게 매우 큰 물건?!
{'매우 큰 물건'은 러시아어로 мах<u>и</u>на이다.}

□ 매진되다(be sold out)

마이클이 꽝꽝거리자 표가 매진되는가?!
{'매진되다'는 중국어로 卖光[màiguāng]이다.}

□ 매춘부(prostitute)

Blue해서 드라마틱한 니체와 짜고 고스톱을 치면서 신을 죽인 매춘부?!
{'매춘부'는 러시아어로 блудн<u>и</u>ца이다.}

아줌마는 끄덕거리면서 내시와 사랑에 빠진 매춘부?!
{'매춘부'는 프랑스어로 haquenée이다.}

□ 매트리스(mattress)

맞들라고 해서 맞든 매트리스?!
{'매트리스'는 프랑스어로 matelas이다.}

[EGR]
[CKJ]
[HGL]
[ISF]

□ 매혹하다(captivate, fascinate)

아줌마는 **치라**는 **바**보를 **찌**찌로 매혹하는가?!
{'매혹하다'는 러시아어로 очаровать(완료체)이다.}

플리머스는 **니**체를 **찌**찌로 매혹하는가?!
{'매혹하다'는 러시아어로 пленить(완료체)이다.}

□ 맥스웰(Maxwell)

My cup **sway**s Maxwell?!
{'맥스웰'은 중국어로 麦克斯韦[màikèsīwéi]이다.}

맥도널드의 **극**악무도한 **사위** 이름은 맥스웰?!
{'맥스웰'은 한자로 麦克斯韦[맥극사위]이다.}

□ 맹세하다(vow)

부(富)**에** 매여 살기로 노예들은 맹세하는가?!
{'맹세하다'는 프랑스어로 vouer이다.}

□ 맹자(Mencius)

모시를 입은 맹자?!
{'맹자'는 일본어로 孟子[もうし]이다.}

□ 맹장(cecum)

씨암탉이 **컴**퓨터를 숨긴 곳은 맹장?!
{'맹장'은 영어로 cecum이다.}

모조리 **쪼**그라진 맹장?!
{'맹장'은 일본어로 盲腸[もうちょう]이다.}

□ 머리(head)

갈라진 **바**다처럼 생긴 머리?!
{'머리'는 러시아어로 голова이다.}

□ 머리를 들다(raise one's head)

타이(Thailand)에서 **치**킨에게 **toe**를 들라고 했더니 머리를 드는가?!
{'머리를 들다'는 중국어로 抬起头[táiqǐtóu]이다.}

□ 머리를 빗어 올리다(comb up)

자기기만적인 **치**킨은 **싸**움닭처럼 **찌**질하게 머리를 빗어 올리는가?!
{'머리를 빗어 올리다'는 러시아어로 зачеса́ть(완료체)이다.}

□ 머리카락(hair)

싸움닭이 **알아**서 손질하게 된 머리카락?!
{'머리카락'은 히브리어로 שַׂעֲרָה[saarah]이다.}

□ 머무르다(stay, remain)

Hen은 **s**tudent들이 **떼**죽음을 당한 그 운명의 시간에 닭장에도 없고 마구간에도 없고 도대체 어디에 머물고 있었는가?!
{'머무르다'는 프랑스어로 rester이다.}

□ 멀리(far away)

달리 **꼬**꼬는 할 일도 없으면서 떠났다. 그것도 아주 멀리?!
{'멀리'는 러시아어로 далеко이다.}

□ 멈추지 않고(without stopping)

쌍년과 **대장**은 **빠**구리 **레**이스를 펼치는가? 그것도 멈추지 않고?!
{'멈추지 않고'는 프랑스어로 sans désemparer이다.}

□ 멋지다(it's great)

기니 **알**아서 **나**라에서 낙하산을 주는구나! 참으로 아니 멋진가?!
{'멋지다'는 러시아어로 гениально이다.}

□ 멍하니 주위를 바라보다(moon about)

자지를 **바**보처럼 **짜**면서 멍하니 주위를 바라보는가?!
{'멍하니 주위를 바라보다'는 러시아어로 зазева́ться(완료체)이다.}

□ 멎다(stop dead)

자다가 **미라**가 **찌**찌를 만지자 무서워서 심장이 멎는가?!
{'멎다'는 러시아어로 замира́ть(불완료체)이다.}

□ 메기(catfish)

나불거리다가 **맞으**니 죽어버린 메기?!
{'메기'는 일본어로 なまず이다.}

□ 메시지(message)

맨홀에서 **싸**는 **he**n에게 네 시 이전까지 싸는 것을 멈추지 않으면 암살하겠다는 양계장 주인의 충격적인 메시지?!
{'메시지'는 스페인어로 mensaje이다.}

□ 면제된(exempt)

Egg는 **장**물목록에서 면제된 것인가?!
{'면제된'은 프랑스어로 exempt이다.}

□ 멸치(anchovy)

티베트에서 **위**대한 진리를 발견한 멸치?!
{'멸치'는 중국어로 鳀鱼[tíyú]이다.}

안드로메다적인 **초**등학생의 **아**주 비정상적인 야망을 보고 "너 따위가 전교회장이면 나는 태평양의 용왕이다"라고 말한 멸치?!
{'멸치'는 스페인어로 anchoa이다.}

□ 명령하다(**command**)

꼬꼬가 **망**친 **대**단한 국을 바로잡으라고 명령하는가?!
{'명령하다'는 프랑스어로 commander이다.}

□ 명료하게(**clearly**)

명료하게 **똘**똘이를 **깜**?!
{'명료하게'는 러시아어로 то**л**ком이다.}

□ 명예훼손(**defamation**)

깜찍한 **pro**stitute가 **믿다**가 **찌**찌를 **야**하게 드러내는 것은 명예훼손?!
{'명예훼손'은 러시아어로 компрометация이다.}

□ 모기장(**mosquito net**)

모기장 밖으로 쫓겨난 자는 한참을 당황하다 어디선가 들려오는 슬픈 〈아베 마리아〉를 들으면서 이렇게 중얼거렸다. '이젠 그냥 딸과 함께 트럼프나 치러 **가야**?!'
{'모기장'은 일본어로 蚊屋[か や]이다.}

□ 모든 것(**everything**)

이치에 맞는 모든 것?!
{'모든 것'은 중국어로 一切[yíqiè]이다.}

□ 모든 것은 상대적이다(**everything is relative**)

하찮은 **콜**걸도 **야하**지만 **씨**암탉에 비하면 새 발의 피라는 것은 다음의 사실을 증명한다. "모든 것은 상대적이다?!"
{'모든 것은 상대적이다'는 히브리어로 הכל יחסי[hakol yahasi]이다.}

□ 모든 것은 지나간다(everything passes)

Friend! 쇼걸도 prostitute도 이렇게 조금 뜨다가 사라진다네. 그렇게 모든 것은 지나간다네?!
{'모든 것은 지나간다'는 러시아어로 всё пройдёт이다.}

□ 모란(peony)

무단 횡단을 하다가 교통사고로 붉은 피를 흘린 모란?!
{'모란'은 중국어로 牡丹[mǔdan]이다.}

□ 모르는 체하다(pretend to be ignorant)

Prison에서 두리번거리는 바보들은 짜고 치는 고스톱처럼 자신들이 창조적인 공범이라는 사실을 모르는 체하는가?!
{'모르는 체하다'는 러시아어로 придуриваться(불완료체)이다.}

□ 모방하다(imitate)

빠르게 드라큘라는 자극적으로 찌찌를 흔드는 것을 모방하는가?!
{'모방하다'는 러시아어로 подражать(불완료체)이다.}

□ 모세혈관(capillary)

니체를 믿고 담에 "신은 죽었다"라고 쓴 모세혈관?!
{'모세혈관'은 히브리어로 נימית-סד[nimit-dam]이다.}

□ 모순이 격화되다(absurdity grows intense)

마침내 오르가슴은 둔해지고 찌질한 아줌마와 쥐의 협력 덕분에 창조적인 양극화의 지옥에서는 모순이 격화되는가?!
{'모순이 격화되다'는 중국어로 矛盾加剧[máodùnjiājù]이다.}

□ 모욕(insult)

아비가 다수의 피해자에게 가한 모욕?!

{'모욕'은 러시아어로 **оби́да**이다.}

□ 모욕을 주는 자(insulter)

아줌마를 **빚**잔치하는 <u>chick</u>en이라고 부르는 자는 닭에게 모욕을 주는 자인가?!
{'모욕을 주는 자'는 러시아어로 **оби́дчик**이다.}

□ 모욕하다(insult)

아비는 **제**수씨의 **찌**찌를 만지면서 형태적으로는 그야말로 김밥 옆구리 터지는 모습으로 동생의 아내를 모욕하는가?!
{'모욕하다'는 러시아어로 **оби́деть**(완료체)이다.}

아비는 **자**주 **찌**찌를 만지면서 누구를 모욕하는가?!
{'모욕하다'는 러시아어로 **обижа́ть**(불완료체)이다.}

□ 모조품(imitation)

빠르게 **젤까**지 샀는데 모조리 모조품?!
{'모조품'은 러시아어로 **подде́лка**이다.}

□ 모캐(burbot)

모캐를 잡기 위해 천문학적인 돈을 **날림**?!
{'모캐(대구과의 민물고기)'는 러시아어로 **нали́м**이다.}

□ 모험하다(run the risk)

<u>Joe</u>는 <u>CN</u>N과 인터뷰하기 위해 모험하는가?!
{'모험하다'는 중국어로 走险[zǒuxiǎn]이다.}

□ 목 졸라 죽이다(strangle)

어스름한 저녁에 누구를 목 졸라 죽이는가?!
{'목 졸라 죽이다'는 중국어로 扼死[èsǐ]이다.}

□ 목동(cowboy)

무통분만으로 태어난 목동?!
{'목동'은 중국어로 牧童[mùtóng]이다.}

□ 목소리(voice)

고와 내 목소리?!
{'목소리'는 일본어로 声音[にわね]이다.}

□ 목표(target)

씹을 때 제대로 씹는 게 목표인가?!
{'목표'는 프랑스어로 cible이다.}

□ 목표로 정하다(target)

"**씹을래?**"를 목표로 정할래?!
{'목표로 정하다'는 프랑스어로 cibler이다.}

□ 몰두하다(devote oneself)

싸돌아다니면서 **돈에** 환장한 자들은 사자의 방에서 천문학적인
도둑질에 몰두하는가?!
{'몰두하다'는 프랑스어로 s'adonner이다.}

□ 몰락(decline)

우매한 **빠**구리 **닭**의 창조적인 몰락?!
{'몰락'은 러시아어로 упадок이다.}

□ 몰락한(ruined)

빠짐없이 **깊**숙하던 **쉬**리는 결국 매운탕 속으로 몰락한 것인가?!
{'몰락한'은 러시아어로 погибший이다.}

□ 몸부림치다(wriggle)

스트레스에다 **무**기력한 <u>se</u>x로 재미없는 삶에서 탈출하기 위해 몸부림치는가?!

{'몸부림치다'는 프랑스어로 se trémousser이다.}

□ 못생긴 여자(ugly girl)

레이디는 **드**센 **홍**위병들로 둘러싸인 못생긴 여자?!

{'못생긴 여자'는 프랑스어로 laideron이다.}

□ 몽상하다(dream)

<u>미치</u>도록 **따**분해서 **찌**찌를 만지면서 몽상하는가?!

{'몽상하다'는 러시아어로 мечтать(불완료체)이다.}

□ 몽테뉴(Montaigne)

명청이는 <u>TN</u>T보다 더 위험하다고 경고한 몽테뉴?!

{'몽테뉴(1533-1592)'는 프랑스의 사상가이다. 중국어로는 蒙田[méngtián]이다.}

□ 무(nothingness)

내시들의 **앙**상블이 절정에 이르자 남은 것은 비극적인 존재와 무?!

{'무(無)'는 프랑스어로 néant이다.}

□ 무거운(heavy)

<u>오</u>늘 <u>모이</u>는 자들의 마음은 무거운가?!

{'무거운'은 일본어로 重い[おもい]이다.}

□ 무고한 사람을 죄인으로 만들다

(make an innocent man a criminal)

우매한 **씨**암탉은 <u>en</u>dless하게 무고한 사람을 죄인으로 만드는가?!

{'무고한 사람을 죄인으로 만들다'는 중국어로 诬陷[wūxiàn]이다.}

□ 무기(weapon)

밥 해 먹을 돈으로 구입한 엉터리 무기?!
{'무기'는 독일어로 Waffe이다.}

아줌마의 **로**머는 **쥐**의 **예**사롭지 않은 무기?!
{'무기'는 러시아어로 оружие이다.}

□ 무기징역(life in prison)

우주적인 **치**킨에게 **two sing**ers가 한목소리로 외쳤다. "무기징역?!"
{'무기징역'은 중국어로 无期徒刑[wúqītúxíng]이다.}

무식한 **끼**에 **조**악한 **에**로티시즘까지 **끼**워 넣었으니 무기징역?!
{'무기징역'은 일본어로 無期懲役[むきちょうえき]이다.}

□ 무당(shaman)

Silly **h**ens **a**lways **m**angle **a** **n**ation?!
{'무당'은 영어로 shaman이다.}

우스꽝스러운 **쉬**리는 호빵과 전쟁을 즐기는 사이비 무당?!
{'무당'은 중국어로 巫师[wūshī]이다.}

이제껏 **찌**질한 **꼬**꼬를 가지고 놀면서 양계장 주인 행세를 함으로써 세계적인 부자가 된 사이비 무당?!
{'무당'은 일본어로 いちこ이다.}

차만 타면 굿을 하는 무당?!
{'무당'은 스페인어로 chamán이다.}

□ 무당벌레(ladybird)

Lady는 **bird** 그 이상도 그 이하도 아니라고 말하자마자 신내림을 받은 무당벌레?!
{'무당벌레'는 영어로 ladybird이다.}

□ 무덤(grave, tomb)

마녀의 **길**은 **라**스베이거스에 임시로 마련된 무덤?!

{'무덤'은 러시아어로 **могила**이다.}

똥보다 더러운 매국노의 무덤?!
{'무덤'은 프랑스어로 tombeau이다.}

□ 무디게 하다(blunt)

애무는 sex에 대한 저항을 무디게 하는가?!
{'무디게 하다'는 프랑스어로 émousser이다.}

□ 무뚝뚝한(brusque)

모사드 요원은 무뚝뚝한가?!
{'무뚝뚝한'은 프랑스어로 maussade이다.}

□ 무례하게 행동하다(be rude)

하나님을 **믿지**도 않으면서 믿는 체하는 자들은 하나같이 무례하게 행동하는가?!
{'무례하게 행동하다'는 러시아어로 хамить(불완료체)이다.}

□ 무모한 운전자(reckless driver)

리무진에서도 **하**는 **치**킨은 무모한 운전자?!
{'무모한 운전자'는 러시아어로 лихач이다.}

□ 무모한 장난(escapade)

에스더가 **까**불거리면서 **빠**르게 **다** 벗는 것은 비성경적인 무모한 장난?!
{'무모한 장난'은 러시아어로 эскапада이다.}

□ 무성함(exuberance)

에로틱한 **그**녀와 **쥐**에게는 **베**짱이들의 **항**구적인 **스**트립쇼만이 무성함?!

175

[EGR]
[CKJ]
[HGL]
[ISF]

{'무성함'은 프랑스어로 exubérance이다.}

□ 무시무시한(eery)

주야로 **뜯기**는 노예들의 분노가 임계점에 다다르면 세상이 뒤집 어지게 되리라는 이야기는 무시무시한가?!
{'무시무시한'은 러시아어로 жуткий이다.}

□ 무신론(atheism)

아줌마와 **떼**도둑이 **있음**으로 인해서 누구라도 빠지게 되는 무신론?!
{'무신론'은 프랑스어로 athéisme이다.}

□ 무언가 심오한 것을 제기하다?!

(propound something profound?!)

□ 무역풍(trade wind)

파괴적인 **싸**움닭의 **트**림으로 인해 더러워진 공기를 정화시킨 무 역풍?!
{'무역풍'은 독일어로 Passat이다.}

□ 무위(doing nothing against the natural flow)

우주적인 **way**를 가는 데 필요한 것은 인위(人爲)가 아니라 무위?!
{'무위'는 중국어로 无为[wúwéi]이다.}

□ 무좀(athlete's foot)

미즈의 **무시**무시한 무좀?!
{'무좀'은 일본어로 みずむし이다.}

□ 무죄를 선고하다(acquit)

아끼는 **떼**도둑에게는 맘몬에게 영혼을 판 새들이 거의 언제나 짜 고 치는 고스톱처럼 무죄를 선고하는가?!

{'무죄를 선고하다'는 프랑스어로 acquitter이다.}

□ 무한한(infinite)

우매한 **씨**암탉의 **en**d를 바라는 바람의 수는 천 개가 아니라 무한한가?!
{'무한한'은 중국어로 无限[wúxiàn]이다.}

□ 무효(invalidity)

모식한 **꼬**꼬는 무효?!
{'무효'는 일본어로 無効[むこう]이다.}

□ 묶음(bundle)

Father와 **쇼**걸은 정신분석학적으로 한 묶음?!
{'묶음'은 이탈리아어로 fascio이다.}

□ 문란한(promiscuous)

프러시아의 **미스**Q는 **어스**름한 저녁에 문란한가?!
{'문란한'은 영어로 promiscuous이다.}

□ 문신(tattoo)

의 레즈비언의 **미**적인 문신?!
{'문신'은 일본어로 入れ墨[いれずみ]이다.}

□ 문학(literature)

분뇨로 **가꾸**는 듯 그야말로 고약하고도 은은한 구린내가 진동하는 자위대 출신의 어느 늙은 병사의 문학?!
{'문학'은 일본어로 文学[ぶんがく]이다.}

□ 문화와 기업(culture and enterprise)

원치 않는 자들은 자르고 원하는 자들은 노예로 만드는 문화와 기업?!
{'문화와 기업'은 중국어로 文企[wénqǐ]이다.}

□ 묻다(ask)

프라이를 **근**사하게 하는 법을 묻는가?!
{'묻다'는 독일어로 fragen이다.}

□ 물러가라(away with)

달로 이제 세상이 밝으니 어둠의 자식들은 물러가라?!
{'물러가라'는 러시아어로 **долой**이다.}

□ 물리(physics)

우리가 사는 우주를 제대로 설명하기에는 한계가 있는 물리?!
{'물리'는 중국어로 物理[wùlǐ]이다.}

□ 물에 빠진 사람은 지푸라기라도 잡는다

 (a drowning man will catch at a straw)

웃다 빠진 유명한 **쉬**리는 흐리멍덩한 **바**보들이 **따**르자 **이**렇게 **짜**고 "**자, 쌀로 민**주주의를 **꾸**미자!"라는 개소리를 했다. 이렇듯 물에 빠진 사람은 지푸라기라도 잡는다?!
{'물에 빠진 사람은 지푸라기라도 잡는다'는 러시아어로 **утопающий хватается за соломинку**이다.}

□ 물이 없는(dried up)

딸이 물이 없는가?!
{'물이 없는'은 프랑스어로 tari이다.}

□ 물질주의자(materialist, sadducee)

Sex가 **주**특기인 **씨**암탉에게 딸랑거리는 물질주의자?!
{'물질주의자'는 영어로 s**a**dducee라고도 하는데 이 단어는 본래 사두개파 교도라는 뜻이다.}

□ 미국(the United States of America)

스스럼없는 **샤**먼의 허수아비에게 핵을 발사한 미국?!
{'미국'은 러시아어로 США(Соединённые Шт**а**ты Ам**е**рики)이다.}

□ 미끼(bait)

아빠가 물고 만 제일의 미끼?!
{'미끼'는 프랑스어로 app**â**t이다.}

□ 미래(future)

Few churches will be praised by the Lord in the future?!
{'미래'는 영어로 f**u**ture이다.}

Way lies in not expecting any future?!
{'미래'는 중국어로 未来[w**è**il**á**i]이다.}

□ 미스터(Mr.)

돈에 미쳐서 사자의 방에 그 추악한 사기꾼의 이름을 명백하게 박은 미스터?!
{'미스터'는 스페인어로 don이다.}

□ 미스터리(mystery)

따분한 **이 나**라에 가득한 미스터리?!
{'미스터리'는 러시아어로 т**а**йна이다.}

이미 모두가 아는 미스터리?!
{'미스터리'는 중국어로 疑谜[y**í**m**í**]이다.}

□ 미안하다(sorry)

빠른 **오**르가슴에 **치**킨은 **en**ding에서 이렇게 한쪽 날개를 들고 외쳤다. "미안하다?!"
{'미안하다'는 중국어로 抱歉[bàoqiàn]이다.}

□ 미안합니다(I am sorry)

고승(高僧)인지 **men**tor인지가 **나사**(NASA)에서 **이**렇게 팔을 들고 들장미 소녀 캔디에게 외쳤다. "미안합니다?!"
{'(자신의 실수나 무례에 대해) 미안합니다'는 일본어로 ごめんなさい이다.}

□ 미완성(incompletion)

니체가 **다**시 **젤까**지 바르지만 그의 머리는 여전히 미완성?!
{'미완성'은 러시아어로 недоделка이다.}

□ 미움 받음(disfavor)

아줌마를 **빨라**고 했지만 빨지 않은 자들은 하나같이 미움 받음?!
{'미움 받음'은 러시아어로 опала이다.}

□ 미지수(unknown)

알몸으로 **모**인 **니**체가 진정한 나체인지는 미지수?!
{'미지수'는 히브리어로 אלמוני[almoni]이다.}

□ 미치게 하다(drive somebody crazy)

또다시 **깨**어진 약속은 사람들을 미치게 하는가?!
{'미치게 하다'는 프랑스어로 toquer이다.}

□ 미치다(go insane)

구로마에 부딪히면 미치는가?!
{'미치다'는 일본어로 狂う[くるう]이다.}

□ 미치다(reach)

보지 않고는 결코 믿지 못하는 도마의 회의적인 태도는 주방에까지 미치는가?!
{'미치다'는 중국어로 波及[bōjí]이다.}

□ 미확인비행물체(UFO)

오븐이 목격한 UFO?!
{'미확인비행물체'는 스페인어, 프랑스어로 OVNI이다.}

□ 민들레(dandelion)

아줌마의 **두**문불출은 **반칙**이라고 주장하는 민들레?!
{'민들레'는 러시아어로 одуванчик이다.}

담에서 **뽀뽀**하다가 본 민들레?!
{'민들레'는 일본어로 たんぽぽ이다.}

□ 민법(civil law)

민망하고 **파**렴치한 범죄로 피해가 발생했을 경우 손해배상을 규정한 민법?!
{'민법'은 중국어로 民法[mínfǎ]이다.}

민망한 **뽀**뽀로 피해가 발생했을 경우 손해배상을 규정한 민법?!
{'민법'은 일본어로 民法[みんぽう]이다.}

□ 민주주의(democracy)

민초들의 **슈**크림과 **shoe**에 **기**생충들이 득실거리는 민주주의?!
{'민주주의'는 일본어로 民主主義[みんしゅしゅぎ]이다.}

□ 믿음(faith)

애무나 받으면서 싸고 또 싸는 사정으로 인해 그야말로 사이비 교주처럼 성적으로 윤택한 이에 대해 극적으로 깨어진 믿음?!

{'믿음'은 히브리어로 אמונה[emunah]이다.}

닫과 **덫**을 구별하지 않는 것은 맹목적인 믿음?!

{'믿음'은 히브리어로 דת[dat]이다.}

☐ 밀가루를 뿌리다(**flour**)

파리 네 마리를 쫓기 위해 밀가루를 뿌리는가?!

{'밀가루를 뿌리다'는 프랑스어로 fariner이다.}

☐ 밀고하다(**peach**)

피치 못할 사정이 있어 밀고하는가?!

{'밀고하다'는 영어로 peach이다.}

☐ 밀려들다(**crowd**)

라스베이거스를 **믿자**면서 도박꾼들이 카지노로 밀려드는가?!

{'밀려들다'는 러시아어로 ЛОМ**И**ТЬСЯ(불완료체)이다.}

☐ 밀려오다(**be washed ashore**)

Prison의 **비**열한 **바**보들이 **짜**고 치는 고스톱처럼 탈옥을 시도했다가 강물에 빠지고 얼마 후 요단강 건너편 기슭으로 그들의 시체가 밀려오는가?!

{'(기슭으로) 밀려오다'는 러시아어로 приб**и**в**а**ться(불완료체)이다.}

☐ 밀수하다(**smuggle**)

스스럼없이 **먹**을 욕이 모자라 이제는 아예 욕까지 밀수하는가?!

{'밀수하다'는 영어로 smuggle이다.}

조년은 **우스**꽝스럽게 던지더라도 있어 보이기 위해서 꼴에 명품 물병까지 밀수하는가?!

{'밀수하다'는 중국어로 走私[zǒusī]이다.}

히브리어를 **하**는 자를 밀수하는가?!

{'밀수하다'는 히브리어로 חיבריה[hivriha]이다.}

□ 바꾸다(exchange)

환청에 시달리면서 돈을 바**꾸**는가?!
{'바꾸다'는 중국어로 換成[huànchéng]이다.}

□ 바람나다(have a secret love affair)

요로를 **메꾸**는 결석은 비뇨기과 의사와 바람나는가?!
{'바람나다'는 일본어로 蹌踉めく[よろめく]이다.}

□ 바로 그렇다(you can say that again)

Q: **뚜**벅거리면서 **쥐**의 strip show를 위해 여기저기 기웃거리다가
   결국 안드로메다로 철수했다고?
A: 바로 그렇다니까?!
{'바로 그렇다'는 프랑스어로 tout juste이다.}

□ 바리새인(Pharisee)

패러 씨암탉에게 다가갔다가 닭 가슴에 안기는 역설적인 바리새
인?!
{'바리새인'은 영어로 Pharisee이다.}

파리를 **제어**할 정도로 끈끈한 신앙을 가진 바리새인?!
{'바리새인'은 독일어로 Pharisäer이다.}

□ 바보들(bunch of idiots)

두 라스푸틴과 **치**킨의 **요**구대로 온갖 악행을 저지르다가 결국에
는 팽을 당한 바보들?!
{'바보들'은 러시아어로 дурачьё이다.}

□ 바퀴(wheel)

오판으로 빠져버린 바퀴?!
{'바퀴'는 히브리어로 אופן[ofan]이다.}

□ 바퀴벌레(cockroach)

따라 깐 바퀴벌레?!
{'바퀴벌레'는 러시아어로 таракан이다.}

□ 박사(doctor)

독재자를 **따르**는 허접한 박사?!
{'박사'는 러시아어로 доктор이다.}

□ 반대하다(oppose)

<u>Pro</u>stitute의 **찌**찌를 **비**열하게 **짜**는 것을 반대하는가?!
{'반대하다'는 러시아어로 противиться(불완료체)이다.}

□ 반도체(semiconductor)

빤둥거리는 **따오**기의 **T**-shirt의 주성분은 반도체?!
{'반도체'는 중국어로 半导体[bàndǎotǐ]이다.}

한심한 **도**둑 **따**위가 **이**제 무법천지적인 별세계의 용왕이 되어 궁핍한 민초들에게 연금술적인 사기를 쳐서 창조적으로 비싸게 팔아먹은 반도체?!
{'반도체'는 일본어로 半導体[はんどうたい]이다.}

□ 반박할 수 없다(it is irrefutable)

니체가 **아**마 prostitute와 **베르**가모의 **쥐**의 **마**지막은 비극적일 것이라고 한 말은 반박할 수 없는가?!
{'반박할 수 없다'는 러시아어로 неопровержимо이다.}

□ 반응(reaction)

한 노랑머리와 텅 빈 머리의 다정한 질주에 대한 사람들의 냉정한 반응?!
{'반응'은 일본어로 反応[はんのう]이다.}

□ 반인반수(half human and half beast)

반민족적 **인**간이 **반**세기에 **수**없는 악행을 저지르고 얻은 불멸의 칭호는 반인반수?!

□ 반지(ring)

유비와 의형제들이 발견한 제왕의 반지?!
{'반지'는 일본어로 指輪[ゆびわ]이다.}
Q: 반지가 스페인어로 무엇인지 아니?
A: **아니요**?!
{'반지'는 스페인어로 anillo이다.}

□ 반쯤(half)

나중에 **빨**라고 **비누**를 주는가? 그것도 반쯤?!
{'반쯤'은 러시아어로 наполови́ну이다.}

□ 반하다(become infatuated)

사무라이는 <u>chef</u>에게 반했는가?!
{'반하다'는 프랑스어로 s'amouracher이다.}

□ 발기(erection)

복기(復棋)를 하는 동안의 상태는 발기?!
{'발기'는 일본어로 勃起[ほっき]이다.}

□ 발기부전(impotence)

양순한 **웨이**터는 발기부전인가?!
{'발기부전'은 중국어로 阳痿[yángwěi]이다.}

☐ 발음하다(pronounce)

빛은 **태**초부터 이중적으로 발음하는가?!
{'발음하다'는 히브리어로 אבטא[bitte]이다.}

☐ 발정하다(be at heat)

파렴치한이 **칭**얼거리면서 허구한 날 입으로 똥을 싸다가 결국 자한(自汗)으로 당장이라도 교미할 준비가 된 돼지처럼 발정하는가?!
{'발정하다'는 중국어로 发情[faqíng]이다.}

☐ 발톱(claw, talon)

Talented talon?!
{'맹금(猛禽)의 발톱'은 영어로 talon이다.}

☐ 발행 부수(circulation)

찌질이와 **라**스푸틴과 **쉬**리에 대한 모든 비밀을 폭로한 책의 발행 부수?!
{'발행 부수'는 러시아어로 тираж이다.}

☐ 발효하다(ferment)

브라는 **지**저분한 **찌**찌 위에서 발효하는가?!
{'발효하다'는 러시아어로 бродить(불완료체)이다.}

☐ 밤(night)

놓치기에는 너무나 맑고 아름다워서 별 헤는 밤?!
{'밤'은 러시아어로 ночь이다.}

☐ 밤기차(night train)

요부와 **기**둥서방과 **샤**먼을 태우고 우주로 기운도 없이 떠난 밤기차?!
{'밤기차'는 일본어로 夜汽車[よぎしゃ]이다.}

□ 방광(bladder)

복고풍(復古風)의 방광?!
{'방광'은 일본어로 膀胱[ぼうこう]이다.}

배신한 **씨**암탉의 방광?!
{'방광'은 프랑스어로 vessie이다.}

□ 방금(just now)

깡으로 **차이**나가 강국으로 부상한 것은 방금?!
{'방금'은 중국어로 剛才[gāngcái]이다.}

□ 방랑자(vagabond, tramp)

브라가 **작아**서 더 큰 사이즈를 찾아 헤매는 방랑자?!
{'방랑자'는 러시아어로 бродяга이다.}

박 아줌마가 **봉춤**을 추는 것을 보고 충격을 받아 길을 떠난 방랑자?!
{'방랑자'는 프랑스어로 vagabond이다.}

□ 방문자(visitor)

빠르게 **씨**암탉의 **찌찔** 만지고 도망친 방문자?!
{'방문자'는 러시아어로 посетитель이다.}

□ 방사(sexual intercourse)

보지만 보이지 않는 방사(房事)?!
{'방사'는 일본어로 房事[ほうじ]이다.}

□ 방사능(radioactivity)

호전적이고 **샤**머니즘적인 **노**는계집은 무엇보다도 방사에 능하다고 중언한 방사능?!
{'방사능'은 일본어로 放射能[ほうしゃのう]이다.}

[EGR]
[CKJ]
[HGL]
[I S F]

□ 방아쇠(trigger)

대구와 **땅**콩의 **뜨**악한 모습에 당긴 방아쇠?!
{'방아쇠'는 프랑스어로 détente이다.}

□ 방어(defense)

아줌마와 **바**보들의 **로**맨틱한 **나**라에서는 기대하기 힘든 자주적
인 방어?!
{'방어'는 러시아어로 оборона이다.}

□ 방정식(equation)

호텔에서 **떼**도둑이 **시**시하게 **끼**를 부리면서 함께 푼 방정식?!
{'방정식'은 일본어로 方程式[ほうていしき]이다.}

미친년과 **쉬**리가 **바**다에서 **아**이들을 죽이고 오랜 세월이 지나서
야 드디어 그 추악한 해를 찾아낸 방정식?!
{'방정식'은 히브리어로 משואה[mishvaah]이다.}

□ 방탕한 생활을 하다(lead a fast life)

노는계집은 **se**x를 하면서 방탕한 생활을 하는가?!
{'방탕한 생활을 하다'는 프랑스어로 nocer이다.}

□ 방향을 틀다(veer)

Beer makes you veer?!
{'방향을 틀다'는 영어로 veer이다.}

□ 배(belly)

하라는 일은 안 하고 위하는 것은 오직 자기들의 배?!
{'배'는 일본어로 腹[はら]이다.}

□ 배(ship)

배가 침몰하고 있는데 아직도 **안이야**?!

{'배'는 히브리어로 אֳנִיָּה[aniyah]이다.}

바보들이 **또** 침몰시킨 배?!

{'배'는 프랑스어로 bateau이다.}

□ 배반자(Judas)

Q: **주**여, **다스**는 누구 것입니까?

A: 배반자?!

{'배반자'는 영어로 Judas이다.}

Q: **유**명한 **다스**는 누구 것입니까?

A: 배반자?!

{'배반자'는 독일어로 Judas이다.}

Q: **후**안무치한 **다스**는 누구 것입니까?

A: 배반자?!

{'배반자'는 스페인어로 judas이다.}

Q: 배반자는 결국 누구입니까?

A: **쥐다**?!

{'배반자'는 프랑스어로 Judas이다.}

□ 뱀장어(eel)

알랑방귀를 뀌고 다니는 가소로운 뱀장어?!

{'뱀장어'는 독일어로 Aal이다.}

우매성(愚昧性)을 **가리**켜 달라고 하자 참으로 영리하게도 자신을 가리킨 뱀장어?!

{'뱀장어'는 러시아어로 угорь이다.}

우매한 **나**라에서 **기**생하는 뱀장어?!

{'뱀장어'는 일본어로 うなぎ이다.}

안보리에서 **기**생하다가 **야**반도주한 뱀장어?!

{'뱀장어'는 스페인어로 anguilla이다.}

☐ 버릇없게 기르다(spoil)

가소로운 **떼**도둑은 chicken을 hawk이라고 치켜세우면서 버릇 없이 기르는가?!

{'버릇없게 기르다'는 프랑스어로 gâter이다.}

☐ 버터(butter)

버터를 먹으면 시험에 **붙어**?!

{'버터'는 독일어로 Butter이다.}

Q: 버터는 도대체 무엇으로 구입하는가?
A: 막대한 **부로**?!

{'버터'는 이탈리아어로 burro이다.}

☐ 번갈아(in turn)

빠르게 **아**줌마를 **치료**하자 **드**디어 **나**라가 정상을 되찾는가? 이처 럼 비정상과 정상은 춤을 추는가? 그것도 번갈아?!

{'번갈아'는 러시아어로 поочерёдно이다.}

☐ 번거로운(burdensome)

판사가 **쏘**시면서 **오**르가슴에 도달하는 과정은 생각보다 번거로 운가?!

{'번거로운'은 중국어로 繁琐[fánsuǒ]이다.}

☐ 번영하다(prosper)

씨암탉의 grotesque sex로 그렇게 양계장은 번영하는가?!

{'번영하다'는 히브리어로 שגשג[sigseg]이다.}

☐ 벌거벗은(naked)

나는 **고2**다. 노예처럼 순응하지 않기 위해 벌거벗은?!

{'벌거벗은'은 러시아어로 нагой이다.}

□ 범죄(crime)

한간(漢奸)적인 **자**유로 **이**들이 닭똥 같은 눈물을 흘리며 석고대
죄를 드리기는커녕 오히려 온몸에 쥐똥을 바른 채 당당하게 구
는 것은 그야말로 희극적인 범죄?!

{'범죄'는 일본어로 犯罪[はんざい]이다.}

크림빵인지 무슨 빵인지를 훔치다가 잡혀서 징역 5년, 몇 차례 탈
옥을 시도했다가 실패하는 바람에 결국 19년간의 감옥살이를 하
게 된 장발장과는 아주 다르게 천문학적인 뇌물을 주고 이제 별
세계의 용왕으로 등극한 맘몬은 악마에게 영혼을 판 새들 덕분
에 가볍게 집행유예로 끝났으니 이러한 부조리는 결국 법 버러지
들의 추악한 범죄?!

{'범죄'는 프랑스어로 crime이다.}

□ 범죄자(criminal)

크림이 널 유혹한다고 해서 크림을 훔친다면 너는 범죄자?!

{'범죄자'는 영어로 criminal이다.}

□ 법(law)

Love always wins?!
Liars always win?!

{'법'은 영어로 law이다.}

자기기만적인 **꼰**대들이 가지고 노는 법?!

{'법'은 러시아어로 закон이다.}

Father! Are those bastards above the law?!

{'법'은 중국어로 法[fǎ]이다.}

□ 법을 어기다(violate a law)

왜 이 씨암탉은 **en**dless하게 사람들에게는 법을 지키라고 소리
치면서 자신은 허구한 날 습관적으로 보란 듯이 법을 어기는가?!

{'법을 어기다'는 중국어로 违宪[wéixiàn]이다.}

□ 법조계(the field of law)

법관들도 **조개**가 부패하면 어쩔 수 없이 버린다는 것을 보여준 법조계?!

□ 법치주의(constitutionalism)

법관들이 **치**킨을 **주**야로 **의**식하는 것이야말로 진정한 법치주의?!
{'법치주의'란 민주주의 국가에서 국민의 의사를 대표하는 국회에서 만든 헌법을 무시하고 국가나 권력자가 마음대로 권력을 행사할 수 없음을 의미한다.}

□ 법칙(law)

Father도 **저**년도 피할 수 없는 인과응보의 법칙?!
{'법칙'은 중국어로 法則[fǎzé]이다.}

호색적인 **소**인배도 **ку**рица[꾸리짜]도 피할 수 없는 인과응보의 법칙?!
{'법칙'은 일본어로 法則[ほうそく]이다.}

□ 벗다(undress)

누구의 부당한 명령으로 그들은 옷을 벗는가?!
{'벗다'는 일본어로 脱ぐ[ぬぐ]이다.}

□ 벗어(take off)

스님이 사이비 목사처럼 여신도에게 명령했다. "벗어?!"
{'벗어'는 러시아어로 снимй이다.}

□ 베를린(Berlin)

벌린 베를린?!
{'베를린'은 독일의 수도이다.}

□ 베일(veil)

부자이지만 **알**고 보면 그들 모두 그저 돈만 많은 색마적인 거지에 불과함을 폭로한 장녀가 자연스럽게 벗은 베일?!
{'베일'은 러시아어, 프랑스어로 각각 вуаль, voile이다.}

□ 베짱이(katydid)

Katy did kill every single katydid?!
{'베짱이'는 영어로 katydid이다.}

배짱이 두둑하기는커녕 잡히면 오들오들 떨면서 병신처럼 비굴하게 목숨을 구걸하는 일본산 베짱이?!
{'베짱이'는 여칫과의 곤충이다.}

우남(愚男)도 **마**사오도 **오이**디푸스처럼 **무시**무시한 운명의 힘에 굴복하지 않고 철저히 카멜레온처럼 살아남았기 때문에 국가적으로 부끄러운 반인반수(半人半獸)로 불리기에 전혀 손색이 없다고 주장하는 일본산 베짱이?!
{'베짱이'는 일본어로 うまおいむし이다.}

□ 베트남(Vietnam)

위대한 **애**국심으로, **난**데없이 쳐들어온 오만한 골리앗을 쓰러뜨린 다윗 같은 나라 베트남?!
{'베트남'은 중국어로 越南[Yuênán]이다.}

□ 벼락부자(upstart, parvenu)

희대미문의 **샤**먼은 **흐**리멍덩한 꼭두각시 덕분에 이제는 세계적인 벼락부자?!
{'벼락부자'는 프랑스어로 richard이다.}

□ 변기(toilet)

우니까 **따스**하게 된 변기?!
{'변기'는 러시아어로 унитаз이다.}

□ 변덕(caprice)

커플이 **스**스럼없이 부리는 변덕?!
{'변덕'은 영어로 cap<u>ri</u>ce이다.}

□ 변덕스러운 것(something capricious)

<u>Pri</u>son에서 **비례**다 반비례다 따지는 것은 변덕스러운 것?!
{'변덕스러운 것'은 러시아어로 прив<u>е</u>р<u>е</u>да이다.}

□ 변덕스러운 행동(capricious behavior)

<u>Pri</u>soner에게 **비례**식을 **드니** <u>chest</u>를 **바**로 까는 것은 수학과는 상관없는 변덕스러운 행동?!
{'변덕스러운 행동'은 러시아어로 прив<u>е</u>р<u>е</u>дничество이다.}

□ 변변치 못한 놈(twat)

<u>Pro</u>stitute의 **빠**구리에도 **스**스럼없이 **찌**질하게 **나**와서 prostitute 는 세상에서 가장 순결한 존재라고 소리치는 변변치 못한 놈?!
{'변변치 못한 놈'은 러시아어로 пропаст<u>и</u>на이다.}

□ 변태(pervert)

<u>Hen</u>을 **따**르는 **이** 병아리들은 하나같이 변태인가?!
{'변태'는 일본어로 **変態**[へんたい]이다.}

□ 변호사(lawyer)

아줌마와 **드**라마틱하게 **바**람나서 **까**불거리다가 **뜨**거운 사천요리 가 나오자 도도하게 처먹기로 맘먹은 변호사?!
{'변호사'는 러시아어로 адвок<u>а</u>т이다.}

아줌마의 **보**디가드는 **가**히 **도**둑놈이라고 해도 무방한 그야말로 달나라에서 토끼가 유영하는 개소리를 늘어놓는 변호사?!
{'변호사'는 스페인어로 ab<u>o</u>g<u>a</u>do이다.}

□ 변화하다(change)

Hen's **he**ll **lif**ts nobody out of poverty, which will never change?!

{'변화하다'는 히브리어로 הֶחֱלִיף[hehelif]이다.}

알라를 **조**금 이상하게 믿으면 극단적으로 변화하는가?!

{'변화하다'는 그리스어로 αλλαζω이다.}

□ 별세하다(pass away)

스스럼없고도 **깐**깐한 **차**주는 **짜**고 치는 고스톱처럼 차 안에서 별세하는가?!

{'별세하다'는 러시아어로 скончаться(완료체)이다.}

□ 병신이 된(crippled)

우연이라고 **보기**엔 너무나 필연적으로 2016년 당년(當年)은 병신이 된 것인가?!

{'병신이 된'은 러시아어로 убогий이다.}

□ 보기에 싫증나다(be fed up with seeing)

미친년이 **아끼**는 **루**머에 대해 구차한 변명을 늘어놓는 모습은 이제 보기에 싫증나는가?!

{'보기에 싫증나다'는 일본어로 見飽きる[みあきる]이다.}

□ 보이기 위해(for show)

나태한 **빠**구리를 **까**라! 스스럼없는 자의 종말을 보이기 위해?!

{'보이기 위해'는 러시아어로 напоказ이다.}

□ 보증(guarantee)

Good 자궁은 예쁜 아기에 대한 보증?!

{'보증'은 독일어로 Gutsagung이다.}

□ 보증금(deposit)

자다가 **딱**하게도 잃어버린 보증금?!
{'보증금'은 러시아어로 зада́ток이다.}

□ 보통 걸음으로(at walking pace)

오빠와 함께 보통 걸음으로?!
{'보통 걸음으로'는 프랑스어로 au pas이다.}

□ 복권(lottery)

다 까라고? **굳이** 보고 싶다면 보여 주지. 자 여기 복권?!
{'복권'은 일본어로 たからくじ이다.}

□ 복수(vendetta)

뺀댕이가 **da**ddy를 **따**라한 유치한 복수?!
{'복수'는 이탈리아어로 vendetta이다.}

□ 본능(instinct)

혼자 **노**는 것은 본능인가?!
{'본능'은 일본어로 **本能**[ほんのう]이다.}

후레자식이 **쉬**면서 **TV**를 보는 것은 본능인가?!
{'본능'은 히브리어로 שוב טבע[hush tivi]이다.}

□ 본심(one's real intention)

혼내면 드러나는 본심?!
{'본심'은 일본어로 **本音**[ほんね]이다.}

□ 봄(spring)

빗으나 안 빗으나 아름다운 봄?!
{'봄'은 러시아어로 весна́이다.}

하루 만에 지나간 봄?!
{'봄'은 일본어로 **春**[はる]이다.}

□ 봉합하다(suture)

쑤시다가 **처**음으로 봉합하는가?!
{'봉합하다'는 영어로 s**u**t**u**re이다.}

□ 부검(autopsy)

오만(Oman)의 **탑**에서 **씨**암탉이 추락하여 죽자 정확한 사인을 밝히기 위해 병사가 실시한 부검?!
{'부검'은 영어로 autopsy이다.}

□ 부담(burden)

짜증나는 **가스**나 **찌**찌는 큰 부담?!
{'부담'은 러시아어로 ТЯГОСТЬ이다.}

□ 부당이득을 취하다(profiteer)

Prophet의 **tear**(눈물)로 가짜 예언자들이 부당이득을 취하는가?!
{'부당이득을 취하다'는 영어로 profit**ee**r이다.}

□ 부랑아(street urchin)

비스킷을 **pri**son에서 **조르**는 **Nick**은 부랑아?!
{'부랑아'는 러시아어로 беспризорник이다.}

□ 부엉이(owl)

싸움닭과 **바**보들이 죄 없는 사람을 죽인 것을 목격한 부엉이?!
{'부엉이'는 러시아어로 сова이다.}

의란은 **부**패한 쥐가 산천어를 죽인 것을 알고 있다고 국제사회에 증언한 부엉이?!

{'부엉이'는 프랑스어로 hibou이다.}

□ 부유하게 만들다(enrich)

박 아줌마는 **찌찌**를 열심히 **빠**는 자들만을 부유하게 만드는가?!
{'부유하게 만들다'는 러시아어로 бога**ти́ть**(불완료체)이다.}

□ 부은(swollen)

부은 얼굴의 **부피**?!
{'부은'은 프랑스어로 bouffi이다.}

□ 부자(rich man)

바른 **가치**는커녕 돈을 위해서라면 수단과 방법을 가리지 않으면
서 맘몬의 노예로 사는 어리석은 부자?!
{'부자'는 러시아어로 бога́ч이다.}

□ 부재하는(absent)

압제하는 **쌍**년은 불리할 때마다 부재하는가?!
{'부재하는'은 프랑스어로 absent이다.}

□ 부적절한(inappropriate)

니체보다 **빠**르게 **다**니는 **바**보와 **유**명한 **쉬**리의 밀회는 부적절한가?!
{'부적절한'은 러시아어로 неподоба́ющий이다.}

□ 부정한 일을 하다(do something dishonest)

스님이 **희**한하게 **미치**면 **찌찌**를 만지면서 부정한 일을 하는가?!
{'부정한 일을 하다'는 러시아어로 схими́чить(완료체)이다.}

□ 부족(dearth)

더러운 **earth**에 가득한 부족?!

{'부족'은 영어로 dearth이다.}

□ 부화장(hatchery)

해마다 **처리**를 해야 하는 부화장?!
{'부화장'은 영어로 hatchery이다.}

□ 부활절(Easter)

빠구리를 **스**스럼없이 **하**다가 맞이한 부활절?!
{'부활절'은 러시아어로 пасха이다.}

빠구리를 **끄**집어내기에는 너무나 성스러운 부활절?!
{'부활절'은 프랑스어로 Pâques이다.}

□ 분가하다(move out)

씨암탉과 **쥐**는 결국 분가하는가?!
{'분가하다'는 중국어로 析居[xījū]이다.}

□ 분만(delivery)

Ant가 **빈둥**거리는 동안 임박한 분만?!
{'분만'은 독일어로 Entbindung이다.}

레이디의 **다**소 비밀스러운 분만?!
{'분만'은 히브리어로 לדה[ledah]이다.}

□ 분별없음(babyism)

Baby들을 **잊음**을 부모들에게 강요하는 것은 잔인하고도 분별없음?!
{'분별없음'은 영어로 babyism이다.}

미친년이 **다리**에서 널뛰는 것은 그 누가 봐도 분별없음?!
{'분별없음'은 일본어로 妄り[みだり]이다.}

□ 분쟁(dispute)

씨암탉의 **흐**뭇한 **쏘**심과 **흐**느낌 사이에서 발생한 정신분열적인 분쟁?!

{'분쟁'은 히브리어로 ** סכסוך**[sikhsukh]이다.}

□ 분출하다(erupt)

뻥치다가 **파**란 집에서 붉은 피가 분출하는가?!

{'분출하다'는 중국어로 迸发[bèngfā]이다.}

□ 불가역적(irreversible)

불한당과 **가**증스러운 **역적**들 그리고 이처럼 돈에 미친 매국노들의 반민족적인 협력 속에 외딴 섬나라 병사들이 세기말적 윤간으로 수많은 소녀들을 유린했음에도 그러한 반인륜적 범죄에 대해 단 한 번도 진심으로 사죄하지 않는 그딴 섬나라 난쟁이들에 대한 하늘의 심판은 결코 꺼지지 않는 불의 고리처럼 그야말로 불가역적?!

{'불가역적'은 '되돌릴 수 없는'이라는 뜻이다.}

□ 불가피하다(it is inevitable)

니체가 **미**쳤더라도 **누**군가는 **예**술을 **마**저 해야 한다는 것은 불가피한가?!

{'불가피하다'는 러시아어로 неминуемо이다.}

□ 불구로 만들다(cripple, maim)

매국노들의 **임**무는 나라를 불구로 만드는 것인가?!

{'불구로 만들다'는 영어로 maim이다.}

이주민들은 **배**신한 **치**킨을 **찌**름으로써 불구로 만드는가?!

{'불구로 만들다'는 러시아어로 изувечить(완료체)이다.}

□ 불구자(cripple)

우로 **트**림하는 자는 불구자?!
{'불구자'는 러시아어로 уро́д이다.}

□ 불길한 수(ominous number)

집은 빚을 내서라도 사야 한다고 사기 치는 최악의 경제학자들과
환관들이 그야말로 신처럼 숭배하는 불길한 수?!
{'불길한 수'는 독일어로 Sieben이다.}

□ 불면증(insomnia)

후진국의 **민**주주의는 **쇼**에 불과하니 오늘 밤도 국민들은 불면증?!
{'불면증'은 일본어로 **不眠症**[ふみんしょう]이다.}

□ 불어넣다(instill)

브라는 **누**나와 **샤**먼의 **찌**찌에 자신감을 불어넣는가?!
{'불어넣다'는 러시아어로 внуша́ть(불완료체)이다.}

□ 불운(misfortune)

비를 **다** 맞는 것은 그야말로 불운?!
{'불운'은 러시아어로 беда́이다.}

□ 불이 붙다(catch fire)

자지가 **가짜**라도 불이 붙는가?!
{'불이 붙다'는 러시아어로 зажига́ться(불완료체)이다.}

쌍둥이의 **브라**는 **제**대로 불이 붙는가?!
{'불이 붙다'는 프랑스어로 s'embraser이다.}

[EGR]
[CKJ]
[HGL]
[ISF]

□ 불탄 자리(site of fire)

빠구리 **자리**에서 **chef**가 발견한 것은 불탄 자리?!

{'불탄 자리'는 러시아어로 пож**а**рище이다.}

□ 불행하게도(unfortunately)

나라를 **비**열한 **두** 연놈이 말아먹었다는 게 정말인가? 그렇다. 불
행하게도?!
{'불행하게도'는 러시아어로 на бед**у**이다.}

□ 불확정성(uncertainty)

이것을 **받다**가 **우**리가 **트**림을 할지 안 할지 알 수 없음이 바로 불
확정성?!
{'불확정성'은 히브리어로 אִי-וַדָּאוּת[i-vaddaut]이다.}

□ 붐비다(bustle)

벗을 때마다 극장은 관객들로 붐비는가?!
{'붐비다'는 영어로 bustle이다.}

□ 붕어(carp)

Who나 what이나 무슨 차이냐고 묻는 붕어?!
{'붕어'는 일본어로 鮒[ふな]이다.}

□ 브레이크(brake)

처자빠져 자다가 아예 밟지도 않은 브레이크?!
{'브레이크'는 중국어로 车闸[chēzhá]이다.}

□ 블랙리스트(blacklist)

헤이그에서 **밍**크고래와 **딴**따라가 입수한 것으로 추정되는 블랙
리스트?!
{'블랙리스트'는 중국어로 黑名单[hēimíngdān]이다.}

□ 블랙홀(black hole)

헤이그의 **동**쪽에서 발견된 블랙홀?!
{'블랙홀'은 중국어로 **黑洞**[hēidòng]이다.}

□ 비교하다(compare)

희극적으로 **쉬**는 **바**보와 비극적으로 쉬는 바보를 비교하는가?!
{'비교하다'는 히브리어로 הִשְׁוָה[hishvah]이다.}

□ 비극(tragedy)

희극적인 **개**들이 **끼**를 부리는 것은 비극?!
{'비극'은 일본어로 **悲劇**[ひげき]이다.}

□ 비꼬는(ironic)

이란이 체스에서 **끼**를 부리면서 비꼬는가?!
{'비꼬는'은 러시아어로 **иро**н**и**ческий이다.}

□ 비너스(Venus)

웨이터에게 **나**체를 **스**스럼없이 보여준 사랑의 여신 비너스?!
{'비너스'는 중국어로 **维纳斯**[Wéinàsī]이다.}

유명한 **납**골당에서 **사**랑을 나눈 사랑의 여신 비너스?!
{'비너스'는 한자로 **维纳斯**[유납새]이다.}

□ 비누로 씻다(soap)

비누로 씻다가 오줌을 **싸보네**?!
{'비누로 씻다'는 프랑스어로 savonner이다.}

□ 비명을 지르다(shriek)

비즈니스맨이 **그 누**나의 **찌**찌를 만지자 그녀는 좋아서 비명을 지르는가?!

ㅂ

{'비명을 지르다'는 러시아어로 **визгнуть**(일회체)이다.}

□ 비밀(secret)

따분한 **의 나**라의 공공연한 비밀?!
{'비밀'은 러시아어로 **тайна**이다.}

하찮은 **샤**먼이 **의**대로 말을 타면서 제멋대로 설치는 것은 혼자만 용하다는 무당과 도둑들이 음탕하게 정을 통하는 그야말로 혼용무도(昏庸無道)의 시절이기 때문이다. 이것은 공공연한 비밀?!
{'비밀'은 히브리어로 **מ**אשׁ[י](hashai]이다.}

□ 비밀을 누설하다(break a secret)

씨암탉은 **에**로틱한 **미**친년에게 비밀을 누설하는가?!
{'비밀을 누설하다'는 중국어로 泄密[xièmì]이다.}

□ 비상식적인(insane)

앵무새와 **쌍**년의 se**x**는 비상식적인가?!
{'비상식적인'은 프랑스어로 insensé이다.}

□ 비싸다(it's expensive)

비싸다고 생각하면 **돌아가**?!
{'비싸다'는 러시아어로 **дорого**이다.}

□ 비열한 놈(scoundrel, rat)

빠구리를 **들**키자 "Let's forget!"라고 한 비열한 놈들?!
{'비열한 놈'은 러시아어로 **подлец**이다.}

가지나 안 가지나 항상 비열한 놈?!
{'비열한 놈'은 러시아어로 **гадина**이다.}

□ 비자(visa)

비싸도 잘 팔리는 비자?!

{'비자'는 스페인어로 visado이다.}

□ 비탄에 잠기게 하다(distress)

대단히 **졸**렬한 **레**이디는 사람들을 비탄에 잠기게 하는가?!
{'비탄에 잠기게 하다'는 프랑스어로 désoler이다.}

□ 비틀비틀하는(wonky)

왕이 **키**우는 개들은 하나같이 권력에 취해서 비틀비틀하는가?!
{'비틀비틀하는'은 영어로 w<u>o</u>nky이다.}

□ 비행기(airplane)

페이지 사이를 날아다니는 비행기?!
{'비행기'는 중국어로 飞机[fēijī]이다.}

□ 빅토리아(Victoria)

웨이터가 **두어**둔 **리**무진에서 **야**동을 보고 있는 빅토리아?!
{'빅토리아'는 중국어로 维多利亚[wéiduōlìyà]이다.}

□ 빈손(empty hands)

스스로 **대**단한 부자라고 생각하는 자도 이 세상을 떠날 때는 결국 빈손?!
{'빈손'은 일본어로 素手[すで]이다.}

□ 빌라도(Pilate)

빌어먹을! **라**스베이거스에서 **도**둑들이 나라를 팔아먹어도 한없이 관대하지만 죄 없는 자에게는 조작된 죄목에도 얼씨구나 하면서 사형을 선고하는 비겁한 재판관들의 영원한 우상 빌라도?!
{'빌라도'는 예수의 처형을 허가한 유대의 총독이다.}

□ 빙고(icehouse)

힘으로는 녹일 수 없는 빙고?!
{'빙고'는 일본어로 氷室[ひむろ]이다.}

□ 빠지다(indulge)

오보래? 루머로 루머를 덮는 쓰레기 언론은 정녕 불가역적인 부패의 달콤함에 빠졌는가?!
{'빠지다'는 일본어로 溺れる[おぼれる]이다.}

□ 빨리(quickly)

하야해! **꾸**물거리지 말고! 빨리?!
{'빨리'는 일본어로 はやく이다.}

□ 뺑소니(hit and run)

희극적인 **끼**로 **니**체가 **게**처럼 술을 마시고 운전하다가 사람을 치고 도망친다면 결국 뺑소니?!
{'뺑소니'는 일본어로 ひきにげ이다.}

□ 뻔뻔스러운 년(cheeky beggar)

"**나**랑 **할까**?"라고 말한 뻔뻔스러운 년?!
{'뻔뻔스러운 년'은 러시아어로 нахалка이다.}

□ 뻔뻔스러운 놈(cheeky beggar)

나라를 **할**머니에게 넘기고 도둑질한 뻔뻔스러운 놈?!
{'뻔뻔스러운 놈'은 러시아어로 нахал이다.}

□ 뻔뻔스러움(audacity, cheek, effrontery)

나체로 **할**머니의 **스트**립쇼를 **바**라보는 자의 뻔뻔스러움?!
{'뻔뻔스러움'은 러시아어로 нахальство이다.}

<u>Huhn</u>(hen)은 **장**난 아니게 뻔뻔스러움?!

{'뻔뻔스러움'은 중국어로 混账[hùnzhàng]이다.}

<u>오</u>늘까지도 **das**는 독일어 정관사 중성 단수 1격 및 4격은 맞지만 결코 자기 소유는 아니라고 주장하는 이란 국적을 가진 쥐의 뻔뻔스러움?!

{'뻔뻔스러움'은 프랑스어로 audace이다.}

□ 사과(apology)

아줌마의 **야**비한 **말이** 과연 제대로 된 사과인가?!

{'사과'는 일본어로 **謝り**[あやまり]이다.}

□ 사기꾼(con man, swindler)

나라를 **두 발**바리들이 **라**스베이거스의 도박꾼들에게 팔아넘겼다면 그 개새끼들은 그야말로 사기꾼?!

{'사기꾼'은 러시아어로 над<u>у</u>вала이다.}

프로필로는 **쥐가** 그야말로 최악의 사기꾼?!

{'사기꾼'은 러시아어로 пр<u>о</u>жига이다.}

플루트로 쥐떼를 없애기는커녕 오히려 쥐떼가 들끓게 만든 그 인간은 그야말로 사기꾼?!

{'사기꾼'은 러시아어로 плут이다.}

프리섹스에 **뽕**까지 하는 그 인간은 그야말로 사기꾼?!

{'사기꾼'은 프랑스어로 fripon이다.}

□ 사기를 치다(con, swindle)

치킨이 **자꾸** 사기를 치는가?!

{'사기를 치다'는 중국어로 欺诈[qīzhà]이다.}

□ 사라지다(disappear)

의기적인 **쉬**리와 **자**기기만적인 **찌**질이는 결국 역사 속으로 사라지는가?!

{'사라지다'는 러시아어로 исчез<u>а</u>ть(불완료체)이다.}

□ 사람들의 집단을 구별해 주는 요소(shibboleth)

쉬리와 **벌꿀**에게 "**Let**'s go together!"하는지 혹은 "Go away!"하는지가 사람들의 집단을 구별해 주는 요소?!
{'사람들의 집단을 구별해 주는 요소는 영어로 shibboleth이다.}

□ 사랑하고 아낌(loving and cherishing)

아, 의 새끼 내가 많이 사랑하고 아낌?!
{'사랑하고 아낌'은 일본어로 愛惜[あいせき]이다.}

□ 사랑하는 여자(dear)

닳아 가야 하지만 그래도 사랑하는 여자?!
{'사랑하는 여자'는 러시아어로 дорогая이다.}

□ 사랑하다(love)

애매하게 사랑하는가?!
{'사랑하다'는 프랑스어로 aimer이다.}

□ 사리사욕은 눈을 어둡게 한다

(self-interest makes your eye dim)

리무진에서 **링**컨은 **쥐**에게 **훈**계를 했다. "사리사욕은 눈을 어둡게 한다네?!"
{'사리사욕은 눈을 어둡게 한다'는 중국어로 利令智昏[lìlìngzhìhūn]이다.}

□ 사마천(Sima Qian)

스스럼없는 **마**녀와 **치**킨의 **en**d에 관해 예언한 사마천?!
{'사마천'은 중국어로 司马迁[sīmǎqiān]이다.}

□ 사망(death, demise)

스스럼없는 **왕**의 비극적인 사망?!

{'사망'은 중국어로 死亡[sǐwáng]이다.}

□ 사모하다**(adore)**

A door all the peace - loving people adore?!
{'사모하다'는 영어로 ado<u>re</u>이다.}

□ 사법부**(judiciary)**

유난히 **스**스럼없는 **찌찌**는 **야**한 기질 때문이라고 판단한 사법부?!
{'사법부'는 러시아어로 ЮСТИЦИЯ이다.}

스스럼없이 **파**렴치하게 **뿌**지직하면서 허구한 날 개똥같은 판결을
일삼는 사법부?!
{'사법부'는 중국어로 司法部[sīfǎbù]이다.}

□ 사살하다**(blip off)**

지저분하고 **비**열하면 사살하는가?!
{'사살하다'는 중국어로 击毙[jībì]이다.}

□ 사상가**(thinker)**

시소까지 타면서 깊은 생각에 잠긴 사상가?!
{'사상가'는 일본어로 思想家[しそうか]이다.}

□ 사실**(fact)**

타짜 해야 돈을 벌 수 있다는 사실?!
{'사실'은 독일어로 Tatsache이다.}

레스토랑은 프랑스어란 사실?!
{'사실'은 라틴어로 res이다.}

애초부터 알려진 사실?!
{'사실'은 스페인어로 hecho이다.}

페르마는 수학자이자 변호사였다는 사실?!
{'사실'은 프랑스어로 fait이다.}

□ 사십(forty)

싸란다고 **따**뜻한 똥을 진짜 싸? 나이는 게다가 사십?!
{'사십'은 그리스어로 σαραντα이다.}

□ 사월(April)

A **p**rostitute **r**uined **i**nnumerable **l**ives?!
{'사월'은 영어로 April이다.}

Slut을 **위**해 **애**들을 죽인 것을 목격한 사월?!
{'사월'은 중국어로 四月[sìyuè]이다.}

□ 사위(son-in-law)

사위랑 **잤지**?!
{'사위'는 러시아어로 зять이다.}

무식한 **꼬**꼬의 사랑을 독차지한 사위?!
{'사위'는 일본어로 婿[むこ]이다.}

□ 사재기(cornering)

코너링과 불가분의 관계에 있는 사재기?!
{'사재기'는 영어로 cornering이다.}

□ 사체(dead body)

Dead body of **E.T.**?!
{'사체'는 중국어로 遺体[yítǐ]이다.}

□ 사치스럽게(luxuriously)

라스푸틴과 **꼬**꼬와 **쉬**리는 **나**라를 말아먹으면서 기생한다. 그것
도 아주 사치스럽게?!
{'사치스럽게'는 러시아어로 роскошно이다.}

□ 사타구니(crotch)

코린내가 **아**주 심하게 나는 사타구니?!
{'사타구니'는 중국어로 胯[kuà]이다.}

인어의 **글래**머러스한 사타구니?!
{'사타구니'는 스페인어로 ingle이다.}

□ 사형집행인(executioner)

빨라고 **치**킨이 소리치자 빨기 시작하는 사형집행인?!
{'사형집행인'은 러시아어로 палач이다.}

□ 사회(society)

옵션으로 **쉬**리와 **스트**리퍼와 **바**보가 함께 통치하는 사회?!
{'사회'는 러시아어로 общество이다.}

Hen이 **브라**까지 통제하는 사회?!
{'사회'는 히브리어로 חברה[hevrah]이다.}

□ 삭제하다(delete)

마녀는 **학**교 교과서에서 역사적 사실을 삭제하는가?!
{'삭제하다'는 히브리어로 מחק[mahaq]이다.}

□ 산 채로(alive)

자기기만적인 **쥐**는 **바**로 묻어야 한다. 그것도 산 채로?!
{'산 채로'는 러시아어로 заживо이다.}

□ 산사태(landslide)

앞발로 막은 산사태?!
{'산사태'는 러시아어로 обвал이다.}

□ 산소(oxygen)

양치기 소년에게 거짓말을 한 산소?!
{'산소'는 중국어로 **氧气**[yǎngqì]이다.}

□ 산적(brigand)

Bridge를 **강**제로 폭파시킨 산적?!
{'산적'은 프랑스어로 brigand이다.}

□ 산파(midwife)

사주팔자로 **팜** 파탈이 된 산파?!
{'산파'는 프랑스어로 sage - femme이다.}

□ 산화물(oxide)

악의 **side**에 서 있는 것으로 추정되는 산화물?!
{'산화물'은 영어로 oxide이다.}

□ 살아 있는(alive, living)

쥐는 **보이**지 않지만 아직도 살아 있는가?!
{'살아 있는'은 러시아어로 живой이다.}

비방하는 자는 입만 살아 있는가?!
{'살아 있는'은 프랑스어로 vivant이다.}

□ 살인자(murderer)

우박은 **비**열하게 **짜**고 치는 고스톱으로 죄 없는 자를 죽인 살인자?!
{'살인자'는 러시아어로 убийца이다.}

□ 삶이냐 죽음이냐? 답은 주님 안에?!

(Life OR Death? The answer is in the LORD?!)

□ 삼각법(**trigonometry**)

추리하는 **거**지가 **나머**지 **추리**소설을 읽고 이해한 삼각법?!
{'삼각법'은 영어로 trigon<u>o</u>metry이다.}

□ 삼씨(**hempseed**)

<u>Sha</u>nty에서 **비**를 피하는 삼씨?!
{'삼씨'는 프랑스어로 chènevis이다.}

□ 삼키다(**swallow**)

놈이 **꼬**꼬의 **무**척 풍만한 가슴살을 씹지도 않고 삼키는가?!
{'삼키다'는 일본어로 **飲み込む**[のみこむ]이다.}

아가씨가 **발레** 슈즈를 삼키는가?!
{'삼키다'는 프랑스어로 avaler이다.}

□ 상(**effigy**)

잊으라는 **바**보들에게 **야**한 **니**체가 **예**술적으로 만든 상?!
{'상(像)'은 러시아어로 извая́ние이다.}

□ 상대성(**relativity**)

야하게 **쑤**시면서 **트**림을 하든 또는 트림을 하면서 쑤시든 모든
것은 상대성?!
{'상대성'은 히브리어로 יחסות[yahasut]이다.}

□ 상상하다(**imagine**)

바보처럼 **아브라**함은 **지**저분한 **찌**찌를 상상하는가?!
{'상상하다'는 러시아어로 вообрази́ть(완료체)이다.}

바보처럼 **아브라**함은 **자**극적인 **찌**찌를 상상하는가?!
{'상상하다'는 러시아어로 вообража́ть(불완료체)이다.}

[EGR]
[CKJ]
[HGL]
[ISF]

□ 상속인(heir)

　　Air처럼 가벼운 상속인?!
　　{'상속인'은 영어로 heir이다.}

□ 상하(up and down)

　　조개가 움직이는 방향은 상하?!
　　{'상하'는 일본어로 上下[じょうげ]이다.}

□ 상호적인(mutual)

　　Abba, **you'd nee**d something mutual?!
　　{'상호적인'은 러시아어로 обоюдный이다.}

□ 새끼 곰(little bear)

　　고구마를 좋아하는 작은곰?!
　　{'새끼 곰'은 일본어로 小ぐま[こぐま]이다.}

□ 새벽(dawn)

　　새벽이 다가오는데 계속 **자랴**?!
　　{'새벽'은 러시아어로 заря이다.}

　　알바(Arbeit)의 새벽?!
　　{'새벽'은 이탈리아어로 alba이다.}

□ 새우(shrimp)

　　애비가 좋아하는 새우?!
　　{'새우'는 일본어로 海老[えび]이다.}

　　새우가 고래를 **가리다**?!
　　{'새우'는 그리스어로 γαριδα이다.}

□ 새옹지마(good or ill luck in disguise)

사이비 **우엉**이 **쉬**다가 **마**침내 정통 우엉이 되었다면 이 또한 새옹지마?

{'새옹지마(塞翁之馬)'는 중국어로 **塞翁失马**[sàiwēngshīmǎ]이다. 인생의 길흉화복은 변화가 많아서 예측하기가 어렵다는 말이다.}

사이비 **5가** 우리 **마**을에 왔다가 사라지는 것도 새옹지마?!

{'새옹지마'는 일본어로 **塞翁が馬**[さいおうがうま]이다.}

□ 색마(sex maniac)

섹스에 **매이니** **액**운을 만나게 된 색마?!

{'색마'는 영어로 sex maniac이다.}

인어가 **꾼** 꿈에 나타난 색마?!

{'색마'는 중국어로 淫棍[yíngùn]이다.}

□ 색즉시공, 공즉시색

(matter is empty space, empty space is matter)

Sir, **지**금부터는 **쉬**리와 **콩**밥을! **콩**밥을 **지**금부터는 **쉬**리와, **sir**?!

{'색즉시공'은 중국어로 **色即是空, 空即是色**[sèjíshìkōng, kōngjíshìsè]이다.}

시시한 **끼**로 **소**문난 **ку**рица[**꾸**리짜는 **제**멋대로 **꾸**물거리는가?
구속으로 **소**문난 **ку**рица[**꾸**리짜는 **제**멋대로 **시**건방지게 **끼**깅거리는가?!

{'색즉시공 공즉시색'은 일본어로 **色即是空, 空即是色**[しきそくぜくう, くうそくぜしき]이다.}

□ 생각(thought)

빵과 **sex**에 대한 생각?!

{'생각'은 프랑스어로 pensée이다.}

□ 생각에 잠기다(be deep in thought)

자두로 **맞자** 생각에 잠기는가?!

{'생각에 잠기다'는 러시아어로 **задуматься**(완료체)이다.}

□ 생각하다(think)

Think and you will sink?!
{생각하면 가라앉는다는 것은 물 위를 걸어 예수에게로 가던 베드로가 몸소 보여주었다.}

노는계집과 **미**친년의 **조**작극은 결국 어떻게 끝날 것이라고 생각하는가?!
{'생각하다'는 그리스어로 voμιζω이다.}

빵과 **se**x만을 생각하는가?!
{'생각하다'는 프랑스어로 penser이다.}

□ 생각해 내다(think up)

Prison에 **가다**가 **찌**찌가 흔들리자 더 이상 흔들리지 않게 하는 방법을 생각해 내는가?!
{'생각해 내다'는 러시아어로 **пригадать**(완료체)이다.}

□ 생략하다(omit)

History **she** **meet**s never and omits?!
{'생략하다'는 히브리어로 השמיט[hishmit]이다.}

□ 생산하다(produce)

빨아서 **고**기로부터 무엇을 생산하는가?!
{'생산하다'는 그리스어로 παραγω이다.}

□ 생존하다(survive)

사라는 드라마틱하게 생존하는가?!
{'생존하다'는 히브리어로 שרד[sarad]이다.}

□ 서사시(epopee)

에로틱한 <u>puppy</u>가 쓴 서사시?!
{'서사시'는 영어로 epopee라고도 한다.}

□ 선거(election)

발로 뛰는 선거?!
{'선거'는 독일어로 Wahl이다.}

□ 선동 정치가(demagogue)

대머리들에게 **가**발로 **그**럭저럭 자연스러운 헤어스타일을 연출할 것을 강제로 권하는 선동 정치가?!
{'선동 정치가'는 영어로 demagogue이다.}

□ 선무당(novice shaman)

<u>He</u>n을 **보**면 **미**친 **꼬**꼬인 것은 말할 필요도 없고 동시에 우주적인 능력으로 죄 없는 사람 잡는 선무당?!
{'선무당'은 일본어로 へぼ巫子[へぼみこ]이다.}

□ 선생(teacher)

우라질 **치**킨은 **찔**러도 피 한 방울 안 나올 것이라고 말한 선생?!
{'선생'은 러시아어로 учитель이다.}

모래 위에가 아니라 반석 위에 집을 지으라고 가르친 나사렛 출신의 선생?!
{'선생'은 히브리어로 הרומ[moreh]이다.}

□ 설교하다(preach)

"**나**오면 **싸**라!"라고 **드라**큘라에게 **샤**먼은 설교하는가?!
{'설교하다'는 히브리어로 השרד אשנ[nasa drashah]이다.}

□ 설득하다(persuade)

우리는 **비**극적으로 **지**저분하게 **찌**찌를 흔드는 자에게 이제 그만
하라고 설득하는가?!
{'설득하다'는 러시아어로 уб**еди**ть(완료체)이다.}

□ 설립하다(establish)

카이로에 **빠**스 공장을 설립하는가?!
{'설립하다'는 중국어로 开办[kaibàn]이다.}

□ 설사(diarrhea)

개가 **리**어카에서 한 설사?!
{설사는 일본어로 下痢[げり]이다.}

□ 섬(island)

인간은 **즐**거운 섬?!
{'섬'은 독일어로 Insel이다.}

내시들과 **씨**암탉의 악행을 목격한 섬?!
{'섬'은 그리스어로 νησι이다.}

의 졸라 멋진 섬?!
{'섬'은 이탈리아어로 isola이다.}

□ 성(castle)

자신을 **막**아서는 상황 때문에 결코 도달하지 못한 카프카의 성?!
{'성'은 러시아어로 з**а**мок이다.}

□ 성공(success)

우리가 **다**양한 **차**를 마시면서 기다리자 찾아온 성공?!
{'성공'은 러시아어로 уд**а**ча이다.}

□ 성기(sexual organ)

새끼의 무기는 성기?!
{'성기'는 일본어로 性器[せいき]이다.}

□ 성모(the Virgin Mary)

박 아줌마의 **로**맨스가 **지**저분해서 **짜**증이 난 성모?!
{'성모'는 러시아어로 богородица이다.}

□ 성불하다(attain Buddhahood)

청포도를 먹으면 칠월에 성불하는가?!
{'성불하다'는 중국어로 成佛[chéngfó]이다.}

□ 성욕을 일으키는(arousing sexual desire)

Best job을 가진 자는 성욕을 일으키는가?!
{'성욕을 일으키는'은 프랑스어로 baisable이다.}

□ 성적으로 흥분한(horny)

혼이 비정상이어서 성적으로 흥분한 것인가?!
{'성적으로 흥분한'은 영어로 horny이다.}

□ 성질부리다(throw a tantrum)

Father의 **피**가 **치**킨에게도 흐른다고 말하자 신부님이 성질부리는가?!
{'성질부리다'는 중국어로 发脾气[fāpíqì]이다.}

□ 성취(achievement)

Hen's sex, **그** 위대한 성취?!
{'성취'는 히브리어로 הֶשֵּׂג[hesseg]이다.}

□ 세 명이 함께 하는 성행위(threesome)

The hen recalls encountering embittered some old mice eventually?!

{'세 명이 함께 하는 성행위'는 영어로 threesome이다.}

□ 세 사람(three persons)

미친 **딸이** 함께 즐긴 것으로 추정되는 세 사람?!

{'세 사람'은 일본어로 みたり이다.}

□ 세 시간(three hours)

The hen's retrogressive ecstasy endures!
Hounds'oboe ultimately realizes shipwreck!

{'세 시간'은 영어로 three hours이다.}

□ 세계(world)

Moon이 **두**드리니 **스**르르 기적적으로 펼쳐진 평화로운 세계?!

{'세계'는 라틴어로 mundus이다.}

문도 열지 못하게 하고 자신들도 들어가지 않는 악당들로 가득한 세계?!

{'세계'는 스페인어로 mundo이다.}

□ 세계관(world view)

벨칸토인지 **트**림인지 **안**공일세(眼空一世)적인 **shou**ting인지 **웅**변인지 도대체 정체를 알 수 없는 개소리를 하면서 꽈배기 타령만 하는 초등학생의 안쓰러운 세계관?!

{'세계관'은 독일어로 Weltanschauung이다.}

□ 세상 끝까지(to the end of the world)

쥐와 **스**스럼없는 **꼬**꼬의 부정부패를 **뒤**지다가 **몽**테뉴는 **드**디어 도달했다. 세상 끝까지?!

{'세상 끝까지'는 프랑스어로 jusqu'au bout du monde이다.}

□ 세습(hereditary succession)

쉬리와 **씨**암탉이 운명 공동체적으로 하는 짓은 명성이 자자한 세습?!
{'세습'은 중국어로 世襲[shìxí]이다.}

새들이 **슈**크림에 미쳐서 하는 짓은 명성이 자자한 세습?!
{'세습'은 일본어로 世襲[せしゅう]이다.}

□ 세차게 뿌림(sprinkling hard)

북적거리는 **가**게에서 **깨**죽거리던 어떤 미친년이 갑자기 메이저 리그로 진출하고 싶다는 망상에 사로잡혀 살인적인 속도로 물병을 집어던지고 물을 세차게 뿌림?!
{'세차게 뿌림'은 일본어로 ぶっかけ이다.}

□ 세탁기(washing machine)

씨암탉이 **이**렇게도 **지**저분하게 돌린 역사적 세탁기?!
{'세탁기'는 중국어로 洗衣机[xǐyījī]이다.}

□ 소(cow)

우시게! 죽도록 우울하게 병든 소여?!
{'소'는 일본어로 牛[うし]이다.}

파렴치한 **라**스푸틴의 똘마니로 일하는 병든 소?!
{'소'는 히브리어로 פרה[para]이다.}

□ 소나무(pine)

사스나 메르스나 모두 초기 대응이 절대적으로 중요한 전염병이라는 것을 아는 소나무?!
{'소나무'는 러시아어로 сосна이다.}

□ 소녀(girl)

G̲od i̲s r̲omantic l̲ove?!
{'소녀'는 영어로 girl이다.}

□ 소년(boy)

큰 아베는 나불거리고 경거망동하며 원숭이처럼 허구한 날 자위만을 대단히 즐기는 그야말로 자한(自汗) 증상에도 당당한 모든 제갈동지들의 우상과도 같은 뻔뻔한 소년?!
{'소년'은 독일어로 Knabe이다.}

□ 소리치다(shout)

자한(自汗)과 **갈**증으로 **제**갈동지들이 **찌**그러지자 배꼽이 빠진 사람들은 이제 그만 꺼지라고 소리치는가?!
{'소리치다'는 러시아어로 загалдеть(완료체)이다.}

□ 소문(rumor)

쉬리가 **무**식한 **아**줌마 대신 양계장 주인 행세를 하면서 세계적인 부자가 되었다는 황당한 소문?!
{'소문'은 히브리어로 שמועה[shmuah]이다.}

□ 소생시키다(resuscitate, restore to life)

헤롯당의 **쉬**르레알리슴은 **씨**암탉과 **떼**도둑을 비정상적으로 소생시키는가?!
{'소생시키다'는 프랑스어로 ressusciter이다.}

□ 소생시키소서(restore to life)

아줌마와 **쥐**가 **비**참하게 망친 나라를 소생시키소서?!
{'소생시키소서'는 러시아어로 оживи이다.}

□ 소크라테스(Socrates)

수거한 **라디**오로 음악을 듣는 소크라테스?!
{'소크라테스'는 중국어로 苏格拉底[sūgélādī]이다.}

□ 속임수(trickery)

빠구리에다 **씨**암탉이 할 수 있는 것이라고는 기껏해야 속임수?!
{'속임수'는 중국어로 把戏[bǎxì]이다.}

□ 속치마(petticoat)

쥐와 **뽕**을 맞은 미친년에게 절대 속치마?!
{'속치마'는 프랑스어로 jupon이다.}

□ 손녀(granddaughter)

브라를 **누**군가가 **치**한처럼 **까**닭 없이 콕 찌르자 캐디는 소리쳤
다. "내가 당신 손녀야?!"
{'손녀'는 러시아어로 внучка이다.}

□ 송곳니(canine)

K9 has nine canines?!
{'송곳니'는 영어로 canine이다.}

□ 수도(capital)

스스럼없는 **딸**의 **리**비도에 **짜**증이 난 수도?!
{'수도'는 러시아어로 столица이다.}

□ 수도원(friary, monastery)

프라이는 **어리**더라도 할 수 있어야 한다고 주장하는 수도원?!
{'수도원'은 영어로 friary이다.}

□ 수세미(loofah)

마찰까지 고려한 수세미?!
{'수세미'는 러시아어로 **мочалка**이다.}

□ 수소(hydrogen)

칭기즈칸에게 폭탄처럼 달려든 수소?!
{'수소'는 중국어로 **氢**[qīng]이다.}

□ 수신제가치국평천하

(one who cultivates himself and manages his household properly
can govern a nation and even establish peace in the whole world)

CO를 **shun**하라! **치**킨은 **지**저분한 **아**줌마! **찌**찌를 **구**걸하는 **오**빠! 핑크빛 **티엔**티로 샤워하라?!
{'수신제가치국평천하'는 중국어로 修身齐家治国平天下[xiūshēnqíjiāzhìguó píngtiānxià]이다.}

Shoe는 **신**이다 **Sex**하다가 **까**무러친다! **찌**질하면 **꼬꾸**라진다! **Hen**의 **맨 까**만가?!
{'수신제가치국평천하'는 일본어로 修身斉家治国平天下[しゅうしんせいかちこくへいてんか]이다.}

□ 수요일(Wednesday)

Singing **chi**cken이 **쌴** 똥으로 더러워진 수요일?!
{'수요일'은 중국어로 星期三[xīngqīsān]이다.}

□ 수용하다(contain, hold)

브라는 **미스**의 **찌찌**를 수용하는가?!
{'수용하다'는 러시아어로 **вместить**(완료체)이다.}

□ 수의사(veterinarian)

빗질이나 **나르**는 일을 더 잘하는 수의사?!
{'수의사'는 러시아어로 ветеринар이다.}

주 2회 일하는 수의사?!
{'수의사'는 일본어로 獣医[じゅうい]이다.}

□ 수입초과(adverse balance of trade)

니체가 **차**를 사면 수입초과인가?!
{'수입초과'는 중국어로 逆差[nìcha]이다.}

□ 수정하다(correct)

꼬리를 **제**대로 자르면서 증거를 수정하는가?!
{'수정하다'는 프랑스어로 corriger이다.}

□ 수준(level)

우라질 **빈**대의 수준?!
{'수준'은 러시아어로 уровень이다.}

라스푸틴과 **마**녀로 인해 시궁창으로 떨어진 나라의 수준?!
{'수준'은 히브리어로 רמה[ramah]이다.}

□ 수탉(cock)

한심한 암탉을 비웃는 수탉?!
{'수탉'은 독일어로 Hahn이다.}

□ 수학(mathematics)

맞지? 맞지? 까마귀도 즐긴다는 수학?!
{'수학'은 러시아어로 математика이다.}

□ 수확(harvest)

하찮은 **beast**들이 천문학적인 돈을 주고 유전(油田)을 샀는데 거기서는 석유가 아니라 물을 수확?!
{'수확'은 영어로 h<u>a</u>rvest이다.}

□ 숙명적인(fatal)

라스푸틴을 **까**자 **보이**기 시작한 진실들은 숙명적인가?!
{'숙명적인'은 러시아어로 рок<u>о</u>вой이다.}

□ 숙적(old foe)

Old foe! I <u>sue</u> <u>thee</u>?!
{'숙적'은 중국어로 *宿敌*[sùdí]이다.}

□ 숙제(homework)

슈베르트는 **ку**рица[**꾸**리짜에게 "<u>Die</u> or pass away!"하라고 했다. 이제 닭을 데려오는 것은 마왕의 숙제?!
{'숙제'는 일본어로 *宿題*[しゅくだい]이다.}

□ 순례자(pilgrim)

박 **아**줌마는 몰래 할 것은 다 하는 순례자?!
{'순례자'는 러시아어로 богом<u>о</u>л이다.}

□ 숨다(hide oneself)

따분하게 **잊자**고 하는 자들은 거짓 뒤에 숨는가?!
{'숨다'는 러시아어로 та<u>и</u>ться(불완료체)이다.}

□ 쉽게 빠지는(easily carried away)

우박해(雨雹害)와 **bli**zzard에도 **까**막눈이어서 **유**명무실한 **ship**-master는 **샤**머니즘에 쉽게 빠지는가?!

{'쉽게 빠지는'은 러시아어로 увлекающийся이다.}

□ 스컹크(skunk)

바보들이 **뉴**스에서 **치**킨이 **까**무러칠 정도로 딸랑거리자 역겨움을 참지 못하고 학문적인 악취가 나는 황금색의 액체를 발사한 멋진 스컹크?!
{'스컹크'는 러시아어로 вонючка이다.}

□ 스톤헨지(Stonehenge)

Stone hen과 **쥐**의 악행은 영원히 기억될 것임을 상징하는 Stonehenge?!
{'스톤헨지'는 영국의 솔즈베리(Salisbury) 근교에 있는 고대의 거석 기념물이다.}

□ 스트레스(stress)

잉어가 **찌**개 속에서 받는 스트레스?!
{'스트레스'는 중국어로 应激[yīngjī]이다.}

□ 슬프게 하다(distress, grieve)

아가씨를 **가르치**다가 **찌**찌를 만지는 것은 그녀를 슬프게 하는가?!
{'슬프게 하다'는 러시아어로 огорчить(완료체)이다.}

□ 습격(surprise attack)

씨암탉이 **지**랄하다가 양계장 주인에게 당한 습격?!
{'습격'은 중국어로 袭击[xíjī]이다.}

□ 습관(habit)

아비규환에도 **뛰**룩거리면서 **드**라마나 즐기는 게 당년(當年)에 확인된 습관?!
{'습관'은 프랑스어로 habitude이다.}

□ 시간을 내다(make time)

초라한 **우**두머리는 **콩**밥을 먹기 전에 전대미문의 사기꾼으로서의 시간을 내는가?!

{'시간을 내다'는 중국어로 瞅空[chǒukòng]이다.}

□ 시대에 뒤떨어진 자(back number)

씨암탉의 **드**라마틱한 **방**사(房事)에 열광하는 자는 시대에 뒤떨어진 자인가?!

{'시대에 뒤떨어진 자'는 프랑스어로 ci - devant이다.}

□ 시베리아(Siberia)

씨암탉이 **비리**를 저질러 추방된 곳은 시베리아?!

{'시베리아'는 러시아어로 Сиби́рь이다.}

□ 시청(city hall)

메리야스 공장 옆에 위치한 시청?!

{'시청'은 러시아어로 мэ́рия이다.}

□ 식언을 일삼다(eat one's words habitually)

관저에서 **위**선적으로 **쉬**는 **앤** 식언을 일삼는가?!

{'식언을 일삼다'는 중국어로 惯于食言[guànyúshíyán]이다.}

□ 신(God)

보아도 **흐**린 양심으로는 결코 볼 수 없는 신?!

{'신'은 러시아어로 Бог이다.}

□ 신격화(apotheosis)

아빠의 **피**곤한 **오**르가슴을 **스**스럼없이 미화하더니 이제는 대놓고 신격화?!

{'신격화'는 러시아어로 апофео́з이다.}

□ 신경(nerve)

신께서 건드린 사도의 신경?!
{'신경'은 일본어로 神経[しんけい]이다.}

□ 신비주의(mysticism)

미스의 **찌**찌를 **찢음**은 잔인한 신비주의?!
{'신비주의'는 러시아어로 мистици́зм이다.}

□ 신비주의자(mystic)

미스의 **찌**찌 **끄**트머리를 만지는 신비주의자?!
{'신비주의자'는 러시아어로 ми́стик이다.}

□ 신성모독(blasphemy)

박아서 **훌**륭한 **스트**립쇼를 **바**라보는 것은 신성모독인가?!
{'신성모독'은 러시아어로 богоху́льство이다.}

Do shun blasphemy?!
{'신성모독'은 중국어로 渎神[dúshén]이다.}

□ 신성모독 하다(blaspheme)

박아서 **훌**륭한 **스트**립쇼를 **바**라보는 **바**보는 **찌**찌를 드러내면서
신성모독 하는가?!
{'신성모독 하다'는 러시아어로 богоху́льствовать(불완료체)이다.}

블라디미르는 **스팸에** 김치만으로 밥을 먹으면서 신성모독 하는가?!
{'신성모독 하다'는 프랑스어로 blasphémer이다.}

□ 신은 없다(there is no God)

니체의 **예**단대로 **뜨**거운 **보복**을 **가**능하게 하는 정의로운 신은 없는가?!

{'신은 없다'는 러시아어로 нет бога이다.}

□ 실성왕(King Shilsung)

실로 **성**욕이 **왕**성하지 않은 자는 결코 왕으로 인정할 수 없다고 잠꼬대한 것으로 추정되는 실성왕?!
{'실성왕(實聖王)'은 신라 제18대 왕이다.}

□ 실업(unemployment)

쇼걸과 **마**녀의 **주**특기는 대량 실업?!
{'실업'은 프랑스어로 chômage이다.}

□ 실업자(unemployed)

빨아도 아무 느낌이 없는 우울한 실업자?!
{'실업자'는 스페인어로 parado이다.}

□ 실현시키다(realize)

더러운 **청**개구리는 음모를 실현시키는가?!
{'(나쁜 생각을) 실현시키다'는 중국어로 得逞[déchěng]이다.}

□ 심술쟁이(dog in the manger)

Hen은 **소**문처럼 **마**지막까지 **가리**라 고집부리다가 통닭구이로 사라질 운명인 것조차 모르는 심술쟁이?!
{'심술쟁이'는 일본어로 へそまがり이다.}

□ 심해(abyss, deep sea)

뿌듯한 **치**킨의 **나**라에서는 그야말로 절망만이 심해?!
{'심해'는 러시아어로 пучина이다.}

□ 십자가(cross)

주지(住持)**까**지 기꺼이 지는 십자가?!

{'십자가'는 일본어로 **十字架**[じゅうじか]이다.}

☐ 십중팔구(I dare say)

니체가 **보**니 **씨**암탉은 나체가 될 것이다.」　그것도 십중팔구?!
{'십중팔구'는 러시아어로 небо́сь이다.}

☐ 싸움꾼(broiler)

자지라면 누구에게도 뒤지지 않는 크기의 싸움꾼?!
{'싸움꾼'은 러시아어로 зади́ра이다.}

☐ 쌍놈(shit stick)

스스럼없이 볼링공으로 **라**스베이거스에서 **치**킨을 내리친 쌍놈?!
{'쌍놈'은 러시아어로 сво́лочь이다.}

구라와 **자**기기만으로 가득한 쌍놈?!
{'쌍놈'은 프랑스어로 goujat이다.}

☐ 썩다(decay)

푸드덕거리던 **씨**암탉은 **오**늘은 **우**연인지 필연인지 늙은 쥐떼들과
함께 큰집에서 썩는가?!
{'썩다'는 중국어로 腐朽[fǔxiǔ]이다.}

☐ 쓰러지는(falling)

빠구리로 **두**목 **치**킨은 결국 분노한 사람들 앞에서 쓰러지는가?!
{'쓰러지는'은 러시아어로 паду́чий이다.}

☐ 쓰레기(rubbish, trash)

곰이 버린 쓰레기?!
{'쓰레기'는 일본어로 ごみ이다.}

아줌마와 **쉬**리의 **파**렴치함을 알고도 묵인하면서 함께 도둑질을

한 쓰레기들?!

{'쓰레기'는 히브리어로 אַשְׁפָּה[ashpah]이다.}

□ 쓸모가 있다(be useful)

Prison에서 **가지**는 **짜**고 치는 고스톱처럼 쓸모가 있는가?!

{'쓸모가 있다'는 러시아어로 пригодиться(완료체)이다.}

□ 씹어(chew)

주님은 **이**들에게 성령의 껌을 주시면서 말씀하셨다. "씹어?!"

{'씹어'는 러시아어로 жуй이다.}

□ 아멘(amen)

A: **아**줌마의 **민**주주의 파괴는 반드시 역사의 심판을 받을 것임
을 믿습니까?

B: 아멘?!

{'아멘'은 러시아어로 аминь이다.}

□ 아무것도 아니다(nothing)

니체가 **치**킨을 **보**다가 한마디 했다. "입만 산 닭에 비하면 말없이
죽은 신은 아무것도 아니다."

{'아무것도 아니다'는 러시아어로 ничего이다.}

□ 아브라함(Abraham)

아가씨의 **브라**를 **함**부로 콕 찌른 늙은 치한에게 "이보게, 바퀴
벌레로 태어나고 싶지 않으면 이것을 기억하게. 이 세상 모든 캐
디가 자네의 손녀나 딸 같지는 않다는 것을!"이라고 말한 아브라
함?!

{'아브라함'은 유대인과 아랍인의 공동 조상이다.}

□ 아이러니(irony)

이론이야 그럴듯해도 현실적으로는 아무 쓸모가 없다는 것은 그
야말로 아이러니?!
{'아이러니'는 러시아어로 **ирония**이다.}

□ 아저씨(uncle)

아저씨는 변태라고 소문이 **자자**?!
{'아저씨'는 러시아어로 **дядя**이다.}

자지까지 꺼내서 여자들 앞에서 흔드는 것이야말로 진정한 문학
적 용기라고 주장하는 그는 그야말로 은행나무 열매의 고약하고
도 은은한 구린내를 압도하는 늙은 아저씨?!
{'아저씨'는 러시아어로 **дядька**이다.}

□ 아주 오랜(ancient)

비열하게 **까**불거리다가 **보이**지 않게 된 쓰레기들에 관한 전설은
아주 오랜 것인가?!
{'아주 오랜'은 러시아어로 **вековой**이다.}

□ 아침 식사(breakfast)

아사(餓死)한 **메시**아를 부활하게 만든 아침 식사?!
{'아침 식사'는 일본어로 朝飯[あさめし]이다.}

□ 아침에 도를 들으면 저녁에 죽어도 좋으리라

(if I could hear the Way in the morning, I would gladly die in the evening)

"**차**를 **오**늘 **원**래 **따오**?" Sister는 **커**다란 **이**빨을 드러내며 대답했
다. "아침에 도를 들으면 저녁에 죽어도 좋으리라."
{'아침에 도를 들으면 저녁에 죽어도 좋으리라'는 중국어로 朝聞道, 夕死可矣
[cháowéndào, xīsǐkěyǐ]이다.}

233

[EGR]
[CKJ]
[HGL]
[I S F]

□ 아프게 하다(hurt)

쉬 믿지 못하는 자들은 누구의 마음을 아프게 하는가?!
{'(마음을) 아프게 하다'는 러시아어로 щемить(불완료체)이다.}

□ 악녀(hellcat, wicked woman)

Hell에서 **cat**들을 다 죽여서 hell에 쥐가 들끓게 만든 악녀?!
{'악녀'는 영어로 hellcat이다.}

□ 악당(rascal, scoundrel, villain)

Rat의 **skull**을 박살내버린 jaguar는 용감한 악당?!
{'악당'은 영어로 rascal이다.}

□ 악순환(vicious circle)

Milk could break the vicious circle?!
{'악순환'은 히브리어로 מכלוד[milkud]이다.}

□ 악의 없이(without malice)

쌍년을 **말리**도록! **스**스로는 멈추지 않는 미친년이니까! 하지만
가능하면 악의 없이?!
{'악의 없이'는 프랑스어로 sans malice이다.}

□ 악취가 나는(stinking, malodorant)

바보들이 **뉴**스에서 **치**킨에게 딸랑거리는 것은 그야말로 악취가
나는가?!
{'악취 나는'은 러시아어로 вонючий이다.}

말로 **도**둑질하니 **항**구적인 별세계에서는 이제부터 용골때질적인
악취가 나는가?!
{'악취가 나는'은 프랑스어로 malodorant이다.}

□ 안됐다**(that's too bad)**

　　잘 안 됐다니 안됐다?!
　　{'안됐다'는 러시아어로 **жаль**이다.}

□ 안에**(in)**

　　당년(當年)은 이제 저 달력에 그려진 큰집 안에?!
　　{'안에'는 프랑스어로 dans이다.}

□ 알루미늄**(aluminium)**

　　뤼순과 하얼빈도 구별하지 못하는 자를 비웃는 알루미늄?!
　　{'알루미늄'은 중국어로 **铝**[lǚ]이다.}

□ 알몸으로**(in the altogether)**

　　다 나가? 그것도 알몸으로?!
　　{'알몸으로'는 러시아어로 **донага**이다.}

□ 앓다**(be ill)**

　　야무지게 앓는가?!
　　{'앓다'는 일본어로 病む[やむ]이다.}

□ 앞으로**(forward)**

　　아이들 **반**이 **떼**죽음을 당하게 만든 범인들은 당장 단두대 앞으로?!
　　{'앞으로'는 스페인어로 avante이다.}

□ 애매한**(ambiguous)**

　　한국이 **후**진국인지 아닌지 애매한가?!
　　{'애매한'은 중국어로 **含糊**[hánhu]이다.}

□ 애완견(lap dog)

반론까지 하면서 주인을 위해 법정에서 짖어대는 애완견?!
{'애완견'은 러시아어로 болонка이다.}

□ 액체 연료 보관소(liquid fuel depository)

불리하면 바로 해체해 버리는 액체 연료 보관소?!
{'(잠수정의) 액체 연료 보관소'는 러시아어로 були이다.}

□ 앵무새(parrot)

오보를 **무**한 반복하는 앵무새?!
{'앵무새'는 일본어로 鸚鵡[おうむ]이다.}

□ 야단법석(ado)

어두운 밤에 이 무슨 야단법석?!
{'야단법석'은 영어로 ado이다.}

□ 야단치다(scold)

우스꽝스러운 Pierre는 **예**수를 야단치는가?!
{'야단치다'는 프랑스어로 houspiller이다.}

□ 암살 무기(assassination weapon)

안하무인 **치**킨을 제거하기 위해 제작된 혁명적인 암살 무기?!
{'암살 무기'는 중국어로 暗器[ànqì]이다.}

□ 암살하다(assassinate)

아무렇게나 **싸**는 **씨**암탉이 **네** 시가 넘도록 계속 싸자 결국 양계
장 주인이 닭을 암살하는가?!
{'암살하다'는 프랑스어로 assassiner이다.}

□ 암시(hint)

나체의 **묘**미로서 **크**게 그려진 갈색의 두 눈에서 보이는 에로틱한 암시?!

{'암시'는 러시아어로 намёк이다.}

□ 암시하다(hint)

나체로 **미**친놈처럼 **까**불거리면서 **찌**찌까지 흔들며 움켜잡은 방패 와 창 중에서 윤이 나는 무기를 더욱더 에로틱하게 grab함으로써 자신만이 신세계를 강타할 수 있는 변태계의 진정한 고수임을 암 시하는가?!

{'암시하다'는 러시아어로 намекать(불완료체)이다.}

□ 암탉(hen)

Hypocrisy **e**nds **n**ever?!

{'암탉'은 영어로 hen이다.}

탄핵의 **골**짜기에서 **레**이디와 **트**집을 부리면서 함께 염병하는 암탉?!

{'암탉'은 히브리어로 תרנגולת[tarngolet]이다.}

꽃을 **따**는 암탉?!

{'암탉'은 그리스어로 κοτα이다.}

□ 야망을 가져라!(be ambitious!)

비열한 **MB**A의 **셔**틀콕은 **스**러지고야 마는 법이다.} 그러니 소년 들이여, 야망을 가져라?!

{'야망을 가져라'는 영어로 be ambitious이다.}

□ 야수(wild beast)

야수처럼 발정이 제대로 난 붉은 돼지가 날이면 날마다 입으로 배설하니 정말 골 **때리오**?!

{'야수'는 그리스어로 θηριο이다.}

□ 약국(pharmacy)

압제까지는 견딜 수 없어 압제자에게 마약을 공급하고 대박이 난 약국?!
{'약국'은 러시아어로 апте́ка이다.}

□ 약상자(medicine chest; medicine cabinet)

압제적인 **치**킨이 **까**먹지 않고 꼭꼭 채워 둔 약상자?!
{'약상자'는 러시아어로 апте́чка이다.}

□ 양립할 수 없는(irreconcilable, incompatible)

니체를 pri**son**과 **미림**(美林)**으**로 **이**렇게 동시에 데리고 가는 것은 양립할 수 없는가?!
{'양립할 수 없는'은 러시아어로 непримири́мый이다.}

□ 양심(conscience)

칸트가 **천**진스레 **스**스로 지킨 양심?!
{'양심'은 영어로 co̱nscience이다.}

□ 양아치(bully)

양들을 **아**사시키는 **치**킨에게 딸랑거리는 양아치들?!
{'양아치'는 약자를 괴롭히는 자를 가리키는 말이다.}

□ 어린 암소(heifer)

어린 암소는 좀 **헤퍼**?!
{'어린 암소'는 영어로 heifer이다.}

□ 어릿광대짓을 하다(play the fool)

빠르게도 **야스**쿠니에서 **니**힐리스트적인 **치**킨은 **찌**찌를 흔들면서 어릿광대짓을 하는가?!

{'어릿광대짓을 하다'는 러시아어로 паясничать(불완료체)이다.}

□ 어머니가 틀렸다(mother was mistaken)

마침내 **찌**뿌드드하고도 **아쉬**운 **발라**드처럼 **씨**암탉이 단두대에 오르자 M이 부대에서 요리한 주옥 같은 순대를 안주 삼아 소주를 마시면서 뽕밭에서 완벽하게 취한 B는 이렇게 횡설수설했다. "Yes, I am a money worshiper! What the hell! 어머니가 틀렸다?!"
{'어머니가 틀렸다'는 러시아어로 мать ошибалась이다.}

□ 억지(deterrence)

욕정을 **시**도 때도 없이 주체하지 못하는 개들의 경우 오직 거세만이 진정한 억지?!
{'억지'는 일본어로 抑止[よくし]이다.}

□ 언뜻 보기에(apparently)

빠구리로 **busy**! **마무**리는 언제나 구렁이 담 넘어가듯 해서 아무런 벌도 받지 않을 것처럼 보이겠지? 언뜻 보기에는?!
{'언뜻 보기에'는 러시아어로 по - видимому이다.}

□ 언론(press)

Poodles, **r**emember **e**phemeral **s**ex **s**ucks?!
{'언론'은 영어로 press이다.}

□ 얼간이(dodo, jerk)

애들이 **배**에서 **떼**죽음을 당해도 수수방관만 한 얼간이들?!
{'얼간이'는 프랑스어로 hébété이다.}

[EGR]
[CKJ]
[HGL]
[I S F]

□ 얼마나 많은(how many)

스스럼없이 **꼴**값하면서 **까**불거리다가 바람과 함께 사라진 인간들이 얼마나 많은가?!
{'얼마나 많은'은 러시아어로 СКОЛЬКО이다.}

□ 업데이트(update)

압제자가 **뿌**지직거리다가 **데**스크에 **또**다시 명령해서 실시한 업데이트?!
{'업데이트'는 일본어로 アップデート이다.}

□ 업무(business)

예우를 원하는 자가 허구한 날 거짓말이 업무?!
{'업무'는 중국어로 业务[yèwù]이다.}

□ 엉터리(nonsense)

이룬다더니 모두 엉터리?!
{'엉터리'는 러시아어로 ерунда이다.}

대다수가 **따라**가는 **메**시아는 대개가 엉터리?!
{'엉터리'는 일본어로 出鱈目[てたらめ]이다.}

□ 엎드려(face down)

니체는 **치**킨이 **꼼**짝 못하게 소리쳤다. "엎드려?!"
{'엎드려'는 러시아어로 ничком이다.}

□ 에리니에스(Erinyes)

"**일이니**, **잊으**라고 강요하는 게?"억울한 일을 당한 자들에게 그 어떤 진정성 있는 사죄의 말도 없이 그저 잊음을 강요하는 위선자들에게 단호한 물음을 던지는 에리니에스?!
{'에리니에스'는 그리스 신화에 나오는 복수와 징벌의 여신들로서 영어로는 Erinyes이다.}

□ 여가(leisure)

위선적인 **씨**암탉이 **아**이들이 죽는 순간에도 즐긴 것으로 추정되는 여가?!

{'여가'는 중국어로 余暇[yúxiá]이다.}

□ 여기에 잠들다(here lies)

씨암탉이 **지**랄하다가 결국 여기에 잠들다?!

{'여기에 잠들다'는 프랑스어로 ci-gît이다.}

□ 여기저기에(here and there)

Miss에게서 **땀이** 난다고? 그것도 여기저기에?!

{'여기저기에'는 러시아어로 местами이다.}

□ 여드름(acne, blackhead)

니체의 **끼**에 **비**극적으로 탄생한 여드름?!

{'여드름'은 일본어로 面皰[にきび]이다.}

□ 여러분(gentlemen)

가스나 **빠**구리가 **다**수의 사람들을 죽일 수도 있다는 것을 아십니까? 여러분?!

{'여러분'은 러시아어로 господа이다.}

□ 여름(summer)

NATS(North Atlantic Treaty Stone=북대서양 조약돌)?!

{'여름'은 일본어로 なつ이다.}

□ 여성(woman)

조세핀(Josephine)은 장미를 사랑하는 나폴레옹이 사랑하는 여성?!

{'여성'은 일본어로 女性[じょせい]이다.}

□ 여성혐오(misogyny)

미친년이 **싸**움닭처럼 **저**러니 **니**체도 쇼펜하우어처럼 결국 여성 혐오?!

{'여성혐오'는 영어로 mis**o**g**y**ny이다.}

□ 여신(goddess)

Q: 여신에게서는 정의의 순결을 빼앗았고, 개미들에게서는 돈을 빼앗은 세계적인 사기꾼의 이명(異名)?

A: **박이냐**?!

{'여신'은 러시아어로 б**о**г**и**ня이다.}

매가 미친개들을 위한 유일무이한 약이라고 단언하는 정의의 여신?!

{'여신'은 일본어로 **女神**[めがみ]이다.}

□ 여자(woman)

Womb에서 **man**을 창조하는 여자?!

{'여자'의 스펠링은 woman이다.}

□ 여의사(woman doctor)

닭다리를 **짜**면 즙이 나온다는 사실을 발견한 여의사?!

{'여의사'는 러시아어로 д**о**ктор**и**ца이다.}

□ 여자 방문객(woman visitor)

빠르게 **씨**암탉의 **찌**찔 **니**체가 **짜**고 치는 고스톱처럼 만지자 "병 신은 좋아 죽었다"라고 말한 여자 방문객?!

{'여자 방문객'은 러시아어로 посет**и**тельн**и**ца이다.}

□ 여자 사기꾼(con woman)

아브라함이 **만**만해서 **쉬**리와 **짜**고 사기를 친 여자 사기꾼?!

{'여자 사기꾼'은 러시아어로 об**ма**нщица이다.}

□ 여자 색정광(nymphomaniac)

님프였지만 **포**르노에 **매이니** **액**체 교환까지 즐기게 된 나머지 이
제는 그야말로 여자 색정광?!
{'여자 색정광'은 영어로 nymphom**a**niac이다.}

□ 여자 순교자(woman martyr)

묻히니 **짜**증을 낸 여자 순교자?!
{'여자 순교자'는 러시아어로 м**у**ченица이다.}

□ 여제(empress)

좆 **때**문에 백성을 죽인 여제?!
{'여제'는 일본어로 **女帝**[じょてい]이다.}

□ 여행(journey, tour, trip, travel, voyage)

비아그라로써 **he**n이 즐긴 것으로 추정되는 에로티시즘으로의 여행?!
{'여행'은 스페인어로 viaje이다.}

부정한 **아**줌마가 **야**밤에 **주**로 즐긴 것으로 추정되는 에로티시즘
으로의 여행?!
{'여행'은 프랑스어로 voyage이다.}

□ 여행 가방(suitcase)

치킨이 **마**침내 **단**두대까지 들고 간 여행 가방?!
{'여행 가방'은 러시아어로 чемод**а**н이다.}

□ 여행자(traveler)

Prostitute와 **예**술적인 **쥐**는 운명공동체적인 여행자?!
{'여행자'는 러시아어로 про**е**зжий이다.}

□ 여호와(Jehovah)

예술을 **허**수아비가 **화**무십일홍의 진리를 무시하고 탄압하자 핵무기로 심판한 여호와?!
{'여호와'는 중국어로 耶和华[Yēhéhuá]이다.}

□ 역사(history)

Hen **i**s **s**aid **t**o **o**mit **r**eal **y**esterday?!
{'역사'는 영어로 history이다.}

□ 역사적으로 중요한(historic)

이렇게 **스**스럼없는 **딸이** **체스**에서 **끼**를 부리는 것은 역사적으로 중요한가?!
{'역사적으로 중요한'은 러시아어로 истори́ческий이다.}

□ 역설(paradox)

패러 **닭**에게 **스**스럼없이 다가간 개들이 닭 가슴에 안기는 것은 웃기는 역설?!
{'역설'은 영어로 paradox이다.}

□ 연금술(alchemy)

연금술은 **알**부자의 **힘이야**?!
{'연금술'은 러시아어로 алхи́мия이다.}

□ 연꽃(lotus)

하늘은 **스**스로를 낮추는 자를 높여줌을 보여주는 연꽃?!
{'연꽃'은 일본어로 蓮[はす]이다.}

□ 연소(combustion)

컴퓨터와 **버스 천** 대의 연소?!
{'연소'는 영어로 combustion이다.}

□ 연속(sequence)

칠이 **다**니는 곳마다 발생한 의심스러운 사건의 연속?!
{'연속'은 러시아어로 **череда**이다.}

□ 연어(salmon)

락스에 빠진 연어?!
{'연어'는 독일어로 Lachs이다.}

□ 열정, 애정, 우정, 동정
(passion, affetion, comradeship&compassion)

□ 염세주의(pessimism)

Ancestor의 **shoe**에 **기**름을 붓는 염세주의?!
{'염세주의'는 일본어로 厭世主義[えんせいしゅぎ]이다.}

□ 영감(inspiration)

하찮은 **쉬**리와 **라**스푸틴이 **아**줌마에게 끊임없이 주는 우주적인
영감?!
{'영감'은 히브리어로 השראה[hashraah]이다.}

□ 영감탱이(old cranky man)

영리한 **갑**자와 **탱**자는 **이**처럼 장인정신을 가지고 섬나라 원숭이
에게 비굴하게 알랑거리는 표준 홍당무를 향해 친근하게 불렀다.
"영감탱이?!"
{'영감탱이'는 나이 든 남편이나 늙은 남자를 낮잡아 이르는 말이다.}

□ 영구차(hearse)

Her smile reminds me of a hearse?!
{'영구차'는 영어로 hearse이다.}

깠다가 **팔**을 **크**게 다치게 만든 영구차?!

{'영구차'는 러시아어로 катафалк이다.}

빈처(貧妻)가 운전하는 영구차?!

{'영구차'는 중국어로 殯车[bìnchē]이다.}

□ 영업(business)

잉어들이 **예**수의 이름으로 행하는 세습적인 영업?!

{'영업'은 중국어로 营业[yíngyè]이다.}

A교에서 B선을 통해 이루어지는 삥 뜯기 영업?!

{'영업'은 일본어로 営業[えいぎょう]이다.}

□ 영웅(hero)

Hell에서 **트**림을 하는 영웅?!

{'영웅'은 독일어로 Held이다.}

□ 영원(eternity)

내시들이 **짜**고 치는 고스톱으로 나라를 망쳤으니 그들이 채워야
할 형기는 이제부터 영원?!

{'영원'은 히브리어로 נצח[netzah]이다.}

□ 영적인(spiritual)

"Do hope!" **느**끼하게 **이**러면 영적인가?!

{'영적인'은 러시아어로 духовный이다.}

□ 예기치 않게(unexpectedly)

니체는 **아**줌마와 **쥐**를 **단**죄하는가? **나**머지 사람들이 예기치 않게?!

{'예기치 않게'는 러시아어로 неожиданно이다.}

□ 예기치 않은(unexpected)

의 나라의 **땅**콩은 **뒤**져도 한참 뒤진다는 것은 예기치 않은 것인가?!
{'예기치 않은'은 프랑스어로 inattendu이다.}

□ 예수(Jesus)

제주로 가는 배가 침몰할 때조차 인간으로서는 이해할 수 없는 신적인 침묵으로 말을 하는 예수?!
{'예수'는 이탈리아어로 Gesù이다.}

□ 예수 공현(Epiphany)

이 피곤하고 **funny**한 세상에 아기 예수가 태어났을 때 그의 별을 보고 동방에서 세 명의 박사들이 찾아와서 경배한 것이 바로 예수 공현?!
{'예수 공현(公顯)'은 영어로 Epiphany이다.}

□ 예수 그리스도(Jesus Christ)

Hen과 **수**많은 **cri**minal들이 **스**스럼없이 **또**다시 자한(自汗) 증상을 보이면서 온갖 악행을 일삼으니 십자가에 못 박아야 한다는 대다수 백성들의 주장에 대해 "뜻이 하늘에서 이루어진 것처럼 땅에서도 이루어질 것이다"라고 말한 예수 그리스도?!
{'예수 그리스도'는 스페인어로 Jesucristo이다.}

제갈동지들과 **쥐**는 **cri**minal들이므로 **스트**리퍼처럼 벗겨서 십자가에 못 박아야 한다는 대다수 백성들의 주장에 대해 "뜻이 하늘에서 이루어진 것처럼 땅에서도 이루어질 것이다"라고 말한 예수 그리스도?!
{'예수 그리스도'는 프랑스어로 Jésus Christ인데 천주교에서는 [제쥐 크리], 개신교에서는 [제쥐 크리스트]로 발음한다.}

[EGR]
[CKJ]
[HGL]
[I S F]

□ 예술가(artist)

Q: **Who doz**es, **Nick**?
A: Artist?!

{'예술가'는 러시아어로 ХУДОЖНИК이다.}

오만한 예술가?!

{'예술가'는 히브리어로 אמן[oman]이다.}

□ 예언(prophecy)

Prostitute와 **퍼**런 **씨**암탉이 울면 상상을 초월하는 대재앙이 일어날 거라는 예언?!

{'예언'은 영어로 prophecy이다.}

□ 예언자(prophet)

나비 같은 예언자?!

{'예언자'는 히브리어로 נביא[navi]이다.}

□ 예언적인(prophetic)

Prostitute와 **rogue**들이 **체스**에서 **끼**를 부리는 것은 예언적인가?!

{'예언적인'은 러시아어로 пророческий이다.}

□ 오 년(five years)

오 년 내내 당년(當年)은 미친년 널뛰듯 **쌩까네**?!

{'오 년'은 프랑스어로 cinq années이다.}

□ 오래(for a long time)

돌대가리 **가**금(家禽)이 인간이 되기를 사람들은 바보처럼 기다렸다. 그것도 너무나 오래?!

{'오래'는 러시아어로 долго이다.}

□ 오래전에(a long time ago)

답으로 **노**브라가 제시되었다. 유방암에 걸릴 확률을 낮추어 준다면서. 그것도 아주 오래전에?!

{'오래전에'는 러시아어로 **давно**이다.}

□ 오보에(oboe)

오보(誤報)**에** 대한 남다른 애정으로 사상 최대의 구관조 연합팀 이 오르가슴으로 보깨는 에로틱한 닭을 위해 작전처럼 연주한 오보에?!
{'오보에'는 고음을 내는 목관 악기이다.}

□ 오블로모프적 무기력(Oblomovism)

아줌마의 bl**ue 로**맨스에다 **맙**소사, **쉬**리까지 **나**대니 대다수가 경 험하는 오블로모프적 무기력?!
{러시아어 단어 **обломовщина**는 '오블로모프적 무기력'이란 뜻이다.}

□ 오해(misunderstanding)

니체와 **달아**난 **주**교의 **매니**저가 **예**수라는 것은 너무나 인간적인 오해?!
{'오해'는 러시아어로 **недоразумение**이다.}

말랑한 **땅 뒤**에는 말랑하지 않은 땅이 있을 거라는 오해?!
{'오해'는 프랑스어로 malentendu이다.}

□ 올림피아(Olympia)

올림머리로 **피**곤한 **아**줌마가 4월의 어느 날 오후 늦게 나체화를 그리기 위해 찾아간 올림피아?!
{'올림피아'는 그리스 펠로폰네소스 반도 서쪽의 평야 지대로 고대 그리스의 올림피아 경기가 열렸던 곳이다.}

□ 옷을 만들어 주다(make clothes for)

압제적인 **쉬**리는 **찌**질이에게 옷을 만들어 주는가?!
{'옷을 만들어 주다'는 러시아어로 **обшить**(완료체)이다.}

□ 옷을 벗기다**(undress)**

대개 **자**기기만적으로 **비**속한 **예**술의 이름으로 옷을 벗기는가?!
{'옷을 벗기다'는 프랑스어로 déshabiller이다.}

□ 옷을 벗는 것**(undressing)**

스님까지도 피할 수 없는 것은 본질적인 그 일을 위해서는 옷을
벗는 것?!
{'옷을 벗는 것'은 러시아어로 сни́мка이다.}

□ 완전히**(completely)**

Sobbing **씨**암탉은 **앰**불런스에 실려 가는 것을 좋아하는가? 그것
도 완전히?!
{'완전히'는 러시아어로 совсе́м이다.}

□ 왜**(why)**

낮에서야 나타났다고? 왜?!
{'왜'는 일본어로 **なぜ**이다.}

□ 왜곡**(distortion)**

Y의 **취**미는 X 같은 왜곡?!
{'왜곡'은 중국어로 **歪曲**[wāiqū]이다.}

Y교에서 **꾸**준한 X 같은 왜곡?!
{'왜곡'은 일본어로 **歪曲**[わいきょく]이다.}

□ 외설적인**(obscene)**

외설적인 것을 보면서 김밥이나 **쌀래**?!
{'외설적인'은 프랑스어로 salé이다.}

□ 외통수로 몰다**(give checkmate)**

마녀와 **떼**도둑을 누가 외통수로 모는가?!

{'외통수로 몰다'는 프랑스어로 mater이다.}

□ 요구가 많은(demanding)

Egg에게 **지장**을 주지 않도록 하라면서 닭은 요구가 많은가?!
{'요구가 많은'은 프랑스어로 exigeant이다.}

□ 요부(femme fatale)

(팔지 말아야 할 것을) **팖**은 f**a**ther의 **딸**로서 마땅히 해야 할 일이라
고 말하는 요부?!
{'요부'는 요사스러운 계집이라는 뜻이다.}

□ 요한(John)

Justice **o**nly **h**eals **n**ations?!
{'요한'은 히브리어로 '야훼는 자비로우시다.'라는 뜻이다.}

□ 욕망(desire)

위대한 **왕**만이 버릴 수 있는 욕망?!
{'욕망'은 중국어로 欲望[yùwàng]이다.}

□ 용서하다(forgive, pardon)

빠르게 **돈에** 미쳐가는 자들을 누가 용서하는가?!
{'용서하다'는 프랑스어로 pardonner이다.}

□ 용암(lava)

요강에 담긴 용암?!
{'용암'은 일본어로 溶岩[ようがん]이다.}

□ 용의자(suspect)

요부와 **기**둥서방과 **샤**먼이 바로 나라를 말아먹은 핵심적인 용의자?!
{'용의자'는 일본어로 容疑者[ようぎしゃ]이다.}

□ 우롱하다(make a fool of)

위대한 **농**담으로 위선자들을 우롱하는가?!
{'우롱하다'는 중국어로 愚弄[yúnòng]이다.}

□ 우산(umbrella)

시름에 잠긴 우산?!
{'우산'은 독일어로 Schirm이다.}

존을 **찍**은 우산?!
{'우산'은 러시아어로 зонтик이다.}

위산에 젖은 우산
{'우산'은 중국어로 雨伞[yǔsǎn]이다.}

가사에 나오는 우산?!
{'우산'은 일본어로 傘[かさ]이다.}

□ 우상(idol)

이 돌대가리가 사람들의 우상?!
{'우상'은 독일어로 Id**o**l이다.}

□ 우화적인(allegorical)

알리지도 **가리**지도 **체스**에서 **끼**를 부리지도 않는 것은 모두 우화
적인가?!
{'우화적인'은 러시아어로 аллег**ори**ческий이다.}

□ 우회적인 표현(gobbledygook)

갑각류가 **올**러대자 **Di**os(=God)가 **국**가를 개판으로 만든 모든 게
들을 잡아서 요리했으니 이것이야말로 인과응보에 대한 우회적
인 표현?!
{'우회적인 표현'은 영어로 g**o**bbledygook이다.}

앙칼진 **바**보의 **주**특기는 우회적인 표현?!
{'우회적인 표현'은 프랑스어로 ambages이다.}

□ 운명애(amor fati)

아무도 **모르**는 **파티**에서 알게 된 운명애?!
{'운명애(運命愛)'는 라틴어로 amor fati이다.}

□ 운명은 피하기 어렵다(fate is hard to avoid)

치킨은 **무**성의한 **브**라로 **이**렇게 **찌**찌를 **따**뜻하게 **보**지(保持)했다.
니체는 **미**친개들이 **나**대면서 **바**른 **찌**찌란 이런 것이라고 주장하
자 이렇게 말했다. "운명은 피하기 어렵다?!"
{'운명은 피하기 어렵다'는 러시아어로 чему быть, того не миновать
이다.}

□ 울부짖는 소리(howl)

보이는가? 저들의 울부짖는 소리?!
{'울부짖는 소리'는 러시아어로 вой이다.}

□ 웃기는(funny)

스스럼없는 **미**친년과 **쉬**리가 **노이**로제에 걸렸다니 웃기는군?!
{'웃기는'은 러시아어로 смешной이다.}

□ 월드컵(World Cup)

와각거리는 **루**머처럼 **도**둑놈들과 **갑부**들이 설치는 월드컵?!
{'월드컵'은 일본어로 ワールドカップ이다.}

□ 위대한(great)

빌리면서 **끼**를 부리는 자는 위대한가?!
{'위대한'은 러시아어로 великий이다.}

□ 위선(hypocrisy)

한간(漢奸)들의 **jest**는 **바**른 농담인가 아니면 창조적인 구린내가

진동하는 당당한 위선인가?!
{'위선'은 러시아어로 ханжество이다.}

줍이 웃기게 나오면 그것은 위선?!
{'위선'은 히브리어로 **צביעות**[zzviut]이다.}

□ 위선자(hypocrite)

한간(漢奸)으로서의 **자**유를 당당하게 부르짖는 자들은 하나같이
창조적인 위선자?!
{'위선자'는 러시아어로 ханж**а**이다.}

□ 위증(perjury)

Person들이 **저리**도 불행한데 대부분 행복하다고 말한 당년(當年)
의 증인들은 모두가 위증?!
{'위증(僞證)'은 영어로 perjury이다.}

기둥서방과 **쇼**걸이 서로 사랑하는 사이가 아니라고 말하는 것은
위증?!
{'위증'은 일본어로 偽証[ぎしょう]이다.}

□ 위험(danger)

당당한 **제**갈동지들의 자한(自汗)은 당장에라도 없어지지 않으면
위험?!
{'위험'은 프랑스어로 danger이다.}

□ 위험하다(it is dangerous)

아빠가 **스**스럼없이 **나**체가 되는 것은 위험하다?!
{'위험하다'는 러시아어로 оп**а**сно이다.}

□ 유감스러운 일(it's a pity)

도마가 **주**방에 없다는 것은 유감스러운 일?!
{'유감스러운 일'은 프랑스어로 dommage이다.}

□ 유대교(Judaism)

주의 **day**를 **잊음**으로써 정작 주가 왔을 때 그를 알아보지 못한 유대교?!
{'유대교'는 영어로 Judaism이다.}

□ 유대교 성경(Tanach)

타락한 **나**라에서 **흐**느끼면서 예언자가 읽어준 유대교 성경?!
{'유대교 성경(구약)'은 히브리어로 תנ״ך[Tanach]이다.}

□ 유럽(Europe)

입으로 빠는 데에는 경제적인 이유가 있다고 주장하는 유럽?!
{'유럽'은 러시아어로 Европа이다.}

□ 유레카(eureka)

Every까지 발견한 naked body가 외친 유레카?!
{'유레카'는 러시아어로 эврика이다.}

□ 유로(euro)

예쁜 **브라**를 사기 위해 필요한 유로?!
{'유로'는 러시아어로 евро이다.}

□ 유목민(nomad)

No mad? Then, you must be a nomad?!
{'유목민'은 영어로 nomad이다.}

□ 유언(will)

이처럼 **공**허한 삶의 노예가 되지 말라는 유언?!
{'유언'은 일본어로 遺言[いごん]이다.}

□ 유언비어(canard)

유명무실한 **언**론과 **비**열한 **어**른들에 대해 전자는 죽은 언론이요, 후자는 생물학적 나이만 많을 뿐 결코 존경의 대상이 될 수는 없다고 말하면 무조건 유언비어?!
{'유언비어(流言蜚語)'란 아무런 근거 없이 널리 퍼진 소문이란 뜻이다.}

□ 유엔(UN)

오온(五蘊)으로 구성된 UN?!
{'유엔'은 러시아어로 OOH(организация объединённых наций)이다.}

□ 유족(family of the deceased)

이주라도 하고 싶은 유족?!
{'유족'은 중국어로 遗族[yízú]이다.}

□ 유죄를 선고하다(convict)

아줌마를 **쏘**시고 **지**저분하게 **찌**찌까지 만진 자에게 유죄를 선고하는가?!
{'유죄를 선고하다'는 러시아어로 осудить(완료체)이다.}

□ 유혹하다(tempt, seduce, lure)

싸구려 **브라**는 **찌**찌를 유혹하는가?!
{'유혹하다'는 러시아어로 совратить(완료체)이다.}

□ 육(six)

Sex until six?!
{'육'은 라틴어로 sex이다.}

□ 육군(army)

짜증나는 **바**보들의 지휘를 받는 육군?!
{'육군'은 히브리어로 **צבא**[zzava]이다.}

□ 육십(sixty)

무소불위의 권력을 가지고 설치다가 결국 죽임을 당한 자들의 수는 육십?!
{'육십'은 일본어로 六十[ろく]라고도 한다.}

□ 육욕(lust, sexual desire)

뽀뽀를 **하**면서 **찌**찌까지 만지는 것은 그야말로 육욕?!
{'육욕'은 러시아어로 ПОХОТЬ이다.}

□ 육육육(666)

육욕(肉慾), **육**림(肉林), **육**시(戮屍)를 즐기는 자들의 수는 666?!
{'육육육(666)'은 요한계시록 13:18에 나오는 숫자이다.}

Sexy shanty에서의 **섹스 사진**처럼 **타**락한 **sex**를 즐기는 자들의 수는 666?!
{'육육육(666)'은 라틴어로 sescenti sexaginta sex이다.}

□ 육체관계(sexual relations)

박아서 **뗄** 수 없게 만드는 육체관계?!
{'육체관계'는 프랑스어로 bagatelle이다.}

□ 윤회(samsara)

윤회의 수레바퀴에서 벗어나기에는 지나치게 진동하는 구**린내**?!
{'윤회'는 일본어로 輪廻[りんね]이다.}

□ 으스대는 태도(airs and graces)

씨암탉은 **마**지막까지 **그래**? 모두가 싫어하는 저 으스대는 태도?!

{'으스대는 태도'는 프랑스어로 simagrées이다.}

□ 은밀한 관계(love affair)

테러리스트의 **희**한한 **틀**니와 **매**국노의 **희**한한 **틀**니의 은밀한 관계?!
{'은밀한 관계'는 독일어로 Techtelmechtel이다.}

□ 은자(hermit)

아줌마는 **나**불거리는 **꼬**꼬와 h**ell**처럼 **뜨**거운 사랑을 나누는 진정한 은둔자?!
{'은자'는 프랑스어로 anachorète이다.}

□ 은폐(cover‑up)

인제라도 **빼**앗긴 진실을 규명하려고 하는데 범인들은 허구한 날 은폐?!
{'은폐'는 일본어로 隱蔽[いんぺい]이다.}

□ 은폐하다(cover up)

인간들이 **비**열한 꼼수로 진실을 은폐하는가?!
{'은폐하다'는 중국어로 隱蔽[yǐnbì]이다.}

□ 은행(bank)

인위적이고 **항**구적인 이자놀이로 돈을 버는 은행?!
{'은행'은 중국어로 银行[yínháng]이다.}

□ 은혜(grace)

매국노들의 **구미**에 맞는 일왕의 은혜?!
{은혜는 일본어로 惠み[めぐみ]이다.}

□ 은혜를 베풀다(grant somebody a favor)

아줌마는 **달**아나는 **쥐**에게 **찌**질할 정도로 은혜를 베푸는가?!

{'은혜를 베풀다'는 러시아어로 **ОДОЛЖИТЬ**(완료체)이다.}

□ ~을 제외하고(except)

오래된 **노조**가 **있대**? 대부분의 회사가? 그 회사를 제외하고?!
{'~을 제외하고'는 일본어로 ~を除いて[をのぞいて]이다.}

□ 음담패설(blue jokes)

훈화(訓話)를 해야 할 선생들의 입에서 나온 것은 충격적인 음담패설?!
{'음담패설'은 중국어로 **荤话**[hūnhuà]이다.}

"**Pro**와의 **뽀**뽀로 **쌀래** 아니면 성불할래?"라는 말은 이색적인 gurney에 실려서 별세계로 떠나가게 만들 정도로 치명적으로 웃긴 음담패설?!
{'음담패설'은 프랑스어로 propos salés이다.}

□ 음모(conspiracy)

자가당착적이고 **바르**지 않은 자들의 음모?!
{'음모'는 러시아어로 заговор이다.}

많이 강을 스스럼없이 파괴하는 자들의 음모?!
{'음모'는 프랑스어로 manigance이다.}

□ 음모론(conspiracy theory)

음모(陰毛)**론** 도무지 만족할 수 없는 자에게 정말 우연하게 택배로 배달된 음모론(陰謀論)?!
{'음모론'이란 사회적으로 큰 반향을 일으킨 사건의 배후에 거대한 권력조직이나 비밀스런 단체가 있다고 추정하는 것을 의미한다.}

□ 음모를 **꾸**미다(plot)

많이들 **강**제로 sex를 하게 만들기 위해 거짓말로 음모를 **꾸**미는가?!
{'음모를 **꾸**미다'는 프랑스어로 manigancer이다.}

□ 음주운전(DUI)

Dogs' usual instinct?!
{'음주운전'은 영어로 DUI(driving under the influence)이다.}

□ 음탕한 쥐들이 기본적으로 조의 아들을 잡고 있었다
(licentious mice basically held Jo's son)

□ 음핵(clitoris)

Indian clitoris?!
{'음핵'은 중국어로 阴蒂[yīndì]이다.}

산에서 본 음핵?!
{'음핵'은 일본어로 核[さね]이다.}

□ 음행(lewd act)

잉어와 꼬꼬가 조직적으로 은폐한 음행?!
{'음행'은 일본어로 淫行[いんこう]이다.}

□ 의도(intention)

의빨을 tooth라고 굳이 부르는 것은 무슨 의도인가?!
{'의도'는 중국어로 意图[yìtú]이다.}

앵무새들이 땅콩과 씨암탉을 옹호하는 것은 과연 무슨 의도인가?!
{'의도'는 프랑스어로 intention이다.}

□ 의미(meaning, sense)

무한히 반복되는 삶과 죽음의 수레바퀴에서 벗어나는 것이 해탈의 의미?!
{'의미'는 히브리어로 מובן[muvan]이다.}

Sex와 마약에서 씨암탉이 아직도 깨어나지 못했다는 것은 무슨 의미?!

{'의미'는 그리스어로 σημασια이다.}

□ 의붓딸(stepdaughter)

빠구리와 **7**이 **짜**중난다고 말한 의붓딸?!
{'의붓딸'은 러시아어로 падчерица이다.}

마마(mama)의 **무스**를 **매**일 사용하는 의붓딸?!
{'의붓딸'은 일본어로 **まま娘**[ままむすめ]이다.}

□ 의사(doctor)

브라는 **치**킨에게 필요하지 않다고 판단한 의사?!
{'의사'는 러시아어로 врач이다.}

의렇게 **시**도 때도 없이 돈타령만 하는 돈벌레와 겨루어도 결코
뒤지지 않는 의협심 제로의 의사?!
{'의사'는 일본어로 医師[いし]이다.}

□ 의사 진행 방해(filibuster)

Philip이 **버스**에서 **터**지면서까지 시도한 것은 의사 진행 방해?!
{'의사 진행 방해'는 영어로 filibuster이다.}

□ 의사에게 원인이 있는(iatrogenic)

아이에게 **추로** Jenny와 Nick 사이를 오가게 시키는 바람에 생긴
병은 결국 의사에게 원인이 있는가?!
{'의사에게 원인이 있는'은 영어로 iatrogenic이다.}

□ 의식(consciousness)

칸막이를 **쳤으**나 **니스**까지는 칠할 수 없음을 깨닫는 것이야말로
우주적인 의식?!
{'의식'은 영어로 consciousness이다.}

□ 의정서(protocol)

Prostitute를 **따**르면 **꼴**린다는 것을 명시한 의정서?!
{'의정서'는 러시아어로 **прото̲ко̲л**이다.}

□ 의존하다(depend)

자비로 **씻지** 않는 자는 남의 돈에 의존하는가?!
{'의존하다'는 러시아어로 **зави̲сеть**(불완료체)이다.}

□ 의학(medicine)

미디어의 **찌**질함으로 **나**라가 사멸해도 단순한 병사일 뿐이라고 주장하는 의학?!
{'의학'은 러시아어로 **меди̲ци̲на**이다.}

이타주의를 **가꾸**기엔 너무나 이기적인 의학?!
{'의학'은 일본어로 **医学**[いがく]이다.}

Mad sin can never be cured by medicine?!
{'의학'은 프랑스어로 **médecine**이다.}

□ 의회(parliament)

팔불출들의 **러**브호텔인지 **먼**지떨이인지 **트**러블메이커인지 알 수 없는 의회?!
{'의회'는 영어로 **pa̲rliament**이다.}

기생충처럼 **까**불거리면서 **이**기적으로 구는 의회?!
{'의회'는 일본어로 **議会**[ぎかい]이다.}

□ 이(louse)

보스와 **쉬**리는 개와 돼지들에게 기생하는 이?!
{'이'는 러시아어로 **вошь**이다.}

뿌듯하게 도둑질하다가 결국 큰집으로 가게 된 이?!
{'이'는 프랑스어로 **pou**이다.}

□ 이(tooth)

짠하고 마침내 큰집에 나타난 이?!
{'이'는 독일어로 Zahn이다.}

주야로 prison에서 콩밥을 씹는 이?!
{'이'는 러시아어로 зуб이다.}

하나님의 은혜로 이제는 큰집에서 콩밥을 씹는 이?!
{'이'는 일본어로 歯[は]이다.}

당년(當年)을 맞아 이제는 함께 큰집에서 콩밥을 씹는 이?!
{'이'는 프랑스어로 dent이다.}

□ 이데올로기(ideology)

ID 알러지가 있는 자들의 이데올로기?!
{'이데올로기'는 영어로 ideology이다.}

□ 이등변 삼각형(isosceles triangle)

아이들과 **싸**움닭이 **썰**렁한 **Leeds**에서 **트라이앵글**을 경쟁적으로
치다가 결국 닭이 패배하게 된 것을 목격한 이등변 삼각형?!
{'이등변 삼각형'은 영어로 isosceles triangle이다.}

□ 이름(name)

Nothingness - **AM** - **E**mptiness?!
{'이름'은 영어로 name이다.}

임정(臨政)을 **야**심차게 부정하는 매국노들의 이름?!
{'이름'은 러시아어로 имя이다.}

□ 이미(already)

우스꽝스러운 **제**갈동지들은 바람과 함께 사라졌는가? 그것도 이미?!
{'이미'는 러시아어로 уже이다.}

[EGR]
[CKJ]
[HGL]
[I S F]

□ 이분법(dichotomy)

다수의 **의**기적인 **카**멜레온이 **터미**네이터에게 끝장난 이유는 '내가 하면 로맨스, 네가 하면 불륜'이라는 식의 이분법?!
{'이분법'은 영어로 dichotomy이다.}

□ 이사장(chairman of the board)

똥개처럼 **시장** 질서를 교란하기 위해 별세계에서 온 이사장?!
{'이사장'은 중국어로 **董事长**[dǒngshìzhǎng]이다.}

□ 이성(reason)

라스푸틴이 **쏘**서댄 **닭**의 비정상적인 이성?!
{'이성'은 러시아어로 рассудок이다.}

□ 이슬(dew)

타우 입자 안에 맺힌 이슬?!
{'이슬'은 독일어로 Tau이다.}

□ 이온(ion)

리즈 시절을 그리워하는 이온?!
{'이온'은 중국어로 **离子**[lízǐ]이다.}

□ 이유(reason)

Prison에서 **치**킨이 **나**오지 말아야 하는 7가지 이유?!
{'이유'는 러시아어로 причина이다.}

Hen의 **종**들이 하나같이 사악한 이유?!
{'이유'는 프랑스어로 raison이다.}

□ 이율배반(antinomy)

앤티크에 **너**무 **미**치면 곤란하다고 말하는 자가 앤티크에 미치는 것은 이율배반?!

{'이율배반'은 영어로 antinomy이다.}

□ 이제 그만(enough is enough, that's enough)

샤먼과 **바**보와 **쉬**리가 설치는 것은 이제 그만?!

{'이제 그만'은 러시아어로 шабаш이다.}

꼬꼬가 **울**면 <u>love</u>making이 시작된다는 개똥같은 소리는 이제 그만?!

{'이제 그만'은 중국어로 够了[gòule]이다.}

□ 이제부터(from now on)

돌에 **나방**이 글을 새겼다. 그 내용은 이제부터?!

{'이제부터'는 프랑스어로 dorénavant이다.}

□ 이즘(ism)

잊음을 강요하는 이즘?!

{'이즘'은 주의(主義)란 뜻이다.}

□ 이집트(Egypt)

이집트로 아기 예수를 데리고 마리아와 요셉이 피난하게 만든 헤롯은 그야말로 추악하게 늙은 **아이지**?!

{'이집트'는 중국어로 埃及[aijí]이다.}

애를 **급**하게 데리고 마리아와 요셉이 피난한 곳은 이집트?!

{'이집트'는 한자로 埃及[애급]이다.}

□ 이혼녀(divorcee)

그 루머처럼 **샤**먼은 지나치게 평범한 이혼녀?!

{'이혼녀'는 히브리어로 גרושה[grushah]이다.}

□ 익숙해지다(become acclimated)

Prison에서 **쥐**는 **짜**고 치는 고스톱처럼 닭과 함께하는 새로운 환경에 익숙해지는가?!

{'(새로운 환경에) 익숙해지다'는 러시아어로 при̲жи̲ться(완료체)이다.}

□ 인간애(humanity)

구만리장천에서도 **나**체로 **스**스럼없이 **찌**찌를 흔드는 자의 인간애?!

{'인간애'는 러시아어로 гума̲нность이다.}

□ 인내(patience)

빠구리 **씨**암탉의 **양**탈과 **스**스럼없는 태도를 보고 필요한 것은 인내?!

{'인내'는 프랑스어로 patience이다.}

□ 인삼(ginseng)

Gin sang about ginseng?!

{'인삼'은 영어로 gi̲nseng이다.}

□ 인상(impression)

프랑스인 **Pie**rre의 **칫**솔이 **레**닌과 **니**체에게 **예**술적으로 남긴 인상?!

{'인상'은 러시아어로 впечатле̲ние이다.}

□ 인양하다(salvage)

Sally가 **빚이** 많아 가라앉자 때마침 만난 Harry가 인양하는가?!

{'인양하다'는 영어로 salvage이다.}

□ 인정(admission)

Q: **빨아도** he n은 좀처럼 만족하지 않습니까?

A: 인정?!

{'인정'은 그리스어로 παραδοχη̲이다.}

□ 인정하다(recognize)

Prisoner는 **나**중에서야 **찌**찌를 만졌음을 인정하는가?!
{'인정하다'는 러시아어로 призна́ть(완료체)이다.}

□ 일(work)

라스푸틴에게 **보**고를 **따**로 하는 꼭두각시의 일?!
{'일'은 러시아어로 рабо́та이다.}

□ 일곱 시간(seven hours)

Save '**e**m, **v**essel **e**ndangered, **n**ow or never!
Howling **o**ccurred **u**selessly, **r**est **s**aved never!
{'일곱 시간'은 영어로 seven hours이다.}

□ 일과 이분의 일(one and a half)

빨가숭이 **딸아**! 선거가 공정하고 투명하게 진행되었다고 할 때 다음 중에서 무엇이 정상이고 무엇이 비정상일까? K=1 or K=1.5?!
{'일과 이분의 일'은 러시아어로 полтора́이다.}

□ 일관성이 없는(disconnected, incoherent)

대꾸하는 **쥐**는 일관성이 없는가?!
{'일관성이 없는'은 프랑스어로 décousu이다.}

□ 일급 노동(day labor)

빠구리는 **좋나 야**하다면서 **라**스푸틴에게 **보**고를 **따**로 하는 꼭두 각시의 일은 기밀에 해당하는 일급 노동인가?!
{'일급 노동'은 러시아어로 подённая рабо́та이다.}

□ 일기(diary)

Nick의 **기**지 넘치는 일기?!

[EGR]
[CKJ]
[HGL]
[ISF]

{'일기'는 일본어로 日記[にっき]이다.}

□ 일련의 사건(saga)

싸가지 없는 일련의 사건?!
{saga는 무용담 또는 일련의 사건이란 뜻이다.}

□ 일반적으로(generally)

바보들 **앞**에서 **chef**는 쓸데없는 말을 많이 한다. 물론 일반적으로?!
{'일반적으로'는 러시아어로 вообще이다.}

□ 일부다처제(polygamy)

Political **거미**가 지지하는 일부다처제?!
{'일부다처제'는 영어로 polygamy이다.}

일부다처제의 치명적인 문제는 혼자서 여러 아내를 만족시키다가
지친 남편이 저세상으로 **빨리 감이야**?!
{'일부다처제'는 러시아어로 полигамия이다.}

□ 일부러(deliberately, on purpose)

나로서는 **쉬**리의 **나**라에서 노예처럼 살고 싶은 마음이 전혀 없
다. 그래서 어두운 밤에 촛불을 밝힌다. 그것도 일부러?!
{'일부러'는 러시아어로 нарочно이다.}

X pressed Y on purpose?!
{'일부러'는 프랑스어로 exprès이다.}

□ 일부일처제(monogamy)

머나먼 **거미**가 지지하는 일부일처제?!
{'일부일처제'는 영어로 monogamy이다.}

□ 일 억(a hundred million)

이기적인 **이**자들이 완전한 종교의식에서 성스러운 빵을 씹지도

않고 삼키듯이 이제는 말이 없는 자에게서 꿀꺽한 돈이 각각 최소 일 억?!

{'일 억'은 중국어로 一亿[yíyì]이다.}

□ 잃게 만들다(cost)

К**у**рица[**꾸**리짜]와 **떼**도둑은 사람들로 하여금 희망을 잃게 만드는가?!

{'잃게 만들다'는 프랑스어로 coûter이다.}

□ 임신(pregnancy)

헤라가 **이온** 음료를 마신 결과는 임신?!

{'임신'은 히브리어로 הריון[herayon]이다.}

□ 임신시키다(impregnate)

아침부터 **브류**소프는 **하**녀의 **찌찌**를 만지다가 결국 임신시키는가?!

{'임신시키다'는 러시아어로 обрю́ха́тить(완료체)이다.}

브류소프는 **하**녀의 **찌찌**를 만지다가 결국 임신시키는가?!

{'임신시키다'는 러시아어로 брю́ха́тить(불완료체)이다.}

□ 입자가속기(particle accelerator)

리즈적인 **찌**찌로 **아**줌마에게 **수치**심까지 유발시킨 입자 가속기?!

{'입자가속기'는 중국어로 粒子加速器[lìzǐjiāsùqì]이다.}

□ 있다(there i.are)

S에게는 **깊**은 **트**라우마가 있는가?!

{'~이 있다'는 독일어로 es gibt이다.}

얘들에게는 **스**스럼없이 **찌**찌를 드러내야 하는 어떤 이유가 있는가?!

{'~이 있다'는 러시아어로 есть이다.}

일리아드에는 영웅들의 이야기가 있는가?!

{'~이 있다'는 프랑스어로 il y a이다.}

□ 자격이 없다(be not worthy)

부패한 **이**들은 도둑으로서 완벽하기 때문에 도덕을 논할 자격이 없다?!

{'자격이 없다'는 중국어로 不配[búpèi]이다.}

□ 자궁(womb)

자궁에서 나온 아기는 **옳**?!

{'자궁'은 영어로 womb이다.}

□ 자기 눈으로(with one's own eyes)

바로 **오**늘 **치**킨은 **유**명을 달리하게 된 자신을 보았다. 그것도 자기 눈으로?!

{'자기 눈으로'는 러시아어로 во**о**чию이다.}

□ 자기방식대로 하다(play it one's own way)

Worms **sing**, **wo**rms **sue** and they play it their own way?!

{'자기방식대로 하다'는 중국어로 我行我素[wǒxíngwǒsù]이다.}

□ 자랑스럽게(proudly)

자랑스럽게 쥐도 새도 모르게 떠오른 둥근 달처럼 푸근한 사람을 나라의 지도자로 **고르다**?!

{'자랑스럽게'는 러시아어로 г**ор**до이다.}

□ 자리를 차지하다(be situated)

빠르게 **미**친년과 **샤**면은 **짜**고 치는 고스톱처럼 큰집 독방에 각각 자리를 차지하는가?!

{'자리를 차지하다'는 러시아어로 помещ**а**ться(불완료체)이다.}

☐ 자리에 없는 자들(the absent)

레이디와 **잡상**인들은 이제는 더 이상 자리에 없는 자들?!
{'자리에 없는 자들'은 프랑스어로 les absents이다.}

☐ 자명종(alarm clock)

부질없이 **Nick**을 깨운 자명종?!
{'자명종'은 러시아어로 **дуди**льник이다.}

☐ 자본주의(capitalism)

즈런즈런한 **번**데기의 **주**름을 **이**렇게 늘리는 것이 진정한 자본주의?!
{'자본주의'는 중국어로 资本主义[zībǎnzhǔyì]이다.}

시시하게 **혼**자서 **슈**크림에 **기**름을 붓는 것이 진정한 자본주의?!
{'자본주의'는 일본어로 資本主義[しほんしゅぎ]이다.}

☐ 자산(assets)

아부와 흐려진 양심으로 모은 자산?!
{'자산'은 프랑스어로 avoir이다.}

☐ 자살(suicide)

So **u**nthinkable **I** **c**all **i**t **d**isguised **e**nigma?!
{'자살'은 영어로 **s**uicide이다.}

싸움닭은 **마**침내 **우**울하고도 **비**극적인 **st**reet에서 **바**람과 함께 사라지려다가 결국 자살?!
{'자살'은 러시아어로 **с**амоу**би**йство이다.}

Hit **t**op! **D**o **t**ry to make it appear to be a suicide?!
{'자살'은 히브리어로 **תודבאתה**[hitabdut]이다.}

☐ 자석(magnet)

애들을 **망**하게 만든 부패한 저 자석들?!

{'자석'은 프랑스어로 aimant이다.}

□ 자손(scion)

Scientific scion?!
{'(명문가의) 자손'은 영어로 sci̱on이다.}

□ 자아(self)

Somebody **e**mpty **l**oses **f**orms?!
{'자아'는 영어로 self이다.}

무아(無我)만이 진정한 자아?!
{'자아'는 프랑스어로 moi이다.}

□ 자연(nature)

자연을 무위적으로 따르는 자는 누구든지 **free로다**?!
{'자연'은 러시아어로 приро̱да이다.}

시젠 영원한 현재만이 있을 뿐이라고 말하는 자연?!
{'자연'은 일본어로 **自然**[しぜん]이다.}

□ 자연사(natural death)

자연스러운 **사**람이었던 장자처럼 그리고 나비처럼 자유로운 삶을 꿈꾸지만, 방구들처럼 가소로운 부자지에 의해 강제로 간당간당 하다가 결국은 무위로 끝난 꿈이 바로 자연사?!
{'자연사(自然死)'란 외상이나 병이 원인이 되지 않고 노쇠하여 자연히 죽음 을 뜻한다.}

□ 자연적인(natural)

TV news never shows any truth at all, which is so natural?!
{'자연적인'은 히브리어로 טבעי[tivi]이다.}

□ 자원(resources)

시시한 **gang**이 천문학적인 돈을 주고 수확한 허접한 자원?!

{'자원'은 일본어로 資源[しげん]이다.}

□ 자위대(Self - Defence Forces)

지저분한 **에**로티시즘을 **따**라서 **이**렇게 방구석에 카펫을 깔고 트 럼프라도 칠 수 있는 것만도 다행이라고 자위하는 자위대?!

{'자위대'는 일본어로 自衛隊[じえいたい]이다.}

□ 자위하다(masturbate)

Oh, **Nan**cy! Are you masturbating?!

{'자위하다'는 히브리어로 אוֹנֵן[onen]이다.}

□ 자유(freedom)

스님은 **바보다**! 창녀와의 비싼 키스로도 쉽게 도달할 수 있는 성 불의 길을 놔두고 한사코 금욕의 그 좁은 길을 가다니! 물론 어 느 길을 통해 죽음과 삶으로부터 성불에 도달하든지 그건 희극 배우의 자유?!

{'자유'는 러시아어로 свобо́да이다.}

□ 자유로운(free)

Fry will make some eggs free?!

{'자유로운'은 독일어로 frei이다.}

□ 자작나무(birch)

아베를 **둘**러메친 멋진 자작나무?!

{'자작나무'는 스페인어로 abedul이다.}

불로장생을 꿈꾸는 자작나무?!

{'자작나무'는 프랑스어로 bouleau이다.}

□ 자전거(bicycle)

오판한 **나**체의 **임**금이 타고 돌아다닌 자전거?!
{'자전거'는 히브리어로 אופניים[ofannaim]이다.}

□ 자폐증(autism)

지혜로운 **쇼**로 치료한 자폐증?!
{'자폐증'은 일본어로 自閉症[じへいしょう]이다.}

□ 작별 인사를 하다(say goodbye to)

Prostitute와 **샤**먼은 **짜**고 치는 고스톱처럼 작별 인사를 하는가?!
{'작별 인사를 하다'는 러시아어로 прощаться(불완료체)이다.}

□ 작은곰자리(Ursa Minor)

고구마 **자**리라고 불러도 좋을 작은곰자리?!
{'작은곰자리'는 일본어로 小熊座[こぐまざ]이다.}

□ 잔소리에 넌더리가 나다(be fed up with nagging)

오늘도 **색**마적인 **교**회에서 **니**체나 **운**우지정(雲雨之情)이나 **자리**바
꿈이나 **스**스럼없는 **루**머나 모든 게 헛되고 헛되다면서 입에 게거
품을 무는 목사의 잔소리에 넌더리가 나다?!
{'잔소리에 넌더리가 나다'는 일본어로 お説教[せっきょう]にうんざりする이다.}

□ 잘 죽지 않는(hard to kill)

쥐와 **부**정한 **치**킨은 잘 죽지 않는가?!
{'잘 죽지 않는'은 러시아어로 живучий이다.}

□ 잘못(fault)

비열한 **나**라에서 사람들이 죽는 것은 누구의 잘못인가?!
{'잘못'은 러시아어로 вина이다.}

아줌마는 **쉬**다가 **마**침내 나타나서 헛소리를 했다. 누구의 잘못인가?!

{'잘못'은 히브리어로 אשמה[ashmah]이다.}

□ 잠수함(submarine)

잠수함을 이용하는 **센스**와 **이**상한 **깡**?!

{'잠수함은 일본어로 潜水艦[せんすいかん]이다.}

□ 잠을 깨다(wake up)

아주 **치**킨은 **누**드로 **짜**고 치는 고스톱처럼 처자빠져 자다가 모두 죽고 나서야 잠을 깨는가?!

{'잠을 깨다'는 러시아어로 очнуться(완료체)이다.}

□ 잠입하다(steal into)

Prostitute에게로 **bro**ther는 **짜**고 치는 고스톱처럼 잠입하는가?!

{'잠입하다'는 러시아어로 пробраться(완료체)이다.}

□ 잠자리(dragonfly)

돈보다 귀한 것은 없다고 주장하는 그야말로 고름처럼 추한 잠자리?!

{'잠자리'는 일본어로 蜻蜒[とんぼ]이다.}

□ 잡다(take)

브라는 **자**극적으로 **찌**찌를 잡는가?!

{'잡다'는 러시아어로 взять(완료체)이다.}

브라는 **찌**찌를 잡는가?!

{'잡다'는 러시아어로 брать(불완료체)이다.}

□ 잡담(gossip)

꼬꼬와 **매**국노들이 **하**는 **주**된 일은 한심한 잡담?!

{'잡담'은 프랑스어로 commérage이다.}

□ 잡식동물(omnivore)

앞니를 **보면 어**렵지 않게 알 수 있는 잡식동물?!
{'잡식동물'은 영어로 omnivore이다.}

□ 장난(mischief)

Miss chief mischief?!
{'장난'은 영어로 mischief이다.}

□ 장난감(toy)

후안무치한 **개떼**들의 사랑을 받는 장난감?!
{'장난감'은 스페인어로 juguete이다.}

주주총회에 참가한 장난감?!
{'장난감'은 프랑스어로 joujou이다.}

□ 장난하다(do mischief)

아줌마를 **자르니 찾지**도 않던 정의가 죽었다고 개소리를 하는 자
들이 있다. 지금 장난하는가?!
{'장난하다'는 러시아어로 озорничать(불완료체)이다.}

□ 장남(eldest son)

장남이지만 아직 **애네**?!
{'장남'은 프랑스어로 aîné이다.}

□ 장례식(funeral, obsequies)

앞서 퀴즈에 나온 장례식?!
{'장례식'은 영어로 obsequies라고도 한다.}

□ 장모(mother - in - law)

위에서 **무모**한 사랑을 나누는 장모?!
{'장모'는 중국어로 岳母[yuèmǔ]이다.}

□ 장물(stolen property)

장녀에게 **우**라질 도둑놈이 준 장물?!
{'장물'은 중국어로 赃物[zāngwù]이다.}

□ 장미(rose)

바라는 건 장미?!
{'장미'는 일본어로 ばら이다.}

□ 장수(longevity)

란제리로 **버티**면 누구라도 장수?!
{'장수'는 영어로 longevity이다.}

□ 장수하다(live long)

창조적인 <u>show</u> girl과 함께 어설프게 거짓말을 하는 김에 장수
하는가?!
{'장수하다'는 중국어로 长寿[chángshòu]이다.}

□ 재능(talent)

딸랑거리는 내시들의 재능?!
{'재능'은 프랑스어로 talent이다.}

□ 재단(foundation)

퐁퐁거리며 **다**니는 **씨**암탉의 **옹**고집에 의해 짜고 치는 고스톱처
럼 설립된 재단?!
{'재단'은 프랑스어로 fondation이다.}

[EGR]
[CKJ]
[HGL]
[I S F]

□ 재미있는(interesting)

Yogurt가 **있으**니 재미있는가?!
{'재미있는'은 중국어로 有意思[yǒuyìsi]이다.}

오랜만에 **모**여서 **시**로 **이**렇게 하고 싶은 말을 하니 재미있는가?!
{'재미있는'은 일본어로 おもしろい이다.}

□ 재산(property)

이처럼 **무**모한 **쉬**리와 **스트리**퍼처럼 **바**람난 암탉이 사기를 쳐서
형성한 천문학적인 재산?!
{'재산'은 러시아어로 имущество이다.}

□ 저녁을 먹다(have supper)

우주적인 **쥐**는 **낮지** 않는 도벽에도 불구하고 멋들어지게 저녁을
먹는가?!
{'저녁을 먹다'는 러시아어로 ужинать(불완료체)이다.}

□ 저자(author)

아프지만 **따르**는 자들을 위해서 피로써 글을 쓰는 니체는 그야말
로 초인적인 저자?!
{'저자'는 러시아어로 автор이다.}

□ 저장하다(save, hoard)

악마가 지네를 저장하는가?!
{'저장하다'는 프랑스어로 emmagasiner이다.}

□ 저지하다(deter)

란제리를 벗는 것을 도대체 그 누가 저지하는가?!
{'저지하다'는 중국어로 拦[lán]이다.}

□ 저질 문인(trash writer)

원피스를 벗은 저질 문인?!
{'저질 문인'은 중국어로 文痞[wénpǐ]이다.}

□ 적(enemy)

브라, 그것은 유방암을 유발하는 건강의 적?!
{'적'은 러시아어로 враг이다.}

손에 장을 지진다고 개소리만 할 뿐 결코 지지지는 않는 적?!
{'적'은 히브리어로 אויש[sone]이다.}

□ 적시에(in time)

자, 가자! 적시에?!
{'적시에'는 러시아어로 загодя이다.}

□ 적자(deficit)

Cheese를 cut하는 바람에 발생한 구린 적자?!
{'적자'는 중국어로 赤字[chìzì]이다.}

아까 지갑을 잃어버려서 적자?!
{'적자'는 일본어로 赤字[あかじ]이다.}

□ 적절한(appropriate)

빠르게 **다**니는 **바**보와 **유**명한 **쉬**리의 밀회는 과연 적절한가?!
{'적절한'은 러시아어로 подобающий이다.}

□ 적폐(deep-rooted evils)

지저분하고 **비**열한 수법으로 죄 없는 사람을 죽인 이 인두겁들이
야말로 규탄받아 마땅한 적폐?!
{'적폐'는 중국어로 积弊[jībì]이다.}

새끼들과 **he**n이야말로 나라를 말아먹고도 일말의 양심의 가책
조차 느끼지 않는 만고역적이요, 표리부동한 홍등가의 창녀들과

다름없는 적폐?!
{'적폐'는 일본어로 **積弊**[せきへい]이다.}

□ 전기**(biography)**

비아그라로 **피**구에서도 **야**구에서도 경기 내내 **빳빳**하게 서 있던 자에 대한 충격적인 전기?!
{'전기'는 러시아어로 **биография**이다.}

□ 전나무**(fir)**

아베가 **떼**쓰다가 모기장 밖으로 쫓겨나는 것은 목격한 전나무?!
{'전나무'는 이탈리아어로 abete이다.}

아베가 **또** 모기장 밖으로 쫓겨나는 것은 목격한 전나무?!
{'전나무'는 스페인어로 abeto이다.}

□ 전염병**(epidemic, plague)**

전염병이 퍼지고 있는데 허구한 날 자빠져 자고 있다고? 그래, 영원히 **자라**! 자?!
{'전염병'은 러시아어로 **зараза**이다.}

□ 전쟁**(war)**

바로 **의 나**라에서 일어난 전쟁?!
{'전쟁'은 러시아어로 **война**이다.}

□ 전체론적인**(holistic)**

Holy stick belongs to somebody holistic?!
{'전체론적인'은 영어로 holistic이다.}

□ 전통**(tradition)**

빨아도 sex는 하지 않는 금욕적인 전통?!

{'전통'은 그리스어로 παραδοση이다.}

덴마크에 **또**다시 나타난 인어공주가 만든 전통?!
{'전통'은 일본어로 伝統[てんとう]이다.}

□ 전투(battle)

보이지 않는 것들과 보이는 것들 사이의 전투?!
{'전투'는 러시아어로 бой이다.}

마녀와 **hen**이 전사한 이전투구적인 전투?!
{'전투'는 그리스어로 μαχη이다.}

□ 전투력(combat power)

짠돌이의 전투력?!
{'전투력'은 중국어로 战斗力[zhàndòulì]이다.}

□ 전형(epitome)

이 Peter는 **미**적인 몽상가의 전형?!
{'전형'은 영어로 epitome이다.}

□ 절름발이(limper)

조개에 **뽀**뽀하다가 물리자 치료를 받게 된 절름발이?!
{'절름발이'는 이탈리아어로 zoppo이다.}

□ 절망(despair)

쥐에게 **왕**창 속은 자들의 절망?!
{'절망'은 중국어로 绝望[juéwàng]이다.}

□ 절반(half)

빨라는 비열한 **나**라에서는 빨아서라도 잘 먹고 잘살겠다는 사람들이 절반?!
{'절반'은 러시아어로 половина이다.}

[EGR]
[CKJ]
[HGL]
[I S F]

□ 절벽(cliff)

팔등신 **레즈**비언의 가슴은 의외로 절벽?!
{'절벽'은 프랑스어로 falaise이다.}

□ 절치부심(gnash one's teeth with rage)

절망적으로 **치**킨은 **부**패가 **심**하니 사람들은 절치부심하는가?!
{'절치부심(切齒腐心)'은 분노가 극에 달한다는 뜻이다.}

치킨은 **애**물단지처럼 **치**졸하고 **푸**들만 **신**나니 사람들은 절치부심하는가?!
{'절치부심'은 중국어로 **切齒拊心**[qièchǐfǔxīn]이다.}

□ 점잔 빼면서(affectedly)

쥐를 **만나** 닭은 말했다. "덕분에 양계장을 접수했어요!"그것도 점잔 빼면서?!
{'점잔 빼면서'는 러시아어로 жеманно이다.}

□ 정당(party)

빠르게 **찌**찌를 **야**하게 드러낸 창녀를 보고 올림픽에 출전한 마네킹이라면서 아는 체하는 구시대적인 정당?!
{'정당'은 러시아어로 партия이다.}

□ 정독(perusal)

Peru에서 **절**대적으로 필요한 정독?!
{'정독'은 영어로 perusal이다.}

□ 정말 그렇다(you can say that again)

A: **커**다란 **부**정부패를 **쉬**쉬하면서 그냥 내버려둔다면 그 어떤 나라라도 망하고 말 것이다.
B: 정말 그렇다?!
{'정말 그렇다'는 중국어로 **可不是**[kěbúshì]이다.}

□ 정말로(really)

　　A: **지**저분한 **스트**리퍼는 **빗질**을 **나**중에는 결국 스스로 해야 할
　　　것이다.
　　B: 정말로?!
　　{'정말로'는 러시아어로 действительно이다.}

□ 정상(summit)

　　Summer **밑**에 위치한 정상?!
　　{'정상'은 영어로 summit이다.}

　　Seems that it's the summit?!
　　{'정상'은 프랑스어로 cime이다.}

□ 정상적인 성욕을 가진(virile)

　　비릴지라도 마다하지 않는 남자는 정상적인 성욕을 가진 것인가?!
　　{'정상적인 성욕을 가진'은 프랑스어로 viril이다.}

□ 정신병자(psycho)

　　Prison의 **씨**암탉은 **흐**리멍덩한 정신병자?!
　　{'정신병자'는 러시아어로 псих이다.}

□ 정신을 차려 보니 ~에 있다(find oneself)

　　아귀의 **추**악함을 **찢자** 그 추악함에 정신을 잃었다. 그러다가 정
　　신을 차려 보니 ~에 있다?!
　　{'정신을 차려 보니 ~에 있다'는 러시아어로 очутиться(완료체)이다.}

□ 정육점 주인(butcher)

　　부처님의 말씀을 깨달은 정육점 주인?!
　　{'정육점 주인'은 영어로 butcher이다.}

[EGR]
[CKJ]
[HGL]
[I S F]

□ 정의(justice)

세기의 사기꾼을 제대로 처벌하는 것이 진정한 정의?!
{'정의'는 일본어로 正義[せいぎ]이다.}

□ 정의감(sense of justice)

세기말적으로 **깜**깜한 시대에서 스스로 타오르는 촛불이 되어야
믿는 것이야말로 정의감?!
{'정의감'은 일본어로 正義感[せいぎかん]이다.}

□ 정의하다(define)

아프리카의 **질**은 **얕지** 않다고 정의하는가?!
{'정의하다'는 러시아어로 определять(불완료체)이다.}

□ 정직(honesty)

아직도 **너**는 stea**l** 하는 주제에 뭐? 가훈이 정직?!
{'정직'은 영어로 honesty이다.}

□ 정치(politics)

빨리 찌찌를 **까**는 야한 정치?!
{'정치'는 러시아어로 политика이다.}

□ 정치가(politician)

빨리 찍어버리고 싶은 쓰레기 정치가?!
{'정치가'는 러시아어로 политик이다.}

□ 정치적인(political)

빨리는 **찌**찌가 **체스**에서 **끼**를 부리는 것은 정치적인가?!
{'정치적인'은 러시아어로 политический이다.}

□ 젖 짜는 여자(dairymaid)

다방에서 **일**하다가 **쉬**더니 **짜**고 치는 고스톱처럼 이제는 결국 젖 짜는 여자?!
{'젖 짜는 여자'는 러시아어로 **до**и**льщица**이다.}

□ 젖게 하다(wet)

아마추어는 **치**킨의 **찌**찌를 젖게 하는가?!
{'젖게 하다'는 러시아어로 **омочить**(완료체)이다.}

□ 젖다(get wet)

마치 짜고 치는 고스톱처럼 젖는가?!
{'젖다'는 러시아어로 **мочиться**(불완료체)이다.}

□ 젖소(milk cow)

나이브한 **니**체가 "**Oh** my God!"라고 소리치게 만든 젖소?!
{'젖소'는 중국어로 **奶牛**[nǎiniú]이다.}

찌찌가 **우**량해서 **시**도 때도 없이 젖을 짜는 젖소?!
{'젖소'는 일본어로 **ちちうし**이다.}

젖소는 역시 안은 물론 **밖까**지 **달랐대**?!
{'젖소'는 이탈리아어로 vacca da latte이다.}

□ 젖은(wet)

She is wet?!
{'젖은'은 중국어로 **湿**[shī]이다.}

젖은 팬티는 **심했다**?!
{'젖은'은 일본어로 **湿**った[しめった]이다.}

□ 제 눈에 안경(beauty is in the eye of the beholder)

아바타가 **모**자라지만 **애꾸보**다는 멋져 보인다고? 결국 제 눈에 안경?!

{'제 눈에 안경'은 일본어로 あばたもえくぼ이다.}

□ 제갈동지(arrogant old parvenu)

제비인지 **갈**보인지 **동**네의 **지**렁이인지 알 수는 없지만 가소로운 한간(漢奸)의 기적에 하늘 무서운 줄 모르는 제갈동지들?!

{'제갈동지'란 나잇살이나 먹고 교만하며, 살림살이는 넉넉하되 지체는 좀 낮은 사람을 이르는 말이다.}

□ 제거하다(eliminate; get rid of)

춤이 에로틱하면 옷을 제거하는가?!

{'제거하다'는 중국어로 除灭[chúmiè]이다.}

□ 제때에(at the right moment)

앞으로 뽀뽀는 제때에?!

{'제때에'는 프랑스어로 àpropos이다.}

□ 제로(zero)

F(s)=0?!

{'제로'는 히브리어로 אפס[efes]이다.}

□ 제복(uniform)

문지르자 광택이 나는 제복?!

{'제복'은 러시아어로 мундир이다.}

□ 제염소(saltern)

바르니 짜다는 것을 알게 된 제염소?!

{'제염소'는 러시아어로 варница이다.}

□ 제일베잇

(jailbait, 욕정을 채우기 위해서라면 범죄라도 저지를 만큼 매력적인 나이 어린 소녀)

제갈동지들과 **ill** bastard들이 **eat**한 것은 잔인한 짐승들의 폭식 메뉴에 일상적으로 등장하는 jailbait?!
{제일베잇은 욕정을 채우기 위해서라면 범죄라도 저지를 만큼 매력적인 나이 어린 소녀란 뜻인데 성관계를 하면 본인 동의 여부와 상관없이 강간죄가 성립된다.}

□ 젠체하는(smug)

Slut과 **먹**으러 가는 자는 주제에 젠체하는가?!
{'젠체하는'은 영어로 smug이다.}

□ 조개(clam)

아이들을 **희**한하게 **바다**에서 다 죽인 조개?!
{'조개'는 그리스어로 αχιβαδα이다.}

본능적으로 **골라**서 먹는 조개?!
{'조개'는 이탈리아어로 vongola이다.}

□ 조국(fatherland)

아줌마가 **치즈나** cut 하고 있으니 구린내가 진동하는 조국?!
{'조국'은 러시아어로 отчизна이다.}

□ 조롱하다(mock)

잊으라면서 **지**저분한 **바**보들은 **짜**고 치는 고스톱처럼 슬픔에 잠긴 사람들을 조롱하는가?!
{'조롱하다'는 러시아어로 издеваться(불완료체)이다.}

□ 조삼모사(deception, trickery)

짜증나는 **오**늘날 **싼 무스**보다 더 저열한 시대정신은 조삼모사?!
{'조삼모사'는 중국어로 **朝三暮四**[zhāosānmùsì]이다.}

287

[EGR]
[CKJ]
[HGL]
[I S F]

조만간 **산**들바람처럼 **보**람찬 **시**절이 올 것이라고 해놓고 바로 뒤통수를 때리는 것이 조삼모사?!

{'조삼모사'는 일본어로 朝三暮四[ちょうさんぼし]이다.}

□ 조언(advice)

스스로 **매**일 정진하라는 스승의 조언?!

{'조언'은 일본어로 すすめ이다.}

□ 조언하다(advise)

나에게 **다**시는 **우**신(愚神)을 **믿지** 말라고 에라스뮈스는 조언하는가?!

{'조언하다'는 러시아어로 надоумить(완료체)이다.}

□ 조용하게 하다(quiet)

우리는 **가만있지** 않음으로써 가만히 있으라고 개소리하는 쓰레기들을 조용하게 하는가?!

{'조용하게 하다'는 러시아어로 угомонить(완료체)이다.}

□ 조카(nephew)

오이를 좋아하는 조카?!

{'조카'는 일본어로 甥[おい]이다.}

□ 조화(artificial flower)

Q: 조화(造花)가 일본어로 뭐지?
A: "**조-까**!"

{'조화'는 일본어로 造花[ぞうか]이다.}

□ 존경(respect)

Hen에게서 **스스**럼없음을 **빼**면 아무것도 남지 않는데 존경은 무슨 존경?!

{'존경'은 프랑스어로 respect이다.}

□ 존경하다(respect)

오스꽝스러운 **야**바위꾼들만이 **mou**se를 존경하는가?!
{'존경하다'는 일본어로 敬う[うやまう]이다.}

□ 존재(existence)

Egg는 **지**저분하고 **스**스럼없는 **땅**딸막한 **s**lut이 키우는 닭과 그 선후를 다투는 존재?!
{'존재'는 프랑스어로 existence이다.}

□ 졸업하다(graduate)

Pierre는 **예**수처럼 십자가에 매달려 세상을 졸업하는가?!
{'졸업하다'는 중국어로 毕业[bìyè]이다.}

□ 좁은 구멍(narrow hole)

아줌마와 **치**킨과 **꼬**꼬 모두에게 너무나 중요한 변기의 좁은 구멍?!
{'좁은 구멍'은 러시아어로 очко이다.}

□ 종교(religion)

Remember **e**phemeral **l**ife **i**nvented **G**od, **i**mmortality **o**r **n**othingness?!
{'종교'는 영어로 religion이다.}

□ 종이(paper)

부마(駙馬)**가** 왕보다 훨씬 더 강력한 성욕을 가지고 있다는 충격적인 사실이 기록된 노란 종이?!
{'종이'는 러시아어로 бумага이다.}

□ 좌우를 둘러보다(look around)

아줌마는 **지**저분한 **라**스푸틴과 **짜**고 치는 고스톱처럼 좌우를 둘러보는가?!

{'좌우를 둘러보다'는 러시아어로 озираться(불완료체)이다.}

□ 죄가 있는(guilty)

B나 **받**드**는 이**는 A를 받지 못한 점에서 죄가 있는가?!

{'죄가 있는'은 러시아어로 винов**а**тый이다.}

□ 죄인(sinner)

쥔 더럽고 추악한 죄인?!

{'죄인'은 독일어로 Sünder이다.}

□ 죄책감(sense of guilt)

자꾸 **이 새끼**를 **깜**으로써 느끼는 죄책감?!

{'죄책감'은 일본어로 罪責感[ざいせきかん]이다.}

□ 주권(sovereignty)

Sobbing **b**astards **run te**arfully here and there to sell over sovereignty?!

{'주권'은 영어로 s**o**vereignty이다. 주권은 국가의 의사를 최종적으로 결정하는 권력으로서 대내적으로는 최고의 절대적 힘을 가지고, 대외적으로는 자주적 독립성을 가진다.}

□ 주름(wrinkle)

마르두크(Marduk)처럼 **쉬**리가 **나**대는 나라에서 사람들에게 느끼는 것은 오직 빚과 주름?!

{'주름'은 러시아어로 м**о**рщина이다.}

□ 주의(attention)

아줌마의 **땅**콩과 **씨**암탉의 **옹**졸함이 어떻게 끝나게 되었는지에 기울인 주의?!

{'주의'는 프랑스어로 attention이다.}

□ 주인(owner)

우주를 창조하고 피조물들에게 죽임을 당한 주인?!
{'주인'은 중국어로 物主[wùzhǔ]이다.}

□ 주저하지 않고(without hesitation)

니체는 **아비**가 **누**구보다 **야**비하고 **씨**암탉도 더하면 더했지 결코
뒤지지 않는다고 말했다. 그것도 주저하지 않고?!
{'주저하지 않고'는 러시아어로 не обинуясь이다.}

□ 주적(main adversary)

주디(Judy)는 닥치는 대로 배설하는 닭을 죽이는 양계장의 주적?!
{'주적(主敵)'은 중국어로 主敵[zhǔdí]이다.}

□ 주조하다(mint)

아이들이 **치**킨을 **까니 찌**그러진 우리 시대의 영웅의 얼굴이 새겨
진 화폐를 주조하는가?!
{'(화폐를) 주조하다'는 러시아어로 отчеканить(완료체)이다.}

아이들이 **치**킨을 **까니 바**보들이 **찌**그러진 우리 시대의 영웅의 얼
굴이 새겨진 화폐를 주조하는가?!
{'(화폐를) 주조하다'는 러시아어로 отчеканивать(불완료체)이다.}

□ 주치의(one's doctor)

주야로 **치**킨을 **의**식하면서 억울하게 죽은 백성의 선하고 악함을
독단하는 주치의(主治醫)?!

□ 죽는다는 것을 기억하라(memento mori)

매일 **맨**홀에서 **토**하는 **모리**배에게 로마의 노예는 이렇게 외친다.
"당신도 죽는다는 것을 기억하라?!"

{'죽는다는 것을 기억하라'는 라틴어로 memento mori이다.}

□ 죽다(die, pass away)

우매한 미친년은 라스푸틴이 찌찌를 만지자 좋아 죽는가?!
{'죽다'는 러시아어로 умирать(불완료체)이다.}

모리배도 결국 죽는가?!
{'죽다'는 라틴어로 mori이다.}

□ 죽어 가고 있다(am/is/are dying)

신데렐라는 이루지 못한 사랑으로 죽어 가고 있는가?!
{'죽어 가고 있다'는 일본어로 死んでいる[しんでいる]이다.}

□ 죽은 자식(dead child)

보지도 못하고 죽은 자식?!
{'죽은 자식'은 일본어로 亡児[ぼうじ]이다.}

□ 죽을 지경이다(be in a tight position)

제갈동지들은 이제 스러지다 못해 그야말로 죽을 지경인가?!
{'죽을 지경이다'는 중국어로 贼死[zéisǐ]이다.}

□ 죽이다(kill)

퇴마사가 튼튼한 귀신을 죽이는가?!
{'죽이다'는 독일어로 töten이다.}

뛰어난 에로티시즘으로 누구를 죽이는가?!
{'죽이다'는 프랑스어로 tuer이다.}

□ 준비가 된(ready)

나는 혼자서 무소의 뿔처럼 갈 준비가 되었는가?!
{'준비가 된'은 히브리어로 נכון[nakhon]이다.}

□ 준비해(be prepared)

Hen이 **예**언했다. "**나**는 **혼**이 비정상이니 당신들 준비해?!"
{'준비해'는 히브리어로 היה נכון[heyeh nakhon]이다.}

□ 준설하다(dredge)

드레스덴의 **쥐**는 대박을 꿈꾸며 준설하는가?!
{'준설하다'는 영어로 dredge이다.}

□ 줄기세포(stem cell)

깐깐한 **씨**암탉이 **빠**구리를 **오**래 하는 것을 가능하게 하는 줄기세포?!
{'줄기세포'는 중국어로 干细胞[gànxìbāo]이다.}

□ 중얼거리다(mutter)

마녀는 **흐**느끼면서 **모**두가 **떼**도둑 때문이라고 중얼거리는가?!
{'중얼거리다'는 프랑스어로 marmotter이다.}

□ 중환자실(ICU)

I **see** **you** in the ICU?!
{'중환자실'은 영어로 ICU(intensive care unit)이다.}

□ 쥐(mouse)

내시들과 **즈**런즈런한 **미**친년과 함께 분탕질한 쥐?!
{'쥐'는 일본어로 鼠[ねずみ]이다.}

아줌마가 **흐**리멍덩해도 **바르**게 도둑질하는 법을 본능적으로 알고 있어서 신선한 충격을 받았다고 증언한 쥐?!
{'쥐'는 히브리어로 עכבר[akhbar]이다.}

□ 쥐들(mice)

모리배인 **이**들은 **제**갈동지들인가 혹은 쥐들인가?!
{'쥐들'은 독일어로 Mäuse이다.}

□ 쥐똥나무(privet)

쥐가 **똥**개들에게 "**나**는 **무**죄야?!"
{'쥐똥나무'는 물푸레나뭇과의 낙엽 활엽 관목이다.}

□ 즐겁게(cheerfully)

게들은 **망**했다. 그것도 아주 즐겁게?!
{'즐겁게'는 프랑스어로 gaiement이다.}

□ 즙(juice)

쏙 닮은 두 종류의 즙?!
{'즙'은 러시아어로 сок이다.}

쥐가 창조한 녹색 즙?!
{'즙'은 프랑스어로 jus이다.}

□ 증명하다(prove)

다소 **깐**맣고 **자**극적인 **찌**찌는 무엇을 증명하는가?!
{'증명하다'는 러시아어로 доказать(완료체)이다.}

□ 증상(symptom)

Prisoner들을 **낚**으면 거의 언제나 나타나는 딜레마 증상?!
{'증상'은 러시아어로 признак이다.}

□ 증세(tax increase)

조것들이 **제**정신인가? 허구한 날 꼼수로 증세?!
{'증세'는 일본어로 増税[ぞうぜい]이다.}

□ 지스팟(G spot)

Generally speaking, power orgasms temporarily?!
{'지스팟'은 여성의 질 내부의 성감대를 가리키는 말이다.}

□ 지긋지긋한 것(tedious thing)

누지만 사실 날이면 날마다 먹고 자고 누는 것은 지긋지긋한 것?!
{'지긋지긋한 것'은 러시아어로 нудь이다.}

□ 지긋지긋함(being fed up)

운우지정(雲雨之情)도 **자리**바꿈도 이제는 지긋지긋함?!
{'지긋지긋함'은 일본어로 うんざり이다.}

□ 지다(set)

She's moonstruck like the sun that sets?!
{'지다'는 일본어로 沈む[しずむ]이다.}

□ 지름길(shortcut)

지름길을 모르면 **찐따오**?!
{'지름길'은 중국어로 近道[jìndào]이다.}

□ 지식(knowledge)

지식이 있어야 이름을 **날리지**?!
{'지식'은 영어로 knowledge이다.}

□ 지옥에 떨어진 자들(the damned)

레이디와 **다**수의 **내**시들은 결국 지옥에 떨어진 자들인가?!
{'지옥에 떨어진 자들'은 프랑스어로 les damnés이다.}

☐ 지우개(eraser)

마녀가 **학**생들에게 강매한 역사적인 지우개?!
{'지우개'는 히브리어로 מַחַק[mahaq]이다.}

☐ 지위(rank)

친일매국노가 나라와 민족을 팔아서 일왕으로부터 얻은 가소로운 지위?!
{'지위'는 러시아어로 чин이다.}

☐ 지저귀다(twitter)

가서 **주 예**수를 믿으라고 새들은 지저귀는가?!
{'지저귀다'는 프랑스어로 gazouiller이다.}

☐ 지지하다(support)

쥐는 <u>chi</u>cken을 지지하는가?!
{'지지하다'는 중국어로 支持[zhīchí]이다.}

☐ 지치게 하다(fatigue, tire)

따뜻함을 **믿지** 않는 바람은 나그네를 지치게 하는가?!
{'지치게 하다'는 러시아어로 томить(불완료체)이다.}

☐ 지치지 않고(indefatigably)

니체는 **우스**꽝스럽게 **딴 나**라의 기를 들고 게거품을 무는 멍청이들을 비웃었다. 그것도 초인처럼 지치지 않고?!
{'지치지 않고'는 러시아어로 неустанно이다.}

☐ 지피에스(GPS)

<u>G</u>rotesquely <u>p</u>rolonged <u>s</u>ex?!
{'지피에스'는 global positioning system의 약자이다.}

□ 지혜(wisdom)

삽이 둘이면 **아**무렇게나 강에서 삽질하는 게 20세기의 지혜?!
{'지혜'는 스페인어로 sabiduría이다.}

싸움닭에게 **ges**ture로 당장 꺼지라고 말하는 자의 지혜?!
{'지혜'는 프랑스어로 sagesse이다.}

□ 지혜로운 체하다(pretend to be wise)

나무들이 찌는 더위가 끝나면 선선하고 청명한 가을이 온다면서
지혜로운 체하는가?!
{'지혜로운 체하다'는 러시아어로 **намудр<u>и</u>ть**(완료체)이다.}

□ 지휘하는(commanding)

나불거리는 **찰스**는 **뜨**악하면서도 **부유**한 **쉬**리를 위해 쥐 선생의
아리아를 지휘하는가?!
{'지휘하는'은 러시아어로 **нач<u>а</u>льствующий**이다.}

□ 진단하다(diagnose)

이브는 <u>hen</u>이 제대로 미쳤다고 진단하는가?!
{'진단하다'는 히브리어로 **אבחן**[ivhen]이다.}

□ 진리(truth)

아이들처럼 **믿다**가는 모두 물에 빠져 죽는다는 것이 이 시대의
소름끼치는 진리?!
{'진리'는 히브리어로 **אמתה**[amittah]이다.}

□ 진보적인(progressive)

삐딱하게 **리**어카에서 **다 보이**는 글을 쓰면서 언론계의 환경오염
을 막기 위해 고등어 대신 참치를 먹자라는 개소리를 하면 진보
적인가?!
{'진보적인'은 러시아어로 **передов<u>о</u>й**이다.}

☐ 진부한(banal)

바른 **날**라리들이 하는 이미지 세탁은 그야말로 진부한가?!
{'진부한'은 프랑스어로 banal이다.}

☐ 진열하다(display)

애물단지 **딸**들과 **레**이디는 역대 최악의 갑을 뽑는 대항전에서 사용할 비장의 무기로 각각 땅콩, 물병 그리고 뚝배기를 진열하는가?!
{'진열하다'는 프랑스어로 étaler이다.}

☐ 진인사대천명(man proposes, God disposes)

진정으로 **인**간을 **사**랑하는 **대**통령이라면 **천**하에 **명**성을 얻을 것이다!
{'진인사대천명(盡人事待天命)'은 자신의 노력을 다한 후에 하늘의 명을 기다린다는 뜻이다.}

☐ 진정되다(calm down)

우울한 **니**체에게 **맞자**마자 희극적인 조삼모사처럼 원숭이들은 진정되는가?!
{'진정되다'는 러시아어로 униматься(불완료체)이다.}

☐ 질(vagina)

박이 **나**대자 계집질, 서방질, 도둑질, 강도질, 사기질, 이간질, 싸움질, 저질, 조작질 그리고 안쓰러운 갑질이 전염병처럼 창궐하는 것을 목격하고 염증이 난 정의의 여신의 질?!
{'질'은 독일어로 Vagina이다.}

☐ 질소(nitrogen)

아, **좆도** 아닌 질소?!
{'질소'는 그리스어와 이탈리아어로 각각 αζωτο와 azoto이다.}

□ 질식시키다(smother)

스스럼없는 <u>mother</u>는 아이들을 베개로 질식시키는가?!
{'질식시키다'는 영어로 smother이다.}

□ 질질 끌고 오다(drag along)

<u>Pri</u>soner는 **발로 치**킨을 질질 끌고 오는가?!
{'질질 끌고 오다'는 러시아어로 **приволо́чь**(완료체)이다.}

□ 짐이 곧 국가다(I am the state)

레이디를 **따**라 <u>sexy</u>하게 **무**너진 **아**재가 살게 된 큰집에서 그것도 세평(世評)이 꽤 좋은 방에서 물었다. "권불십년(權不十年)을 실천적으로 보여준 그대여, 아직도 이렇게 말하고 싶소? '짐이 곧 국가다?!'"
{'짐이 곧 국가다'는 프랑스어로 L'Etat, c'est moi!이다.}

□ 집에(at home)

도둑들은 **마**침내 이제는 모두 함께 천문학적으로 비싼 사자의 방까지 포함된 큰 집에?!
{'집에'는 러시아어로 **до́ма**이다.}

□ 집으로(home)

다들 **모이**는 집으로?!
{'집으로'는 러시아어로 **домо́й**이다.}

□ 집행유예(probation)

짚신벌레들의 **행**복이요, **유**전무죄(有錢無罪)의 **예**술적인 표현이바로 집행유예?!
{'집행유예(執行猶豫)'란 3년 이하의 징역 또는 금고형의 선고 판결을 받았으되 정상을 참작해서 일정한 기간 형의 집행을 유예하고, 그 유예 기간을 무사히 지내면 형의 선고 효력이 없어지는 제도이다.}

싯다르타가 **꼬**꼬로 **유**명한 **요**부에게 내린 판결은 단두대의 이슬이 지만 무한정 윤회(輪廻)로 큰집이 콩가루가 되기까지는 집행유예?! {'집행유예'는 일본어로 **執行猶予**[しっこうゆうょ]이다.}

□ 징징거리다(whine)

와인이 맛이 없다고 소믈리에가 징징거리는가?! {'징징거리다'는 영어로 whine이다.}

□ 짖다(bark)

나라를 **바**르게 세우려 하자 개들이 미친 듯이 짖는가?! {'짖다'는 히브리어로 נבח[navah]이다.}

□ 짜증(annoyance)

다시 **싸다**가 시원하지 않아서 짜증?! {'짜증'은 러시아어로 досада이다.}

□ 짜증나게 하다(irritate, vex)

아가를 se**x**의 대상으로 보는 쓰레기들은 사람들을 짜증나게 하는가?! {'짜증나게 하다'는 프랑스어로 agacer이다.}

이리 떼는 양들을 짜증나게 하는가?! {'짜증나게 하다'는 프랑스어로 irriter이다.}

□ 짝수(even number)

Even number의 글자 수는 짝수?! {'짝수'는 영어로 even number이다.}

□ 짠(salty)

말을 **루**시퍼의 **하**수인에게 바치고 엄청난 이득을 본 자는 정작 자신의 직원들에게는 무척 짠?!

{'짠'은 히브리어로 מלוח[maluha]이다.}

□ 쫓아내(drive away)

Q: **간이** 부은 자는 어떻게 할까요?
A: 쫓아내?!
{'쫓아내'는 러시아어로 гони이다.}

□ 차고(garage)

차고에나 **가라 해**?!
{'차고'는 스페인어로 garaje이다.}

□ 차례(turn)

차례대로 큰집에 들어간 닭과 쥐의 수인번호의 첫 번호는 각각 **5**
와 **7이지**?!
{'차례'는 러시아어로 очередь이다.}

□ 차명계좌(borrowed - name bank account)

지극히 **에**로틱한 **밍**크고래가 **장**차 **후회**하게 될 거라고 말한 차명
계좌?!
{'차명계좌'는 중국어로 借名账户[jièmíngzhànghù]이다.}

샤먼과 **ку**рица[꾸리짜가 **매**국노와 **고자**를 시켜 유럽에 개설한
차명계좌?!
{'차명계좌'는 일본어로 借名口座[しゃくめいこうざ]이다.}

□ 차원(dimension)

잊음이 레지스탕스적인 **니**체에게 **예**술적으로 알려준 "역사를 잊
은 민족에게 미래는 없다"는 준엄한 차원?!
{'차원'은 러시아어로 измерение이다.}

301

[EGR]
[CKJ]
[HGL]
[I S F]

□ 차이(difference)

라스푸틴의 **즐**거운 **리**비도와 **치**킨의 **예**사롭지 않은 성욕 사이에 거의 존재하지 않는다고 보아도 무방한 차이?!
{'차이'는 러시아어로 **разли́чие**이다.}

□ 차지하다(occupy)

아줌마의 **큐**에 **파이**를 거의 공짜로 차지하는가?!
{'차지하다'는 영어로 o̲ccupy이다.}

□ 착함(good‐naturedness)

보라! **노**는계집과 **미**친년이 설쳐도 아무도 제지하지 않는다. 모두가 답답할 정도로 착함?!
{'착함'은 프랑스어로 bonhomie이다.}

□ 찬(cold)

Freedom이 **오**기까지 세월은 찬가?!
{'찬'은 스페인어로 frío이다.}

□ 찬송가(hymn)

힘을 주는 찬송가?!
{'찬송가'는 영어로 hymn이다.}

찬송가를 들으면서 **힘 내**?!
{'찬송가'는 독일어로 Hy̲mne이다.}

□ 찰싹 때리다(slap)

흘리자 Lo̲lita는 **빠**르게 **찌**찌를 찰싹 때리는가?!
{'찰싹 때리다'는 러시아어로 хло́пать(불완료체)이다.}

□ 참깨(sesame)

쥐와 **마**녀 사이에 쏟아지는 참깨?!
{'참깨'는 중국어로 芝麻[zhīma]이다.}

고마운 참깨?!
{'참깨'는 일본어로 胡麻[ごま]이다.}

□ 참사(catastrophe)

깠다고? Stripper가 **로**맨틱하게 **fa**ther의 거기를? 이거야말로 대
형 참사?!
{'참사'는 러시아어로 катастрофа이다.}

□ 참새(sparrow)

마취에 맛이 간 참새?!
{'참새'는 중국어로 麻雀[máquè]이다.}

□ 참을 수 없다(it is unbearable)

니체는 **V**를, **나**체는 **C**를 **마**찬가지로 참을 수 없다?!
{'참을 수 없다'는 러시아어로 невыносимо이다.}

□ 참치(tuna)

마구 로맨틱하게 똥을 싸는 참치?!
{'참치'는 일본어로 鮪[まぐろ]이다.}

똥을 마구 싸는 참치?!
{'참치'는 프랑스어로 thon이다.}

□ 창립하다(establish)

추앙받으면서 **빤**스 내리는 데 맛 들린 목사는 더욱더 왕성한 성
생활을 누리기 위해 '주식회사 예술'을 창립하는가?!
{'창립하다'는 중국어로 创办[chuàngbàn]이다.}

□ 창세기(Genesis)

소새끼로서는 결코 이해할 수 없는 창세기?!
{'창세기'는 일본어로 **創世記**[そうせいき]이다.}

□ 창조적인(creative)

Criminals **a**te **ty**pically **v**ast amount of money?!
{'창조적인'은 영어로 cre**a**tive이다.}

□ 창조하다(create)

바라는 자만이 창조하는가?!
{'창조하다'는 히브리어로 **ברא**[bara]이다.}

□ 찾다(look for, search for)

주님의 **혼**적을 찾는가?!
{'찾다'는 독일어로 s**u**ch**en**이다.}

□ 처녀지(virgin territory)

처녀지에서 처음으로 **찔리나**?!
{'처녀지'는 러시아어로 це**л**и**на**이다.}

□ 처벌하다(punish)

나불거리다가 **까꾸**불거리면서 **자꾸 찌**찌를 까는 자들을 처벌하는가?!
{'처벌하다'는 러시아어로 н**а**к**а**з**а**ть(완료체)이다.}

□ 처음에는(at first)

스님과 **나**불거리는 **찰**스가 **라**스베이거스 출신의 사기꾼임을 거의
아무도 몰랐다. 물론 처음에는?!
{'처음에는'은 러시아어로 сн**а**ч**а**ла이다.}

□ 천(thousand)

뜨거운 **이 시**간에 **차**가운 수는 천?!
{'천'은 러시아어로 тысяча이다.}

L left behind number thousand?!
{'천'은 히브리어로 אלף[elef]이다.}

□ 천둥(thunder)

갑이 나리에게 떨어지자 발생한 천둥?!
{'천둥'은 일본어로 雷[かみなり]이다.}

브론테 자매를 놀라게 한 천둥?!
{'천둥'은 그리스어로 βροντη이다.}

□ 천박한(boorish)

무모한 **쥐까**지 **받**드는 **이**들은 하나같이 천박한가?!
{'천박한'은 러시아어로 мужиковатый이다.}

□ 천상의(heavenly)

천상의 것을 어떻게 **고르니**?!
{'천상의'는 러시아어로 горний이다.}

□ 천재(genius)

Jenny is a genius?!
{'천재'는 독일어와 프랑스어로 각각 Genie, génie이다.}

가 본 적이 없는 곳을 보는 것처럼 상상하는 천재?!
{'천재'는 히브리어로 גאון[gavon]이다.}

Hen이야말로 **오**르가슴의 천재?!
{'천재'는 스페인어로 genio이다.}

[EGR]
[CKJ]
[HGL]
[ISF]

□ 천재적인(of genius)

Jenny의 **알**몸을 보지도 않고 그린 금발의 화가는 천재적인가?!
{'천재적인'은 프랑스어로 génial이다.}

□ 천직(calling, vocation)

Prisoner들의 **반이 예**수를 믿음으로써 평생 먹고 사는 문제를 해결했으니 이제 목사는 그들의 천직?!
{'천직'은 러시아어로 призвáние이다.}

□ 철수(withdrawal)

That shoe를 던지며 이라크 기자는 분노한 목소리로 외쳤다. "너 같은 초등학생은 절대로 안 되니까 철수해! 철수?!"
{'철수'는 일본어로 撤収[てっしゅう]이다.}

□ 철쭉(royal azalea)

바보처럼 **굴**던 **Nick**을 철들게 만들 철쭉?!
{'철쭉'은 러시아어로 багýльник이다.}

□ 철학(philosophy)

필로폰이 **조**금이라도 **피**로 들어가면 뿅 간다는 것이 그의 철학?!
{'철학'은 프랑스어로 philosophie이다.}

□ 철학자(philosopher)

필로폰을 **조**국 프랑스보다 더 사랑한 철학자?!
{'철학자'는 프랑스어로 philosophe이다.}

□ 청산가리(cyanide)

쌓여서 **나이** 드신 매국노들에게 무상으로 제공한 청산가리?!
{'청산가리'는 영어로 cyanide이다.}

□ 청춘(youth)

몰라도 **다스**는 **찌**그러진 우리 시대의 쥐가 무소유적으로 소유한 것임을 확실히 아는 청춘?!

{'청춘'은 러시아어로 мо**лодость**이다.}

□ 체계(system)

체계 따위는 **다 잊게**?!

{'체계'는 일본어로 体系[たいけい]이다.}

□ 체포하다(arrest)

쥐를 **부**정부패 혐의로 체포하는가?!

{'체포하다'는 중국어로 拘捕[jūbǔ]이다.}

□ 초대하다(invite)

Prisoner들은 **글라**스를 **씻지**도 않고 함께 술을 마시자면서 당년(當年)에 들어온 창조적인 신참 죄수들을 초대하는가?!

{'초대하다'는 러시아어로 **пригласить**(완료체)이다.}

마네(Manet)는 **꾸**물거리면서 끝까지 머리에 집착하는 Olympia를 당년(當年)에 살롱에 초대하는가?!

{'초대하다'는 일본어로 招く[まねく]이다.}

A: **He's mean**!
B: Then don't invite?!

{'초대하다'는 히브리어로 הזמין[hizmin]이다.}

□ 초월(transcendence)

차가운 **오**르가슴 **위에** 존재하는 초월?!

{'초월'은 중국어로 超越[chāoyuè]이다.}

□ 초췌한(haggard)

대패해서 초췌한가?!

{'초췌한'은 프랑스어로 défait이다.}

□ 촛불 심지의 찌끼(snuff)

나중에 **가르**치게 될 역사적인 촛불 심지의 찌끼?!
{'촛불 심지의 찌끼'는 러시아어로 нагар이다.}

□ 최근에(lately, recently)

다비드가 **차**를 샀다고? 그것도 최근에?!
{'최근에'는 러시아어로 давеча이다.}

□ 최후(end, demise)

깐깐한 **치**킨이 **나**체로 맞이한 최후?!
{'최후'는 러시아어로 кончина이다.}

□ 추도식(memorial service)

빠르게 **민**며느리가 **끼**를 부리면서 행한 추도식?!
{'추도식'은 러시아어로 поминки이다.}

□ 추문(scandal)

초원에서 발생한 추문?!
{'추문'은 중국어로 丑闻[chǒuwén]이다.}

□ 추위(cold)

홀아비가 **라**스베이거스에서 **뜨**겁게 느낀 추위?!
{'추위'는 러시아어로 холод이다.}

□ 추정되는(supposed)

쌍년의 **se**x로 인해 많은 사람들이 죽은 것으로 추정되는가?!
{'추정되는'은 프랑스어로 censé이다.}

□ 축(axis)

오만한 **씨**암탉은 악의 축인가?!
{'축'은 러시아어로 ось이다.}

찌르레기가 아니라 기레기가 악의 축?!
{'축'은 히브리어로 ציר[zzir]이다.}

에로틱한 hen은 악의 축인가?!
{'축'은 스페인어로 eje이다.}

□ 축복(blessing)

브라를 **하**나 더 가진 자의 축복?!
{'축복'은 히브리어로 הכרב[brakhah]이다.}

□ 축제(festival)

학으로서 의심스럽게 떼를 지어 즐긴 것으로 추정되는 성스러운 축제?!
{'축제'는 히브리어로 חג[hag]이다.}

□ 출발(departure)

아나운서가 **홀에**서 **se**xy하게 한 출발?!
{'출발'은 그리스어로 αναχωρηση이다.}

□ 출발하다(depart)

아나운서는 **호로** 자식들과 새롭게 출발하는가?!
{'출발하다'는 그리스어로 αναχωρω이다.}

□ 출석하다(attend)

추악한 **씨**암탉은 마침내 법정에 출석하는가?!
{'출석하다'는 중국어로 出席[chūxí]이다.}

□ 춥다(it's cold)

홀아비가 **라**스베이거스에서 **드**라마틱하게 **나**체가 되니 많이 추운가?!

{'춥다'는 러시아어로 хoлoднo이다.}

□ 충격(shock)

빠뜨리는 <u>s</u>ex가 **니**체에게 **예**술적으로 가한 충격?!

{'충격'은 러시아어로 потрясение이다.}

□ 충고(advice)

에로틱하면서도 **짜**증나는 충고?!

{'충고'는 히브리어로 עצה[etzah]이다.}

□ 충만(completeness)

빨리 나를 **따**르라! 그러면 은총으로 충만?!

{'충만'은 러시아어로 полнота이다.}

□ 충분한(enough)

마스터베이션은 <u>pic</u>nic 가서 하는 것으로도 충분한가?!

{'충분한'은 히브리어로 מספיק[maspiq]이다.}

□ 충분히 마를 때까지(until it gets dry thoroughly)

도둑들을 <u>Su</u>matra에서 **하**나씩 처형하라! 백성들의 피눈물이 충분히 마를 때까지?!

{'충분히 마를 때까지'는 러시아어로 досуха이다.}

□ 췌장(pancreas)

펭귄이 **크리**스마스 **어스**름한 저녁에 얼려 버린 췌장?!

{'췌장'은 영어로 <u>pan</u>creas이다.}

□ 취한(drunk)

그리스도의 사랑에 취한?!
{'취한'은 프랑스어로 gris이다.}

Sue is drunk?!
{'취한'은 프랑스어로 soûl이다.}

□ 치과의사(dentist)

야하고 **의**기적인 치과의사?!
{'치과의사'는 중국어로 **牙医**[yáyī]이다.}

□ 치욕(disgrace, ignominy)

빠구리를 **조르**는 것은 치욕?!
{'치욕'은 러시아어로 **позор**이다.}

이뇨제를 **미니**카에서 복용하던 자가 당한 치욕?!
{'치욕'은 프랑스어로 ignominie이다.}

□ 치욕적인(disgraceful)

빠구리를 **조르**면서 **느**끼하게 **이**러는 것은 치욕적인가?!
{'치욕적인'은 러시아어로 **позорный**이다.}

□ 치즈(cheese)

케이크와 **저**렴하게 구입한 치즈?!
{'치즈'는 독일어로 Käse이다.}

□ 친일파(pro - Japanese collaborators)

신경질적인 **니**체가, **찌**질하게 **하**늘을 손바닥으로 가리는 자들이 도대체 누구인지 묻자 차라투스트라의 친구는 이렇게 말했다. 손바닥으로 하늘을 가리는 그 가소로운 자들은 바로 친일파다?!
{'친일파'는 일본어로 親日派[しんにちは]이다.}

□ 칠(seven)

씨암탉이 **애**들을 **떼**로 죽이는 것을 목격한 7?!
{'칠'은 스페인어로 siete이다.}

□ 칠백(seven hundred)

Simpson **sought** seven hundred?!
{'칠백'은 러시아어로 семьсот이다.}

□ 칠월(July)

이율을 올린 칠월?!
{'칠월'은 러시아어로 июль이다.}

□ 침대(bed)

리비도를 해소하기 위한 침대?!
{'침대'는 프랑스어로 lit이다.}

□ 침로변경(shift of a ship's course)

아이들이 **바**다에서 **떼**죽음을 당하기 전에 발생한 침로변경?!
{'침로변경'은 프랑스어로 abattée이다.}

□ 침몰시키다(sink)

빠구리 **group**처럼 **지**저분하게 **찌**그러진 우리 시대의 악당들은 그야말로 짜고 치는 고스톱처럼 배를 침몰시키는가?!
{'침몰시키다'는 러시아어로 погрузить(완료체)이다.}

빠구리 **group**처럼 **자**기기만적으로 **찌**그러진 우리 시대의 악당들은 그야말로 짜고 치는 고스톱처럼 배를 침몰시키는가?!
{'침몰시키다'는 러시아어로 погружать(불완료체)이다.}

□ 침몰하다(sink)

천 무어라는 배는 그야말로 짜고 치는 고스톱처럼 침몰하는가?!
{'침몰하다'는 중국어로 沉没[chénmò]이다.}

□ 침묵(silence)

천 무어라는 배의 침몰의 진실을 아는 자들의 침묵?!
{'침묵'은 중국어로 沉默[chénmò]이다.}

□ 침술(acupuncture)

아줌마가 **꿔**다가 **뽕**밭 **끄**트머리로 **뛰**어가서 **흐**뭇하게 공부한 침술?!
{'침술'은 프랑스어로 acupuncture이다.}

□ 침을 흘리다(dribble, drool)

드리블을 하면서 골에 대한 욕심으로 침을 흘리는가?!
{'침을 흘리다'는 영어로 dribble이다.}

밥에 침을 흘리는가?!
{'침을 흘리다'는 프랑스어로 baver이다.}

쥐떼는 도둑질할 생각에 침을 흘리는가?!
{'침을 흘리다'는 프랑스어로 juter이다.}

□ 칭호를 박탈당한 귀족

(aristocrat who lost hi.her title in the French Revolution)

씨암탉의 **드**라마틱한 **방**사(房事)에 열광하다가 칭호를 박탈당한 귀족?!
{'(프랑스 혁명 때) 칭호를 박탈당한 귀족'은 프랑스어로 ci - devant이다.}

□ 카르마(karma)

예수의 메시아적인 카르마?!
{'카르마'는 중국어로 业[yè]이다.}

<u>Kar</u>l <u>Mar</u>x의 유물론적인 카르마?!

{'카르마(karma)'는 업(業)이라는 뜻이다.}

☐ 카르타고(Carthage)

<u>Kar</u>l <u>thi</u>nks <u>Je</u>sus loves even <u>C</u>arthage?!

{'카르타고'는 영어로 Carthage이다.}

☐ 카리스마(charisma)

<u>보지</u>만 <u>다르</u>게 보는 것이 진정한 카리스마?!

{'카리스마'는 러시아어로 бо́жий да́р이다.}

☐ 칸막이(folding screen)

<u>빨아</u>주는 <u>방</u>에 있는 칸막이?!

{'칸막이'는 프랑스어로 paravent이다.}

☐ 칼륨(potassium)

<u>깔리</u>니까 칼륨?!

{'칼륨'은 러시아어로 ка́лий이다.}

☐ 칼슘(calcium)

<u>까이</u>니까 숨은 칼슘?!

{'칼슘'은 중국어로 钙[gài]이다.}

☐ 칼을 가지고(with a knife)

Q: <u>나</u>라를 <u>좀</u>먹는 매국노들은 무엇을 가지고 처단해야 하는가?
A: 칼을 가지고?!

{'칼을 가지고'는 러시아어로 но́ж<u>о</u>м이다.}

□ 커피(coffee)

고희(古稀)에 두 보스가 함께 마신 커피?!
{'커피'는 일본어로 コ-ヒ-이다.}

□ 케케묵은 생각(shibboleth)

Ship에서 **볼셰비키**가 "**Let's** forget!"이라고 말했다고 믿는 것은 케케묵은 생각?!
{'케케묵은생각'은 히브리어로 שׁבּלת[shibboleth]이다.}

□ 코(nose)

낮에 사람 행세를 하면서 돌아다니는 코?!
{'코'는 독일어로 Nase이다.}

하나님께 기도하는 코?!
{'코'는 일본어로 鼻[はな]이다.}

아프니까 피가 흐르는 코?!
{'코'는 히브리어로 אף[af]이다.}

네? 저기 걸어가는 자가 고골이 창조한 코?!
{'코'는 프랑스어로 nez이다.}

□ 코가 납작한(flat-nosed)

카뮈의 이방인은 코가 납작한가?!
{'코가 납작한'은 프랑스어로 camus이다.}

□ 코딱지(bugger)

버거운 크기의 코딱지?!
{'코딱지'는 영어로 bugger이다.}

Pope'll hardly forgive those who swallow bugger?!
{'코딱지'는 독일어로 Popel이다.}

□ 코를 풀다(blow one's nose)

하나님, 오늘 **가무**를 즐기기 전에 코를 풀게 하여 주시옵소서?!
{'코를 풀다'는 일본어로 鼻[はな]をかむ이다.}

□ 콘크리트(concrete)

베테랑 **똥**개들을 묻지도 따지지도 않고 지지하는 콘크리트?!
{'콘크리트'는 프랑스어로 béton이다.}

□ 콜레스테롤(cholesterol)

할리우드에서 **스**스럼없는 **지린**내 나는 연기로 스타가 된 콜레스테롤?!
{'콜레스테롤'은 러시아어로 холестерин이다.}

□ 콧물(nasal mucus, snot)

하나님께 **미즈** 박(Ms. Park)이 중언부언하면서 기도하다가 흘린 것으로 강력하게 추정되는 회개의 콧물?!
{'콧물'은 일본어로 はなみず이다.}

□ 쾌락(pleasure)

On eggs is pleasure?!
{'쾌락'은 히브리어로 עונג[oneg]이다.}

□ 쾌활한(playful, jovial)

조 비열한 **얼**간이들은 그 어떤 부끄러움도 없이 쾌활한가?!
{'쾌활한'은 영어로 jovial이다.}

□ 쾌활함(gaiety)

개떼는 언제나 쾌활함?!
{'쾌활함'은 프랑스어로 gaieté이다.}

□ 퀴리(curie)

쥐의 **리**비도는 방사능보다 더 위험한 것임을 증명한 퀴리?!
{'퀴리'는 중국어로 居里[jālī]이다.}

□ 퀴즈(quiz)

희대미문의 **돈**의 신이 누구인지 맞추지 못하면 호랑이나 사자 방에 들어가야 하는 퀴즈?!
{'퀴즈'는 히브리어로 חידון[hidon]이다.}

□ 크기(size)

Billy가 **치**킨의 **나**불거림에서 발견한 엄청난 구라의 산의 크기?!
{'크기'는 러시아어로 величина이다.}

□ 크네세트(Knesset)

큰애의 se**x**는 **트**집쟁이들의 변론으로도 뒤집을 수 없는 추악한 사실임을 주장한 이스라엘 국회?!
{'크네세트'는 이스라엘 국회이다.}

□ 크리슈나 신상(Juggernaut)

적어도 **노트**북보다는 더 크고 불가항력적인 크리슈나 신상?!
{'크리슈나 신상'은 영어로 Juggernaut이다.}

□ 크림(cream)

자네 크림인가?!
{'크림'은 독일어로 Sahne이다.}

[EGR]
[CKJ]
[HGL]
[ISF]

□ 크세르크세스(Xerxes)

Jerk sees yet another Xerxes?!
{'크세르크세스'는 영어로 Xerxes이다.}

□ 큰길(wide road)

통나무와 **취**객이 가득한 큰길?!
{'큰길'은 중국어로 通衢[tōngqú]이다.}

□ 큰일 났다(it is a disaster)

다년간 **의**자와 <u>hen</u>이 **다**수의 삶을 지옥으로 만들었다고? 큰일
났다?!
{'큰일 났다'는 일본어로 大変だ[たいへんだ]이다.}

□ 큰형수(the wife of a man's eldest brother)

큰형수도 똥오줌은 **다 싸오**?!
{'큰형수'는 중국어로 大嫂[dàsǎo]이다.}

□ 키스하다(kiss)

배신하는 **제**자는 스승에게 키스하는가?!
{'키스하다'는 프랑스어로 baiser이다.}

□ 타불라 라사(tabula rasa)

빠르게 **이**제 **빤**스를 내리라고 명령하는 사이비 목사 앞에서 기꺼
이 내리는 여신도들의 정신 상태는 그야말로 타불라 라사?!
{'타불라 라사'는 백지(白紙)라는 뜻인데 중국어로는 白板[báibǎn]이다.}

□ 타인의(somebody else's)

추악한 <u>joy</u>를 위해 짓밟는 영혼은 타인의 것인가?!
{'타인의'는 러시아어로 чужОЙ이다.}

□ 타협(compromise)

닭과 **교**주를 하나로 만든 영적인 타협?!
{'타협'은 일본어로 妥協[だきょう]이다.}

Prostitute와 **샤**먼과 **라**스푸틴이 한통속이 되기로 한 우주적인 타협?!

{'타협'은 히브리어로 **פשרה**[psharah]이다.}

□ 탄핵(impeachment)

탄트라는 **허**수아비를 향해 소리쳤다. "가스나 탄소를 탄핵?!"
{'탄핵'은 중국어로 弹劾[tánhé]이다.}

단두대는 **가**증스러운 **이**를 향해 소리쳤다. "탄핵?!"
{'탄핵'은 일본어로 弾劾[だんがい]이다.}

□ 탄핵하다(impeach)

Innumerable **m**inds **p**ropose **e**victing **a**bnormally **c**reative **h**en?!
{'탄핵하다'는 영어로 impeach이다.}

□ 탈항(anal prolapse)

닭이 **꼬꾸**라지면서 발생한 탈항?!
{'탈항'은 일본어로 脱肛[だっこう]이다.}

□ 탐욕(greed)

탐욕스럽게 맘몬 앞에서 **기어**?!
{'탐욕'은 독일어로 Gier이다.}

□ 탐정(detective)

단테를 찾아서 지옥, 연옥, 천국을 돌아다닌 탐정?!
{'탐정'은 일본어로 探偵[たんてい]이다.}

□ 탕진하다(squander)

Prostitute와 **쥐**는 짜고 치는 고스톱처럼 모든 것을 탕진하는가?!

{'탕진하다'는 러시아어로 **прож_и_ться**(완료체)이다.}

□ 태변(meconium)

미학자의 **코**에서 **니**체의 **엄**마가 발견했지만 친구 아들이나 중생들에게 권하기에는 진부하리만큼 구려서 그냥 이렇게 세기말적 뒤뜰 오물통에 버린 태변?!
{'태변'은 영어로 mec_o_nium이다.}

□ 태양(sun)

Sham ash of the sun?!
{'태양'은 히브리어로 **שמש**[shemesh]이다.}

□ 태연하게(nonchalantly)

니체는 **바**깥나들이에 **즈**음해서 '**묻지 마** 범죄'를 저지른 버러지들에 대한 해결책으로 초강력 살충제를 제시했다. 물론 태연하게?!
{'태연하게'는 러시아어로 **невозмут_и_мо**이다.}

□ 태우다(burn)

재치 있는 남자는 여자의 마음을 태우는가?!
{'태우다'는 러시아어로 **жечь**이다.}

□ 택시(taxi)

추운 **주**말 **처**음으로 탄 택시?!
{'택시'는 중국어로 出租车[chūzūchē]이다.}

□ 택시 운전사(taxi driver)

딱한 **sister**가 만난 택시 운전사?!
{'택시 운전사'는 러시아어로 **такс_и_ст**이다.}

□ 탱크(tank)

땅을 **깨**끗하게 파괴한 탱크?!
{'탱크'는 스페인어로 tanque이다.}

□ 터널(tunnel)

터널처럼 긴 어둠의 시대를 끝내고 이제는 **민**주적으로 **하라**?!
{'터널'은 히브리어로 מנהרה[minharah]이다.}

□ 터무니없는 요구를 하다

(want one's bread buttered on both sides)

왕고집 **치**킨은 **오**만하게도 **우**리에게 진실은 침몰했으니 포기하라는 터무니없는 요구를 하는가?!
{'터무니없는 요구를 하다'는 중국어로 妄求[wàngqiú]이다.}

□ 턱(chin)

빠르게 **드**라마처럼 **바로 닭**이 바람과 함께 사라지자 모두가 함께 낸 턱?!
{'턱'은 러시아어로 подбородок이다.}

□ 테러(terror)

콩을 **뿌**리다가 이제는 물까지 뿌리는 테러?!
{'테러'는 중국어로 恐怖[kǒngbù]이다.}

□ 텐트(tent)

오늘날의 <u>hell</u>에서는 비싼 집 대신 텐트?!
{'텐트'는 히브리어로 אהל[ohel]이다.}

□ 토끼(rabbit)

우리에게 <u>**사기**</u>를 친 토끼?!

321

[EGR]
[CKJ]
[HGL]
[I S F]

{'토끼'는 일본어로 うさぎ이다.}

□ 토라짐(sulking)

부담스럽게 **들이**대다가 거절당한 자는 결국 토라짐?!
{'토라짐'은 프랑스어로 bouderie이다.}

□ 토론하다(discuss)

압수하지도 **짖지**도 않는 개들에 대해 토론하는가?!
{'토론하다'는 러시아어로 обсудить(완료체)이다.}

□ 톱질하다(saw)

잭은 콩나물을 자르기 위해 톱질하는가?!
{'톱질하다'는 독일어로 sägen이다.}

□ 통고(caveat)

Caviar는 **At**lanta에서 먹어야 한다는 통고?!
{'통고'는 영어로 caveat이다.}

□ 통제력(reins)

보스였던 **쥐**가 이제는 상실한 통제력?!
{'통제력'은 러시아어로 вожжи이다.}

□ 통찰력(insight)

아인슈타인이 **지**금까지 **히트**를 치는 이유는 절대적으로 상대적
인 그의 통찰력?!
{'통찰력'은 독일어로 Einsicht이다.}

똥차와 **리**무진을 구별하는 통찰력?!
{'통찰력'은 중국어로 洞察力[dòngchálì]이다.}

□ 통통한(chubby)

첩이 통통한가?!
{'통통한'은 영어로 chubby이다.}

□ 투덜거리는 사람(murmurer)

바르게 **춘**추전국시대를 살아가는 것은 너무 힘들다고 투덜거리는 사람?!
{'투덜거리는 사람'은 러시아어로 ворчун이다.}

□ 투덜거리다(grumble, murmur, repine)

바르게 **찾지** 않는다고 누가 투덜거리는가?!
{'투덜거리다'는 러시아어로 ворчать(불완료체)이다.}

랍비가 **따**뜻한 **찌**찌를 만지니 누가 투덜거리는가?!
{'투덜거리다'는 러시아어로 роптать(불완료체)이다.}

□ 투자하다(invest)

희극적인 **쉬**리와 **키**득거리는 **아**줌마와 말 많은 별세계의 우두머리는 서로에게 투자하는가?!
{'투자하다'는 히브리어로 השקיע[hishqia]이다.}

□ 튤립(tulip)

위대한 **진**리를 **샹**송으로 노래하는 튤립?!
{'튤립'은 중국어로 郁金香[yùjīnxiāng]이다.}

□ 트럭(truck)

카센터를 **처**박은 트럭?!
{'트럭'은 중국어로 卡车[kǎchē]이다.}

□ 트집을 잡다(find fault with)

Prison에서 **드라**큘라는 **짜**고 치는 고스톱에 가진 돈을 다 날리자 동료 죄수의 목을 물고 생각보다 피가 맛이 없다면서 트집을 잡는가?!

{'트집을 잡다'는 러시아어로 **прид**р**ат**ь**ся**(완료체)이다.}

□ 트집쟁이(fusspot)

Prison에서 **지금 라**면을 끓여주지 않으면 당장 탈옥하겠다고 개소리하는 트집쟁이?!

{'트집쟁이'는 러시아어로 **придира**이다.}

□ 파견하다(dispatch)

Director는 **스**스럼없는 **패**거리의 **치**부를 가리기 위해 우연을 가장한 절묘한 타이밍에 9원에 파는 물건을 구입할 자들을 급히 파견하는가?!

{'파견하다'는 영어로 dispatch이다.}

아무개와의 **three**some에 **지**저분한 **찌**찌를 가진 창녀를 파견하는가?!

{'파견하다'는 러시아어로 **отрядить**(완료체)이다.}

□ 파과(puberty)

파과 무렵에 그들은 서로에게 말했다. "한 번 **하까**?!"

{'파과'는 일본어로 **破瓜**[はか]이다.}

□ 파괴(destruction)

Hen의 **res**publica 파괴?!

{'파괴'는 히브리어로 הרס[heres]이다.}

□ 파괴하다(destroy)

This Troy who will destroy?!

{'파괴하다'는 영어로 destroy이다.}

□ 파내다(dig up)

와일드한 **쥐**는 **에**로틱하게 도둑질하면서 추수가 끝난 싸구려 우물을 천문학적인 돈을 주고 구입해서 거기서 있지도 않은 자원을 캐는가?!
{'파내다'는 중국어로 挖掘[wajué]이다.}

□ 파렴치한(shameless)

비스킷에서조차 **빠르**게 **돈**을 **느**끼는 **이**는 파렴치한가?!
{'파렴치한'은 러시아어로 беспардо́нный이다.}

□ 파렴치한 여자(shameless woman)

미르(МИР)에서 **자**기기만적인 f**riend**와 **까**불거리다가 기운 없이 우주로 사라진 파렴치한 여자?!
{'파렴치한 여자'는 러시아어로 мерза́вка이다.}

□ 파리(fly)

무척 **하**찮은 목숨의 대명사 - 파리?!
{'파리'는 러시아어로 му́ха이다.}

□ 파멸(destruction)

기생충처럼 **빌**어먹다가 당한 파멸?!
{'파멸'은 러시아어로 ги́бель이다.}

□ 파문(excommunication)

반대만 일삼는 자에 대한 파문?!
{'파문'은 독일어로 Bann이다.}

아줌마가 **나**체로 **땜**질을 하다가 당한 파문?!

{'파문'은 프랑스어로 anathème이다.}

□ 파산(**bankruptcy**)

Poor를 **찬**바람이 부는 거리로 내모는 파산?!
{'파산'은 중국어로 **破产**[pòchǎn]이다.}

□ 파상풍(**tetanus**)

하찮은 **쇼 후**에 발생한 파상풍?!
{'파상풍'은 일본어로 **破傷風**[はしょうふう]이다.}

□ 파인애플(**pineapple**)

아나운서가 **낫으**로 자른 파인애플?!
{'파인애플'은 러시아어로 a**нана**c이다.}

□ 파충류(**reptile**)

파괴적인 **sing**er의 **똥**을 **우**상처럼 숭배하는 파충류?!
{'파충류'는 중국어로 **爬行动物**[páxíngdòngwù]이다.}

□ 판결(**sentence**)

Prison에 **가**서 **보르**도액을 마시도록 한 판결?!
{'판결'은 러시아어로 **пригово**p이다.}

□ 판단하다(**judge**)

쥐는 **제**멋대로 판단하는가?!
{'판단하다'는 프랑스어로 juger이다.}

□ 판사(**judge**)

Susie가 **야**한지 어떤지는 알 수 없다고 말한 판사?!
{'판사'는 러시아어로 с**удья**이다.}

판사란 자가 승냥이로 태어나서 양들을 괴롭히는 미친개처럼 알아서 기고 짖으니 그 얼마나 한심**한지**?!
{'판사'는 일본어로 判事[はんじ]이다.}

□ 팔(eight)

위트가 넘치는 숫자는 8?!
{'팔'은 프랑스어로 huit이다.}

□ 팝콘(popcorn)

빠른 **오**르가슴을 **미화**하는 팝콘?!
{'팝콘'은 중국어로 爆米花 [bàomǐhuā]이다.}

□ 패도(ruling by force)

하찮은 **도**둑들이 할 수 있는 거라곤 기껏해야 패도?!
{'패도'는 일본어로 覇道[はどう]이다.}

□ 패배자(loser)

맙소사! **씨**암탉과 **드**라큘라의 세계에서는 약자의 피를 빨지 않는 자들은 모두 패배자인가?!
{'패배자'는 히브리어로 מפסיד[mafsid]이다.}

□ 패혈증(septicemia)

Hi, Gatsby! **Show** me your septicemia?!
{'패혈증'은 일본어로 敗血症[はいけつしょう]이다.}

□ 퍽(puck)

Shy 바보들이 미친 당나귀의 Q에 날린 퍽?!
{'퍽'은 러시아어로 ша**й**ба이다.}

□ 페르세포네(Persephone)

Perfectly **sexy funny** Persephone?!
{'페르세포네'는 영어로 Persephone이다.}

Poor psychotic **foo**lish **Ni**etzsche **e**nters into business with Persephone?!
{'페르세포네'는 중국어로 珀耳塞福涅[pòěrsàifúniè]이다.}

박도 **이**도 **새**들도 **복날** 개 패듯 패버리고 저승으로 데리고 간 지옥의 여왕 페르세포네?!
{'페르세포네'는 한자로 珀耳塞福涅[박이새복날]이다.}

□ 펜은 칼보다 강하다(the pen is mightier than the sword)

더러운 **페니스**, **my tear**, **then the sor**did **d**ramas?!

□ 펭귄(penguin)

치킨의 **어**리석음에 얼어버린 펭귄?!
{'펭귄'은 중국어로 企鹅[qǐ'é]이다.}

□ 편견(bias, prejudice)

Hen은 **깽**판을 부리는 게 유일한 낙이라는 것은 편견?!
{'편견'은 일본어로 偏見[へんけん]이다.}

□ 편지(letter)

Brief is a letter?!
{'편지'는 독일어로 Brief이다.}

삐딱한 **씨**암탉의 **모**든 악행에 대해 쓴 편지?!
{'편지'는 러시아어로 письмо이다.}

□ 편집국(editorial board)

Hen과 **닭**과 **씨**암탉을 **옹**호하는 딸랑이 편집국?!

{'편집국'은 프랑스어로 rédaction이다.}

□ 편집하다(edit)

알아서 **흐**뭇하게 편집하는가?!
{'편집하다'는 히브리어로 ﬠﬧﬤ[arakh]이다.}

□ 편찬하다(compile)

아무나 역사책을 편찬하는가?!
{'편찬하다'는 일본어로 編む[あむ]이다.}

□ 편협한 신앙심을 가진 자(bigot)

비열한 **것**들은 하나같이 편협한 신앙심을 가진 자?!
{'편협한 신앙심을 가진 자'는 영어로 bigot이다.}

비록 **고**상한 체 하지만 사실은 편협한 신앙심을 가진 자?!
{'편협한 신앙심을 가진 자'는 프랑스어로 bigot이다.}

□ 평범한(commonplace)

평범한지 아닌지 **해보나**?!
{'평범한'은 일본어로 へいぼんな이다.}

□ 평화(peace)

해와 달의 관계는 전쟁과 평화?!
{'평화'는 일본어로 平和[へいわ]이다.}

빼도 박도 못할 평화?!
{'평화'는 프랑스어로 paix이다.}

□ 포기하다(abandon, give up)

아방궁에서 **돈에** 미친 자는 정상적인 인간이기를 포기하는가?!
{'포기하다'는 프랑스어로 abandonner이다.}

□ 포로(captive)

우즈는 **Nick**의 포로?!
{'포로'는 러시아어로 узник이다.}

□ 포물선(parabola)

빨아서 **발라**버린 포물선?!
{'포물선'은 러시아어로 пар**а**бола이다.}

빨아 볼수록 부풀어 오르는 포물선?!
{'포물선'은 프랑스어로 parabole이다.}

□ 포석(paving stone)

달이 깐 평화를 위한 포석?!
{'포석'은 프랑스어로 dalle이다.}

□ 포위하다(besiege)

비열한 **씨**암탉과 **쥐**를 푸른 달밤에 타오르는 촛불의 바다가 포위
하는가?!
{'포위하다'는 영어로 besiege이다.}

아재와 **싸**움닭의 **지**저분함에 **찌**그러진 우리 시대의 영웅들은 닭
장을 포위하는가?!
{'포위하다'는 러시아어로 осад**и**ть(완료체)이다.}

□ 포유류(mammal)

'**For you**'류와 'For me'류로 분류되는 포유류?!
{'포유류'는 포유강의 동물을 일상적으로 통틀어 이르는 말이다.}

□ 포이보스(Phoebus)

피곤해서 **버스**에서 잠이 드는 바람에 엉뚱한 곳에 내린 포이보스?!
{'포이보스'는 아폴론의 호칭의 하나이다.}

□ 폭(width)

쉬리와 **나**라를 말아먹은 미친년의 치마폭?!
{'폭'은 러시아어로 ширина이다.}

□ 폭군(tyrant)

찌란 말에 제대로 찌지 않으면 지랄 발광을 하는 폭군?!
{'폭군'은 러시아어로 тиран이다.}

□ 폭력(violence)

알리는 **묻**는다. "What is violence?!"
{'폭력'은 히브리어로 תומילא[allimut]이다.}

비아그라를 복용한 자의 성적인 폭력?!
{'폭력'은 그리스어로 βια이다.}

□ 폭력배(thug)

썩으면 결국 없어질 폭력배?!
{'폭력배'는 영어로 thug이다.}

□ 폭력적인(violent)

폭력적인 땅콩과 물병과 뚝배기의 실체를 모두에게 **알림**?!
{'폭력적인'은 히브리어로 םילא[allim]이다.}

□ 폭탄(bomb)

바보들이 **꾸**며서 **당**당하게 던지는 비정상적인 폭탄?!
{'폭탄'은 일본어로 爆弾[ばくだん]이다.}

□ 폭행하다(assault)

A salt shaker will assault?!
{'폭행하다'는 영어로 assault이다.}

□ 폴란드 사람(Pole)

빨 약이 없는 자에게 약을 공급한 폴란드 사람?!
{'폴란드 사람'은 러시아어로 поля́к이다.}

□ 표어(catch phrase)

Prison에서 **바**보들이 **웃**다가 **까**무러치게 만든 '유전무죄 조전무죄'라는 표어?!
{'표어'는 러시아어로 приба́утка이다.}

□ 품위 있게(comme il faut)

꼬꼬는 **밀**애를 **포**기하지 않겠다고 말했다. 그것도 아주 품위 있게?!
{'품위 있게'는 프랑스어로 comme il faut이다.}

□ 풍뎅이(cockchafer)

안드로메다의 **똥**개를 놀라게 한 풍뎅이?!
{'풍뎅이'는 프랑스어로 hanneton이다.}

□ 풍만한 유방(ample bosom)

보잉 747에서 본 풍만한 유방?!
{'풍만한 유방'은 일본어로 ぽいん이다.}

□ 풍문으로(by hearsay)

빠구리로 **나**태한 **slit**이 **쉬 깨**어나지 못했다고 들었소? 그것도 풍문으로?!
{'풍문으로'는 러시아어로 понаслы́шке이다.}

□ 풍미하다(take by storm)

Function과 **미**적분이 수학의 세계를 풍미하고 있는가?!
{'풍미하다'는 중국어로 风靡[fēngmǐ]이다.}

□ 프라이팬(frypan)

스스럼없이 **까**무러치기를 **바라다** 진짜 까무러친 프라이팬?!
{'프라이팬'은 러시아어로 сковорода이다.}

□ 프레임(frame)

쾅쾅거리다가 **찌**그러진 **아**귀들이 써먹은 프레임?!
{'프레임'은 중국어로 框架[kuàngjià]이다.}

□ 프로그램(program)

지저분한 **애무**만이 가득한 프로그램?!
{'프로그램'은 중국어로 节目[jiémù]이다.}

반인반수의 **구미**에 맞는 프로그램?!
{'프로그램'은 일본어로 番組[ばんぐみ]이다.}

□ 프로젝트(project)

씨암탉의 **앙**탈에 **무**모하게 추진된 프로젝트?!
{'프로젝트'는 중국어로 项目[xiàngmù]이다.}

□ 피곤해 죽을 지경이다(be tired to death)

레이디들의 **더**러운 **빤스**를 벗기면서 날이면 날마다 천국을 경험
하는 사이비 목사는 사실 피곤해 죽을 지경인가?!
{'피곤해 죽을 지경이다'는 중국어로 累得半死[lèidebànsǐ]이다.}

□ 피난처(shelter)

Prison은 **배**신자 **쥐**가 chef를 피해 숨을 수 있는 유일한 피난처?!
{'피난처'는 러시아어로 прибежище이다.}

□ 피부(skin)

꼬꼬가 **자**주 주사기를 꽂아대면서 가꾼 것으로 추정되는 비정상

적인 피부?!

{'피부'는 러시아어로 к**о**жа이다.}

□ 피아노(piano)

깡으로 **친** 피아노?!

{'피아노'는 중국어로 **钢琴**[gāngqín]이다.}

□ 피타고라스의 학설을 신봉하는 사람(Pythagorean)

피곤한 Th**a**nksgiving의 **거리**에서 **언**젠가 잠들어 버린 자는 사실 피타고라스의 학설을 신봉하는 사람?!

{'피타고라스의 학설을 신봉하는 사람'은 영어로 Pythagor**ean**이다.}

□ 피폭(radiation exposure)

희극적인 **바**보들이 **꾸**역**꾸**역 후쿠시마 농산물을 보란 듯이 먹은 결과는 피폭?!

{'피폭'은 일본어로 **被曝**[ひばく]이다.}

□ 필명(pseudonym)

'**쏘**서서 **더**러운 **님**프'가 필명?!

{'필명'은 영어로 pseudonym이다.}

'prince를 **썹으**면서 **다님**'이 필명?!

{'필명'은 러시아어로 псевдон**и**м이다.}

□ 필요 없다(there's no need)

니체는 **나**체로 **다**니다가 영감을 받은 듯이 말했다. "죽은 신은 필요 없다?!"

{'필요 없다'는 러시아어로 не н**а**до이다.}

□ 필요하다(it is necessary)

나불거리는 **다**수의 쓰레기들의 입을 닥치게 만드는 것이 필요한가?!

{'필요하다'는 러시아어로 надо이다.}

□ 하나(one)

아직도 **진**리는 하나?!
{'하나'는 러시아어로 один이다.}

□ 하느님 맙소사!(good Lord!)

고스톱에 **빠지**다니! 하느님 맙소사?!
{'하느님 맙소사'는 러시아어로 господи이다.}

□ 하수(sewage)

오늘 **대구**가 썩자 악취가 진동하는 하수?!
{'하수'는 프랑스어로 eaux d'égout이다.}

□ 하수구의 악취(stench of sewer)

애마나 **씨**암탉을 **옹**호하는 **대구** 때문에 바다에 비정상적으로 가득한 하수구의 악취?!
{'하수구의 악취'는 프랑스어로 émanations d'égouts이다.}

□ 하야하다(step down)

씨암탉은 **아**줌마의 **예**언처럼 결국 하야하는가?!
{'하야하다'는 중국어로 下野[xiàyě]이다.}

개년(改年)에 **야**비하고 **스**스럼없는 **루**머가 적나라하게 드러나는 바람에 결국 하야하는가?!
{'하야하다'는 일본어로 下野[げや]する이다.}

□ ~하지 마라(don't ~)

뻥치는 건 하지 마라?!
{'하지 마라'는 중국어로 甭[béng]이다.}

□ 하품(yawn)

지복을 누리는 자는 허구한 날 하품?!
{'하품'은 러시아어로 зевок이다.}

□ 학대하다(tyrannize)

찌라니까 **찌**는 자를 도대체 누가 학대하는가?!
{'학대하다'는 러시아어로 тиранить(불완료체)이다.}

□ 한마디로(in a word)

한마디로 **아드님**은 slow bomb?!
{'한마디로'는 러시아어로 одним словом이다.}

□ 한 모금 마시다(take a sip)

Prison에 **구비**된 **찌**찌에서 신령한 젖을 한 모금 마시는가?!
{'한 모금 마시다'는 러시아어로 пригубить(완료체)이다.}

□ 한 번(once)

미친 **아**줌마는 **포**경선에서 **라**스푸틴이 고래를 잡는 것을 보았다.
그것도 오직 한 번?!
{'한 번'은 그리스어로 μια φορα이다.}

□ 한 쌍(pair)

빨아서 행복한 한 쌍?!
{'한 쌍'은 러시아어로 пара이다.}

□ 한 잔(a cup)

입으로 **빠**는 **이**를 위해 준비한 독약 한 잔?!
{'한 잔'은 일본어로 一杯[いっぱい]이다. 주어진 단어의 한자음은 [일배]이다.}

□ 한국(Korea)

꼴에 역사의 심판을 피해 잠시 살아남았다고 날마다 자위하는 친일매국노들의 천국 한국?!
{'한국'은 프랑스어로 Corée이다.}

□ 한반도(the Korean Peninsula)

한심한 **반**민족행위자들과 **도**둑들의 소원은 항구적인 평화가 아니라 오직 전쟁의 공포를 통해 자신들의 추악한 기득권을 지키는 것이기에 이제는 정녕 현명한 선택을 해야 하는 한반도?!

□ 한숨을 쉬다(sigh)

아귀처럼 **나**불거리는 slut **때**문에 **나**의 **조**국은 한숨을 쉬는가?!
{'한숨을 쉬다'는 그리스어로 αναστεναζω이다.}

□ 한입에(at a gulp)

잘 뺩? 그래서 한입에?!
{'한입에'는 러시아어로 залпом이다.}

□ 할 수 있다(can)

모자라는 **치**킨은 치명적이라고 할 수 있는가?!
{'할 수 있다'는 러시아어로 мочь이다.}

□ ~할 작정이다(intend)

나는 **미리 바**보처럼 **짜**지는 않을 작정이다?!
{'~할 작정이다'는 러시아어로 намереваться(불완료체)이다.}

□ 할머니(grandma)

오늘 **마**침내 멀리 떠난 할머니?!
{'할머니'는 독일어로 Oma이다.}

□ 할아버지(grandpa)

오만하고 **파**렴치한 자들을 경멸하는 할아버지?!
{'할아버지'는 독일어로 <u>O</u>pa이다.}

예수와 **예**술을 사랑하는 할아버지?!
{'할아버지'는 중국어로 爷爷[yéye]이다.}

□ 할퀴다(scratch)

짜라니까 **빠**르게 **찌**찌를 할퀴는가?!
{'할퀴다'는 러시아어로 царапать(불완료체)이다.}

□ 핥는 자(lapper)

레이디의 **퍼**런 궁둥이를 핥는 자?!
{'핥는 사람'은 영어로 lapper이다.}

□ 핥다(lick)

리무진에서 **자**극적으로 **찌**찌를 핥는가?!
{'핥다'는 러시아어로 лизать(불완료체)이다.}

□ 함께 시작하다(begin together)

이렇게 **치**킨과 **똥**개들은 **show**를 함께 시작하는가?!
{'함께 시작하다'는 중국어로 一齐动手[yìqídòngshǒu]이다.}

□ 함장(captain)

젠장, 쓰레기 상관에게 성폭행 당한 여군을 또다시 성폭행하는
자가 무슨 함장?!
{'함장'은 중국어로 舰长[jiànzhǎng]이다.}

□ 합병증(complication)

Sip하던 **부**자의 **흐**릿한 호텔 방 가운데에서 장차 자연스럽게 발

생하게 될 합병증?!

{'합병증'은 히브리어로 **סיבוך**[sibbukh]이다.}

□ 합석(sharing a table)

아, 이 새끼랑 도대체 어떻게 합석?!

{'합석'은 일본어로 合席[あいせき]이다.}

□ 합의를 보기로 해요(let's come to an agreement)

매국노들은 **똥**개들처럼 **누**리고 **다**들 **꼬**꼬로 **흐**뭇해하니 자한(自汗)의 당당함으로 쥐똥을 바른 딴 나라 국민들에게 당장 꺼지라고 말하는 걸로 합의를 보기로 해요?!

{'합의를 보기로 해요'는 프랑스어로 mettons - nous d'accord이다.}

□ 항공 승무원(aircrew)

콩을 **청**결하게 까서 내지 않았다고 해서 졸지에 무릎까지 꿇게 된 항공 승무원?!

{'항공 승무원'은 중국어로 空乘[kōngchéng]이다.}

□ 항문(anus)

아프게 **터**진 항문?!

{'항문'은 독일어로 After이다.}

□ 항복(surrender)

Q: **빨아도** sex에서 상대를 만족시킬 수 없다면 무엇을 해야 하는가?

A: 항복?!

{'항복'은 그리스어로 παραδοση이다.}

□ 항의(protest)

고기가 맛이 없어서 빗발치는 항의?!

{'항의'는 일본어로 **抗議**[こうぎ]이다.}

□ 해(year)

아내를 처음 만난 해?!
{'해'는 프랑스어로 année이다.}

□ 해결하다(resolve, settle)

피나는 노력으로 문제를 해결하는가?!
{'해결하다'는 히브리어로 **פנה**[pinah]이다.}

□ 해고하다(dismiss)

우연히 **볼리**비아에서 **찌**찌를 드러낸 자를 해고하는가?!
{'해고하다'는 러시아어로 уво́лить(완료체)이다.}

□ 해방되다(become emancipated)

Sex로 **망**친 **씨**암탉을 **빼**내자 사람들은 드디어 해방되는가?!
{'해방되다'는 프랑스어로 s'émanciper이다.}

□ 해부하다(anatomize)

아나운서는 **따**끈따끈한 **미라**의 **바**람난 **찌**찌를 해부하는가?!
{'해부하다'는 러시아어로 анатоми́ровать이다.}

□ 해석하다(interpret)

딸까지 **바**람나자 **찌**찌 때문이라고 해석하는가?!
{'해석하다'는 러시아어로 толкова́ть(불완료체)이다.}

□ ~해야 한다(must, should)

잉어가 **까이**면 죽어야 한다?!
{'~해야 한다'는 중국어로 应该[yīnggāi]이다.}

□ 해임하다(dismiss)

해로운 **보**좌관을 **깨**끗하게 해임하는가?!
{'해임하다'는 프랑스어로 révoquer이다.}

□ 해저(sea bottom)

하이디가 사는 곳은 알프스가 아니라 해저?!
{'해저'는 중국어로 海底[hǎidǐ]이다.}

□ 해충(vermin)

범인은 베짱이를 닮은 해충?!
{'해충'은 영어로 vermin이다.}

□ 핵 억지력(nuclear deterrence)

Her **wei**ghtless **she**rbet is more powerful than nuclear deterrence?!
{'핵 억지력'은 중국어로 核威慑[héwēishè]이다.}

□ 햄(ham)

빛이 나는 햄?!
{'햄'은 러시아어로 ветчина이다.}

□ 햄버거(hamburger)

함부로 **박아**도 맛있는 햄버거?!
{'햄버거'는 일본어로 ハンバーガー이다.}

.

□ 행방불명(going missing)

육구(肉灸)적인 **에**로티시즘에다가 **후**에는 **매**일같이 행방불명?!
{'행방불명'은 일본어로 行方不明[ゆくえふめい]이다.}

□ 행복(happiness)

샤면과 **스**스럼없는 **찌**질이가 **예**술을 탄압하면서 느낀 창조적인 행복?!

{'행복'은 러시아어로 **сч**а**ст**ье이다.}

□ 행실이 나쁜 여자(ill-behaved woman)

동북아시아에서 **젤** 오래 빠구리 한 것으로 추정되는 그 여자는 본래부터 행실이 나쁜 여자?!

{'행실이 나쁜 여자'는 프랑스어로 donzelle이다.}

□ 행운아(lucky devil)

쉬리의 **슬**립의 **칙**칙한 **끄**트머리를 잡으면 그 어떤 양아치라도 행운아?!

{'행운아'는 러시아어로 **сч**а**ст**л**и**вчик이다.}

□ 행위(act)

Singers **wai**t, which is an artistic act?!

{'행위'는 중국어로 行为[xíngwéi]이다.}

□ 향(incense)

피곤한 **미**친년과 **압**닭이 죽자 피운 향?!

{'향'은 러시아어로 **фими**а**м**이다.}

앙칼진 **쌍**년이 죽자 피운 향?!

{'향'은 프랑스어로 encens이다.}

□ 향기로운 당나귀(balmy donkey)

바보들만이 **미**래에 **당**당하게 **키**울 수 있을 것으로 추정되는 안쓰럽게 유명한 쥐똥나무처럼 향기로운 당나귀?!

{'향기로운 당나귀'는 영어로 ba**l**my do**n**key이다.}

□ 향락주의자(hedonist)

희극적으로 **더**듬거리는 **니**체는 **st**rip show를 초인적으로 즐기는 향락주의자?!
{'향락주의자'는 영어로 hedonist이다.}

□ 향수(nostalgia)

노는계집의 **스**스럼없는 **탈**옥을 **기**다리면서 한잔 술로 달래는 향수?!
{'향수'는 독일어로 Nostalgie이다.}

나체의 **스**스럼없는 **딸**을 **기**다리는 **야**당 지지자들이 한잔 술로 달래는 향수?!
{'향수'는 러시아어로 ностальгия이다.}

□ 향연(banquet)

방을 **깨**끗하게 정리하고 베푼 향연?!
{'향연'은 프랑스어로 banquet이다.}

□ 허가를 청하다(ask permission)

빠르게 **pro**stitute는 **씻자**마자 이제 하자고 허가를 청하는가?!
{'허가를 청하다'는 러시아어로 попроси́ться(완료체)이다.}

Prostitute는 **씻자**마자 이제 하자고 허가를 청하는가?!
{'허가를 청하다'는 러시아어로 проси́ться(불완료체)이다.}

□ 허리(waist)

딸이 **리**무진에서 **야**하게 흔든 허리?!
{'허리'는 러시아어로 тáлия이다.}

343

[EGR]
[CKJ]
[HGL]
[ISF]

□ 허무주의(nihilism)

교무실에서 **shoe**에 **기**름이 문자 빠지게 된 허무주의?!

{'허무주의'는 일본어로 虚無主義[きょむしゅぎ]이다.}

□ 허세(bravado)

브라를 **바다**에 던지는 것은 허세?!
{'허세'는 러시아어로 бравада이다.}

□ 허약한(weak)

대장이 **빌**빌거릴 정도로 허약한가?!
{'허약한'은 프랑스어로 débile이다.}

□ 허영심(vanity)

반이 떼죽음을 당했는데도 오히려 당당한 자들의 가소로운 허영심?!
{'허영심'은 프랑스어로 vanité이다.}

□ 허튼소리를 해대다(ramble on)

하도 떼도둑이 설치니 도둑질을 하지 못하면 오히려 바보라고 허튼소리를 해대는가?!
{'허튼소리를 해대다'는 프랑스어로 radoter이다.}

□ 헌법(constitution)

씨암탉이 **en**dlessly **파**괴한 헌법?!
{'헌법'은 중국어로 宪法[xiànfǎ]이다.}

□ 헌신(devotion)

Deep ocean of devotion?!
{'헌신'은 영어로 devotion이다.}

□ 헐떡거리다(gasp, pant)

할례를 받으면서 헐떡거리는가?!

{'헐떡거리다'는 프랑스어로 râler이다.}

□ 헛되이(in vain)

헛되이 하나를 **둘이**서 **깜**?!
{'헛되이'는 러시아어로 дуриком이다.}

나와 prostitute는 **나**체가 되는가? 그것도 헛되이?!
{'헛되이'는 러시아어로 напрасно이다.}

빠르게 **나**와 prostitute는 **누**드모델이 되는가? 그것도 헛되이?!
{'헛되이'는 러시아어로 понапрасну이다.}

□ 헛된(vain)

아이에게 **틀**에 박힌 삶을 강요하는 것은 헛된 것인가?!
{'헛된'은 독일어로 eitel이다.}

Shop에 가는 헛된 것인가?!
{'헛된'은 히브리어로 שׁוא[shave]이다.}

□ 헛소리(nonsense)

지치지도 않는 미친년의 헛소리?!
{'헛소리'는 러시아어로 дичь이다.}

추악한 **쉬**리가 하는 말은 염병과도 같은 헛소리?!
{'헛소리'는 러시아어로 чушь이다.}

□ 헛소리하다(be delirious)

브래지어와 **찌**찌를 만지면서 누가 헛소리하는가?!
{'헛소리하다'는 러시아어로 бредить(불완료체)이다.}

□ 헤드라이트(headlight)

헷갈리게 **또라이**가 **또**다시 켜지 않은 헤드라이트?!
{'헤드라이트'는 일본어로 ヘッドライト이다.}

□ 헤매다**(wander)**

브라는 **지**저분한 **찌**찌 위를 헤매는가?!
{'헤매다'는 러시아어로 бродить(불완료체)이다.}

□ 헤어지다**(break up, part)**

Fun show가 끝나면 헤어지는가?!
{'헤어지다'는 중국어로 分手[fēnshǒu]이다.}

□ 혀**(tongue)**

싯다르타가 마침내 부처가 되었다고? 정말 대단 혀?!
{'혀'는 일본어로 舌[した]이다.}

□ 혀짤배기소리하다**(lisp)**

리무진에서 **Pi**erre는 **따**뜻한 **찌**찌를 만지면서 혀짤배기소리하는
가?!
{'혀짤배기소리하다'는 러시아어로 лепетать(불완료체)이다.}

□ 혁명**(revolution)**

마녀와 **패**거리들이 **하**도 설치는 바람에 발생한 혁명?!
{'혁명'은 히브리어로 הכפכה[mahpekhah]이다.}

□ 혁신**(innovation)**

높이에서 **쉬**리와 **스트**리퍼와 **바**보들이 말로만 떠드는 혁신?!
{'혁신'은 러시아어로 новшество이다.}

□ 현금 자동 입출금기**(ATM)**

Arrest **t**he **m**ouse?!
{'ATM'은 automated teller machine의 약자로 현금 자동 입출금기란 뜻이다.}

□ 현상(phenomenon)

피곤하게 **나**대는 **미**친개들이 **나**라를 말아먹을 때면 언제나 나타나는 창조적인 현상들?!
{'현상'은 영어로 phenomenon이고 복수형은 phenomena이다.}

□ 현수막(banner)

"**배**를 **너**무 자주 침몰시키지는 맙시다!"라고 씌어 있는 현수막?!
{'현수막'은 영어로 banner이다.}

□ 현실(reality)

비극적이고도 **어**이없는 cliff에서 **희**극적인 kite를 타야만 살아남을 수 있는 현실?!
{'현실'은 독일어로 Wirklichkeit이다.}

□ 혐오(antipathy)

안에서 **찌**찌나 **빠**는 찌질하고 **야**비한 인간에 대한 혐오?!
{'혐오'는 러시아어로 антипатия이다.}

□ 협의하다(deliberate)

싸움닭은 **비**밀리에 **샤**먼과 **짜**고 치는 고스톱에 관해 협의하는가?!
{'협의하다'는 러시아어로 совещаться(불완료체)이다.}

□ 형성기(formative period)

개새끼가 망친 형성기?!
{'형성기'는 일본어로 形成期[けいせいき]이다.}

□ 형성하다(form)

아가씨의 **브라**는 **자**주 바람직한 **찌**찌를 형성하는가?!
{'형성하다'는 러시아어로 образовать이다.}

□ 형적(traces, vestiges)

개새끼들이 남긴 형적?!
{'형적'은 일본어로 形跡[けいせき]이다.}

□ 형제(brother)

Brothel에 **더** 이상 가지 않기로 한 맹세를 지키기 위해 자신이 아끼는 말의 목을 친 형제?!
{'형제'는 영어로 brother이다.}

브루투스는 **더** 이상 카이사르를 사랑하지 않는 형제?!
{'형제'는 독일어로 Bruder이다.}

교회에 **다**니다가 **이**제부터 영원히 위선적인 종교와는 이별을 고한 형제?!
{'형제'는 일본어로 兄弟[きょうだい]이다.}

□ 형제애(brotherhood)

브라와 **찌**찌를 **야**하게 보지 않는 순결한 형제애?!
{'형제애'는 러시아어로 братия이다.}

□ 형편은 어때?(how are things?)

깍두기를 **질**겅거리면서 **라**스베이거스에서 도박을 했다고? 그나저나 요즘 형편은 어때?!
{'형편은 어때?'는 러시아어로 как дела이다.}

□ 호랑이(tiger)

돌아온 백두산 호랑이?!
{'호랑이'는 일본어로 虎[とら]이다.}

□ 호르몬(hormone)

지수 함수적으로 분비되는 호르몬?!
{'호르몬'은 중국어로 激素[jīsù]이다.}

□ 호색한(lady - killer)

Some이 지나친 호색한?!
{'호색한'은 중국어로 **色迷**[sèmí]이다.}

□ 호수(lake)

오리들과 **지**저분한 **라**스푸틴이 음탕하게 돈세탁을 즐긴 수백조의 호수?!
{'호수'는 러시아어로 озеро이다.}

□ 호언장담(big talk)

빠구리로 **흐**뭇한 **발바**리들의 가소로운 호언장담?!
{'호언장담'은 러시아어로 похвальба이다.}

□ 호적등록(registry office)

작년에 **스**위스에서 한 호적등록?!
{'호적등록'은 러시아어로 ЗАГС(запись актов гражданского состояния)이다.}

□ 호전적인(bellicose)

Belly에 **코스**모스를 붙이는 자는 호전적인가?!
{'호전적인'은 영어로 bellicose이다.}

바보와 **유유**자적하는 **쉬**리는 호전적인가?!
{'호전적인'은 러시아어로 воюющий이다.}

□ 호텔(hotel)

가스나 **찌**찌가 **니**체에게 **짜**증을 유발한 호텔?!
{'호텔'은 러시아어로 гостиница이다.}

오르가슴과 **뗄** 수 없는 관계의 호텔?!
{'호텔'은 프랑스어로 hôtel이다.}

□ 호흡(breath)

숲을 보면서 하는 호흡?!
{'호흡'은 프랑스어로 souffle이다.}

□ 혹(hump)

고부갈등으로 인해 생긴 혹?!
{'혹'은 일본어로 こぶ이다.}

□ 혼동하다(mix up)

뿌듯하게 **따**뜻한 **찌**찌와 차가운 찌찌를 혼동하는가?!
{'혼동하다'는 러시아어로 путать(불완료체)이다.}

□ 혼수상태(coma)

꼬꼬가 **마**침내 단두대에 올라가 형장의 참된 이슬로 사라지는 것
을 보고 성조기와 태극기를 흔들며 김밥 옆구리 터지는 소리를
하던 자들이 집단적으로 빠진 혼수상태?!
{'혼수상태'는 프랑스어로 coma이다.}

□ 혼음(sexual promiscuity)

랑데부마다 **꼬**꼬가 즐긴 것으로 추정되는 혼음?!
{'혼음'은 일본어로 乱交[らんこう]이다.}

□ 홀짝거리다(sip)

씨암탉은 **호**색적인 **떼**도둑과 함께 약물을 홀짝거리는가?!
{'홀짝거리다'는 프랑스어로 siroter이다.}

□ 홍수(flood)

오오, **미즈**(Ms) is in flood?!
{'홍수'는 일본어로 大水[おおみず]이다.}

□ 홍수 퇴적물(flood deposit)

알몸의 **레즈**비언이 발견한 홍수 퇴적물?!
{'홍수 퇴적물'은 프랑스어로 allaise이다.}

□ 홍어(skate)

Skate will skate?!
{'홍어'는 영어로 skate이다.}

□ 홍콩(Hong Kong)

Hen's **o**rgasm **n**otoriously **g**asps, **K**'s **o**rdeal **n**otoriously **g**rowing?!

□ 홍합(mussel)

물이 많아서 행복한 홍합?!
{'홍합'은 프랑스어로 moule이다.}

□ 화가(painter)

가까이 하기엔 너무 못 그리는 화가?!
{'화가'는 일본어로 **画家**[がか]이다.}

□ 화교(overseas Chinese)

"**화**내는 **치**킨을 **아오**?"라는 물음에 그것은 국가기밀이므로 대답할 수 없다고 말한 화교?!
{'화교'는 중국어로 华侨[huáqiáo]이다.}

□ 화나게 하다(anger, vex)

백주의 **se**x는 누구를 화나게 하는가?!
{'화나게 하다'는 프랑스어로 vexer이다.}

□ 화무십일홍(every flood has its ebb)

화근거리요, **무**치(無恥)한 **십**장생이요, **일**제(日帝)의 **홍**위병들을 위한 만고불변의 진리는 화무십일홍?!

{'화무십일홍(花無+日紅)'은 열흘 동안 붉은 꽃은 없듯이 한 번 번성한 것은 반드시 쇠하게 된다는 뜻이다.}

□ 화살(arrow)

야하게 꽂힌 화살?!

{'화살'은 일본어로 や이다.}

□ 화석(fossil)

가소로운 **새끼**들의 화석?!

{'화석'은 일본어로 化石[かせき]이다.}

□ 화학(chemistry)

화학은 화학자의 **힘이야**?!

{'화학'은 러시아어로 хи́мия이다.}

□ 화해하다(be reconciled)

빠르게 **미리** **짜**고 치는 고스톱처럼 화해하는가?!

{'화해하다'는 러시아어로 помири́ться(완료체)이다.}

□ 화형(auto-da-fe)

아프다고 **따**지는 **다**수의 **패**륜아들에게 선고된 형벌은 중세 스페인의 종교재판에 의한 화형?!

{'(중세 스페인의 종교재판에 의한) 화형'은 러시아어로 автодафе́이다.}

오늘 **또다**시 **패**륜아들에게 선고된 형벌은 중세 스페인의 종교재판에 의한 화형?!

{'(중세 스페인의 종교재판에 의한) 화형'은 프랑스어로 autodafé이다.}

□ 확률(probability)

He'll **stop root,** which is a matter of probability?!
{'확률'은 히브리어로 **התסברות**[histabrut]이다.}

□ 확보하다(secure)

자루를 **찾자**마자 고양이를 확보하는가?!
{'확보하다'는 러시아어로 **заручаться**(불완료체)이다.}

□ 확신하는(certain)

거지는 **비스**킷을 받을 것을 확신하는가?!
{'확신하는'은 독일어로 gewiss이다.}

□ 확실성(certainty)

받다가 **웃**음이 바로 확실성?!
{'확실성'은 히브리어로 **תואדו**[vaddaut]이다.}

□ 확실히(certainly, surely)

애비처럼 **다**니다가 **망**했다고? 그것도 확실히?
{'확실히'는 프랑스어로 évidemment이다.}

□ 확실히 기억하다(remember for sure)

지주(支柱)의 유의어로 버팀목이 있음을 확실히 기억하는가?!
{'확실히 기억하다'는 중국어로 记住[jìzhu]이다.}

□ 환각(hallucination)

Her Lucifer's **nation** is full of hallucination?!
{'환각'은 영어로 hallucination이다.}

ㅎ

□ 환각지(phantom limb)

<u>P</u>erhaps <u>h</u>en <u>a</u>lready <u>n</u>oticed <u>t</u>he <u>o</u>ld <u>m</u>ouse's <u>Li - MB</u>?!
{'환각지(幻覺肢)'란 절단된 팔·다리가 아직 그 자리에 있는 것처럼 느끼는 증상을 가리킨다.}

□ 환관(eunuch)

<u>윤</u>회만큼은 <u>억</u>수로 잘하는 환관?!
{'환관'은 영어로 eunuch이다.}

<u>오이</u>로 <u>누</u>군가를 <u>흐</u>뭇하게 한 환관?!
{'환관'은 독일어로 Eunuch이다.}

<u>쌀이</u> <u>스</u>무 가마면 기꺼이 딸랑거리는 환관?!
{'환관'은 히브리어로 **סריס**[saris]이다.}

□ 환자 이송용 바퀴 달린 침대(gurney)

<u>거</u>위가 <u>니</u>체를 싣고 달린 환자 이송용 바퀴 달린 침대?!
{'환자 이송용 바퀴 달린 침대'는 영어로 gurney이다.}

□ 환희(joy)

<u>알</u>몸의 <u>레</u>이디가 <u>그레</u>이와 <u>스</u>스럼없는 500가지의 그림자를 만들면서 맛본 환희?!
{'환희'는 프랑스어로 allégresse이다.}

□ 활기(liveliness)

<u>보드라</u>우면서도 <u>스</u>스럼없는 <u>찌</u>찌에서 느껴지는 활기?!
{'활기'는 러시아어로 **бодрость**이다.}

□ 활동하다(be at work)

<u>아</u>줌마는 <u>루</u>머처럼 <u>다</u>수의 <u>바</u>람둥이들과 <u>찌</u>찌를 흔들면서 활동하는가?!

{'(주로 좋지 않은 의미로) 활동하다'는 러시아어로 орудовать(불완료체)이다.}

□ 황(sulfur)

이오는 십이라고 구구단을 잘 외워서 출세한 교활한 황?!
{'황'은 일본어로 いおう이다.}

□ 황도대(zodiac)

자지는 **악**이라고 소리치는 황도대?!
{'황도대'는 러시아어로 зодиак이다.}

□ 황폐해지다(grow wild)

자지도 **찾지**도 보지도 않고 허구한 날 권력의 개의 새끼들이 훈장질함으로 원국(遠國) 정원은 황폐해지는가?!
{'황폐해지다'는 러시아어로 задичать(완료체)이다.}

□ 황홀하게 하다(enchant)

바스락거리는 **희**한한 **찌찌**는 누구를 황홀하게 하는가?!
{'황홀하게 하다'는 러시아어로 восхитить(완료체)이다.}

바스락거리는 **희**한한 **샤**먼의 **찌**찌는 누구를 황홀하게 하는가?!
{'황홀하게 하다'는 러시아어로 восхищать(불완료체)이다.}

□ 횃불(torch)

다다이즘의 횃불?!
{'횃불'은 그리스어로 δαδα이다.}

□ 회개(repentance)

부정한 se**x**에 대한 변명이 회개?!
{'회개'는 독일어로 Buße이다.}

□ 회색(gray, grey)

회색으로 500가지의 그림자를 어떻게 그리죠?!
{'회색'은 이탈리아어로 grigio이다.}

□ 회초리(rod)

로즈(rose)**가** 가장 에로틱한 회초리?!
{'회초리'는 러시아어로 розга이다.}

□ 획득하다(obtain)

잉어는 **더**러운 권력을 획득하는가?!
{'획득하다'는 중국어로 贏得[yíngdé]이다.}

□ 횡단보도(crosswalk)

오늘 **당**나귀와 **호**랑이가 **도**도하게 건넌 횡단보도?!
{'횡단보도'는 일본어로 横断歩道[おうだんほどう]이다.}

□ 횡령하다(appropriate, embezzle)

Prisoner는 **스**스럼없이 **boy**의 **찌**찌를 횡령하는가?!
{'횡령하다'는 러시아어로 присвоить(완료체)이다.}

□ 횡설수설하다(gibber)

디바(diva)는 **개**에게 물리자 횡설수설하는가?!
{'횡설수설하다'는 프랑스어로 divaguer이다.}

□ 효모(leaven)

아빠라면 모를 리가 없는 효모?!
{'효모'는 러시아어로 опара이다.}

□ 후각의(olfactory)

Ali's **factory** produces something olfactory?!
{'후각의'는 영어로 olfactory이다.}

□ 후견인(guardian)

아이처럼 **삐**져서 **꾼** 돈을 갚지 않은 후견인?!
{'후견인'은 러시아어로 опекун이다.}

□ 후보(candidate)

Candy dates all but the candidate?!
{'후보'는 영어로 candidate이다.}

□ 후피동물(pachyderm)

패키지여행을 **덤**으로 요구한 후피동물?!
{'후피동물'은 영어로 pachyderm이다.}

□ 훈족(the Huns)

Huhn(hen)의 **족**적은 그야말로 족 같다고 증언한 훈족?!
{'훈족'은 중앙아시아의 스텝 지대에서 활약하던 유목 민족으로 4세기 중엽에 서쪽으로 이동하여 유럽에 침입함으로써 게르만 민족 대이동을 유발하였다.}

□ 훔치다(steal)

바라바는 **찌**찌를 훔치는가?!
{'훔치다'는 러시아어로 воровать(불완료체)이다.}

본래부터 그들은 훔치는가?!
{'훔치다'는 프랑스어로 voler이다.}

☐ 훨씬(much)

가르침에서는 **라즈**니쉬가 **다**른 철학자들보다 흥미롭다. 그것도 훨씬?!

{'훨씬'은 러시아어로 гораздо이다.}

☐ 휘젓다(stir)

가소로운 **끼**로 **마**녀는 **와**서 **스**스럼없이 사람들의 마음을 휘젓는가?!

{'휘젓다'는 일본어로 掻き回す[かきまわす]이다.}

☐ 휘파람(whistle)

Fifth whistle?!

{'휘파람'은 독일어로 Pfiff이다.}

☐ 휴대폰(cell phone)

휴대폰이 주인공인 **show지**?!

{'휴대폰'은 중국어로 手机[shǒujī]이다.}

☐ 흐르다(flow)

나가사키의 **레**스토랑에는 **루**머처럼 짬뽕 국물이 흐르는가?!

{'흐르다'는 일본어로 流れる[ながれる]이다.}

꿀물은 **레**이디의 몸 위를 흐르는가?!

{'흐르다'는 프랑스어로 couler이다.}

☐ 흐리게 하다(cloud)

빠르고도 **무**모하게 **찌찌**를 만지는 것은 판단력을 흐리게 하는가?!

{'흐리게 하다'는 러시아어로 помутить(완료체)이다.}

무모하게 **찌찌**를 만지는 것은 판단력을 흐리게 하는가?!

{'흐리게 하다'는 러시아어로 мутить(불완료체)이다.}

□ 흐림(cloudy weather)

구시대의 **모리**배가 설치는 동안 날씨는 흐림?!
{'흐림'은 일본어로 くもり이다.}

□ 흔들다(shake, wave)

마녀는 **하**면서 **찌**찌를 흔드는가?!
{'흔들다'는 러시아어로 махать(불완료체)이다.}

□ 흠(flaw)

개츠비의 위대한 흠?!
{'흠'은 일본어로 欠[けつ]이다.}

□ 흥미(interest)

교미에 대한 흥미?!
{'흥미'는 일본어로 興味[きょうみ]이다.}

□ 흥분시키다(excite)

가리어진 **치**킨의 **찌**질함이 드러나자 양계장 주인을 흥분시키는가?!
{'흥분시키다'는 러시아어로 горячить(불완료체)이다.}

자지가 찌찌를 흥분시키는가?!
{'흥분시키다'는 러시아어로 зажигать(불완료체)이다.}

She'll have to excite?!
{'흥분시키다'는 히브리어로 שלהב[shilhev]이다.}

□ 흥분하기 시작하다(get worked up)

자유롭고 **바**른 **지**렁이들은 **짜**부라지자 안쓰럽게 흥분하기 시작하는가?!
{'흥분하기 시작하다'는 러시아어로 заводиться(불완료체)이다.}

□ 흥정하다(haggle)

핵을 포기하고 함께 트럼프를 치면서 흥정하는가?!
{'흥정하다'는 영어로 haggle이다.}

□ 흥청망청 마시기(drinking spree)

Курица[꾸리째]와 **쪼**다들과 **쉬**리가 한통속이 되어 한 일은 사람들의 피를 빨아 흥청망청 마시기?!
{'흥청망청 마시기'는 러시아어로 кутёж이다.}

□ 흥행사(impresario)

임기응변으로 **프러**시아에서 **싸리**비로 **오**늘까지 청소를 하다가 대박이 난 흥행사?!
{'흥행사'는 영어로 impresario이다.}

흥행사가 이승에서 만만하게 생각하는 자리는 **임**시정부의 presi-dent **자리오**?!
{'흥행사'는 이탈리아어로 impresario이다.}

□ 희극(comedy)

씨암탉과 **쥐**가 창조한 비극적인 희극?!
{'희극'은 중국어로 喜剧[xǐjù]이다.}

기고만장한 **개**들이 **끼**를 부리는 비극적인 희극?!
{'희극'은 일본어로 喜劇[きげき]이다.}

□ 희망(hope)

나에게 **재즈**가 **다**시 준 희망?!
{'희망'은 러시아어로 надежда이다.}

씨암탉이 **왕**창 빼앗아 간 희망?!
{'희망'은 중국어로 希望[xīwàng]이다.}

기적적인 **보**름달이 사람들에게 준 희망?!
{'희망'은 일본어로 希望[きぼう]이다.}

Tea&kvass will give you fresh hope?!

{'희망'은 히브리어로 תִּקְוָה[tiqvah]이다.}

□ 희망하다(hope)

낮에 잊자고 말하는 자는 망각의 밤을 희망하는가?!

{'희망하다'는 러시아어로 **наде**я**ться**(불완료체)이다.}

□ 희보(good news)

씨암탉이 **빠**구리를 **오**래 할 수 있다는 것은 정녕 희보인가?!

{'희보'는 중국어로 **喜报**[xǐbào]이다.}

□ 히틀러(Hitler)

Hen **i**mplemented **t**error, **l**ies, **e**roticism&**r**obbery?!

{히틀러(1889-1945)는 1945년 베를린 함락 직전에 자살하였다.}

□ 히포크라테스(Hippocrates)

희극적인 포병대의 **크라**임(crime)과 **테**러에 **스**러진 자의 죽음을 병사라고 부르는 자는 의사라 불릴 자격이 없다고 주장하는 히포크라테스?!

{'히포크라테스(B.C.460-B.C.377?)'는 고대 그리스의 의학자로서 의도(醫道)의 기초를 확립하여 의학의 아버지라고 불린다.}

□ 힘(might, power)

마구간에서 **쉬**리와 **스트**리퍼와 **바**보들이 보여준 기막히게 창조적인 힘?!

{'힘'은 러시아어로 **могущество**이다.}

찌찌를 **까라**면 깔 수밖에 없게 만드는 위압적인 힘?!

{'힘'은 일본어로 **ちから**이다.}

□ 힘 있는(mighty)

마구 **치**킨에게 딸랑거리는 병아리들은 양계장 주인의 심판을 피할 힘이 있는가?!

{'힘 있는'은 러시아어로 **могучий**이다.}

주가조작으로 **쥐**는 돈으로 설치는 이는 과연 정의의 심판을 피할 힘이 있는가?!

{'힘 있는'은 러시아어로 **дюжий**이다.}